Rechtsnachfolge in die Kommanditistenhaftung

Schriftenreihe zum deutschen und europäischen Gesellschafts- und Wirtschaftsrecht

Herausgegeben von Christoph Teichmann

Begründet von Günter Christian Schwarz †

Band 10

PL ACADEMIC RESEARCH

Christina Eschenfelder

Rechtsnachfolge in die Kommanditistenhaftung

Zur Rechtsnachfolge in die unbeschränkte Kommanditistenhaftung aufgrund rechtsgeschäftlicher Übertragung von Kommanditanteilen

PL ACADEMIC RESEARCH

Bibliografische Information der Deutschen Nationalbibliothek
Die Deutsche Nationalbibliothek verzeichnet diese Publikation in der Deutschen Nationalbibliografie; detaillierte bibliografische Daten sind im Internet über http://dnb.d-nb.de abrufbar.

Zugl.: Würzburg, Univ., Diss., 2015

D 20
ISSN 1614-239X
ISBN 978-3-631-67189-4 (Print)
E-ISBN 978-3-653-06672-2 (E-PDF)
E-ISBN 978-3-631-69257-8 (EPUB)
E-ISBN 978-3-631-69258-5 (MOBI)
DOI 10.3726/978-3-653-06672-2

PL Academic Research ist ein Imprint der Peter Lang GmbH.

Peter Lang – Frankfurt am Main · Bern · Bruxelles · New York · Oxford · Warszawa · Wien

Diese Publikation wurde begutachtet.

www.peterlang.com

Meinen Eltern

Inhaltsverzeichnis

Abkürzungsverzeichnis

a.A.	andere Ansicht
a.a.O.	am angegebenen Ort
Abs.	Absatz
AcP	Archiv für die civilistische Praxis
AktG	Aktiengesetz
Alt.	Alternative
BB	Der Betriebs-Berater
BGB	Bürgerliches Gesetzbuch
BGH	Bundesgerichtshof
BGHZ	Entscheidungssammlung des Bundesgerichtshofs in Zivilsachen
BVerfGE	Entscheidung des Bundesverfassungsgerichts
bzw.	beziehungsweise
DB	Der Betrieb
ders.	derselbe
dies.	dieselbe
d.h.	das heißt
DNotZ	deutsche Notarzeitung
DStR	Deutsches Steuerrecht
Einl.	Einleitung
EWiR	Entscheidungen zum Wirtschaftsrecht
f., ff.	folgende
Fn.	Fußnote
FS	Festschrift
ggf.	gegebenenfalls
GbR	Gesellschaft bürgerlichen Rechts
GmbH	Gesellschaft mit beschränkter Haftung
GmbHR	GmbH-Rundschau
Großkomm.	Großkommentar
h.L.	herrschende Lehre
h.M.	herrschende Meinung
hrsg.	herausgegeben
Hs.	Halbsatz
HGB	Handelsgesetzbuch
i.V.m.	in Verbindung mit

JuS	Juristische Schulung
KG	Kommanditgesellschaft
JZ	Juristen-Zeitung
LG	Landgericht
LS	Leitsatz
lit.	litera
LM	Nachschlagewerk des Bundesgerichtshofs, hrsg. von Lindenmaier, Möhring u.a.
m.w.N.	mit weiteren Nachweisen
MittRhNotK	Mitteilungen der Rheinischen Notarkammer
NJW	Neue Juristische Wochenschrift
NJW-RR	NJW-Rechtsprechungs-Report
NZG	Neue Zeitschrift für Gesellschaftsrecht
OHG	Offene Handelsgesellschaft
OLG	Oberlandesgericht
RG	Reichsgericht
Rn.	Randnummer
Rpfleger	Der deutsche Rechtspfleger
Rspr.	Rechtsprechung
S.	Seite / Satz
sog.	so genannte(r/s)
u.a.	und andere / unter anderem
UmwG	Umwandlungsgesetz
vgl.	vergleiche
Vor., Vorbem.	Vorbemerkung (zu)
WM	Wertpapier-Mitteilungen
ZBernJV	Zeitschrift des Bernischen Juristenvereins
z.B.	zum Beispiel
ZGR	Zeitschrift für Unternehmens- und Gesellschaftsrecht
ZHR	Zeitschrift für das gesamte Handels- und Wirtschaftsrecht
Ziff.	Ziffer
ZIP	Zeitschrift für Wirtschaftsrecht
ZPO	Zivilprozessordnung

§ 1 Einleitung

I. Einführung

Wer als Einzelperson oder in Gemeinschaft mit anderen Geschäfte betreibt, haftet nach allgemeinen Grundsätzen des bürgerlichen Rechts und des Handelsrechts für die daraus entstehenden Verpflichtungen persönlich mit seinem ganzen Vermögen, solange mit dem Vertragspartner keine individuelle Haftungsbeschränkung vereinbart wird oder keine gesetzlich geregelten Ausnahmen bestehen.[1] Die bedeutsamste gesetzliche Ausnahme von dem Grundsatz unbeschränkter persönlicher Haftung gilt für die Gesellschafter von Kapitalgesellschaften. Im Personengesellschaftsrecht findet sich mit den §§ 171 ff. HGB allein eine gesetzliche Ausnahme zugunsten der Kommanditisten.

Dass die Beschränkung der persönlichen Haftung auch für die Gesellschafter von Personenhandelsgesellschaften von besonderer Bedeutung ist, zeigt sich sowohl in dem Anstieg der Anzahl der Kommanditgesellschaften im Vergleich zu der offener Handelsgesellschaften als auch in der generell wachsenden wirtschaftlichen Bedeutung der Kommanditgesellschaft:

Im Jahre 1990 standen 24.959 offenen Handelsgesellschaften 106.560 Kommanditgesellschaften gegenüber. Bis zum Jahr 2007 stieg die Zahl der Kommanditgesellschaften auf 182.949, während die Zahl der offenen Handelsgesellschaften auf 24.229 leicht zurückging. Auffällig ist, dass die Zunahme bei den Kommanditgesellschaften fast ausschließlich auf die Gründung von GmbH & Co. KGs zurückzuführen ist. Während die Zahl der GmbH & Co. KGs 1990 noch bei 62.909 lag, waren es 2007 bereits 152.227.[2]

Der gleiche Trend zeigt sich bei der Entwicklung der steuerbaren Umsätze, die in zunehmendem Maße von Gesellschaften erwirtschaftet werden, deren Gesellschafter gar nicht oder nur beschränkt für die Verbindlichkeiten der Gesellschaft haften.[3]

---

1 BGH NJW 1997, 1507; NJW 1999, 3483 ff.; *Flume*, in: Personengesellschaft, S. 328 f; *K. Schmidt*, in: Gesellschaftsrecht, § 34 III (S. 1023), § 18 IV 1 b (S. 538 ff.).

2 Statistik des Deutschen Industrie- und Handelskammertages über die bei den Industrie- und Handelskammern angemeldeten Gesellschaften, abgedruckt in Münchener Handbuch des Gesellschaftsrechts, Band 2, § 1 Rn. 17.

3 Umsatzsteuerstatistik des Statistischen Bundesamts, abgedruckt in Münchener Handbuch des Gesellschaftsrecht, Band 2, § 1 III Rn. 19. Danach entfielen 1996 auf offene Handelsgesellschaften und BGB-Gesellschaften steuerbare Umsätze in Höhe von

Die besondere Attraktivität der GmbH & Co. KG dürfte auf den Umstand zurückzuführen sein, dass bei dieser Gesellschaftsform in der Regel keine natürliche Person, sondern allein eine GmbH als Komplementärin persönlich haftet, während die Haftung der übrigen Gesellschafter gegenüber den Gesellschaftsgläubigern, entsprechend der Regelung des § 161 HGB, *„auf den Betrag einer bestimmten Vermögenseinlage beschränkt ist (…)"*.

Obgleich der Wortlaut des § 161 HGB die Annahme einer generell gültigen betragsmäßigen Beschränkung der Kommanditistenhaftung nahelegt, sind Sachverhalte denkbar, in denen Kommanditisten für bestimmte Verbindlichkeiten der Gesellschaft unbegrenzt wie persönlich haftende Gesellschafter haften. Derart risikoträchtige Haftungssituationen ergeben sich etwa dann, wenn eine Kommanditgesellschaft ihre Geschäftstätigkeit mit Zustimmung der Kommanditisten bereits vor ihrer Eintragung in das Handelsregister aufnimmt (§ 176 Abs. 1 Satz 1 HGB) oder wenn ein neu in die Gesellschaft eintretender Kommanditist noch nicht als solcher in das Handelsregister eingetragen ist (§ 176 Abs. 2 HGB). In beiden Fällen haften die betroffenen Kommanditisten für die bis zur Eintragung begründeten Verbindlichkeiten der Gesellschaft grundsätzlich gleich einem persönlich haftenden Gesellschafter.

Ähnlich ist die Haftungssituation, wenn die Beteiligung eines Gesellschafters an einer offenen Handelsgesellschaft oder eines persönlich haftenden Gesellschafters an einer Kommanditgesellschaft in eine Kommanditbeteiligung umgewandelt wird. Nach Umwandlung der Beteiligung haftet der betroffene (Neu-) Kommanditist in beiden Konstellationen gemäß § 128 HGB für die bis dahin begründeten Verbindlichkeiten unbeschränkt fort, wenngleich, wie im Falle eines ausgeschiedenen Gesellschafters einer offenen Handelsgesellschaft, gemäß § 160 Abs. 1 i.V.m. Abs. 3 HGB zeitlich begrenzt.

II. Fragestellung

Tritt ein Kommanditist in eine bereits bestehende Kommanditgesellschaft ein, haftet er gemäß § 173 HGB nach Maßgabe der §§ 171, 172 HGB auch für die vor seinem Eintritt begründeten Verbindlichkeiten der Gesellschaft. Eine

---

219.301 Mio. Euro, auf Kommanditgesellschaften in Höhe von 777.692 Mio. Euro und auf Gesellschaften mit beschränkter Haftung in Höhe von 1.133.123 Mio. Euro. Bis zum Jahr 2006 stagnierten die steuerbaren Umsätze der offenen Handels- und BGB-Gesellschaften nahezu (231.132 Mio. Euro), während die steuerbaren Umsätze der Kommanditgesellschaften und Gesellschaften mit beschränkter Haftung mit 1.158.131 Mio. Euro und 1.729.052 Mio. Euro überproportional zunahmen.

ordnungsgemäße Eintragung vorausgesetzt, beschränkt sich die persönliche Haftung des Kommanditisten nach §§ 171, 172 HGB jedoch auf den Betrag der Haftsumme, sofern sie nicht durch Leistung der Einlage sogar gänzlich entfällt. Nach herrschender Meinung stellt auch die Übertragung eines Kommanditanteils auf einen Dritten einen Eintritt des Erwerbers in die Gesellschaft im Sinne des § 173 HGB dar. Der Erwerber eines Kommanditanteils wird daher in der Regel davon ausgehen, dass ihn unabhängig von der Haftsituation des Veräußerers – jedenfalls sofern die Übertragung, wie üblich, aufschiebend bedingt durch seine Eintragung als Kommanditist im Handelsregister erfolgt – lediglich die in den §§ 171, 172 HGB normierten Haftungsfolgen treffen.

Dem Anschein nach konträr hierzu übernimmt der Erwerber eines Kommanditanteils nach herrschender Meinung im Wege der Rechtsnachfolge allerdings grundsätzlich auch die Rechtsposition, die der Veräußerer bis zur Übertragung innehatte.[4] Ob die persönliche und gegebenenfalls betragsmäßig unbeschränkte Haftung des Veräußerers von dieser Rechtsnachfolge erfasst wird, der Erwerber eines Kommanditanteils mithin im Zuge der Rechtsnachfolge auch in die persönliche und unter Umständen unbeschränkte Haftung des Veräußerers für Verbindlichkeiten der Gesellschaft eintritt, war bislang nur vereinzelt Gegenstand wissenschaftlicher Diskussion.

Als wegweisend für die Meinungsbildung in der Literatur erscheinen zwei höchstinstanzliche Urteile:

Bereits das Reichsgericht hatte sich 1944 in der für die Anerkennung der Übertragbarkeit eines Anteils an einer Personengesellschaft bedeutsamen Entscheidung ausführlich zu den Rechtsfolgen der Übertragung von Kommanditanteilen geäußert und im Hinblick auf die Haftung des neuen Kommanditisten ausgeführt:

> *„Auch gegenüber den Gesellschaftsgläubigern* ***tritt der neue Kommanditist in die Schuld und Haftung seines Rechtsvorgängers ein.*** *Wie er im Innenverhältnis nur neben die anderen Mitgesellschafter, nicht auch neben seinen Vorgänger, sondern an dessen Stelle tritt, trifft ihn auch nach außen haftungsmäßig eben die Haftung für die Verbindlichkeiten der Gesellschaft und bloß diese, die jenem obläge, wenn er nicht ausgeschieden wäre.“*[5]

4 Vgl. nachstehend BGHZ 81, 82 = BGH NJW 1981, 2747; für die Literatur: *Schäfer*, in: Staub, Großkomm. zum HGB, § 105 Rn. 304; *K. Schmidt*, in: Münchener Kommentar zum HGB, § 105 Rn. 222; *Wertenbruch*, in: Ebenroth/Boujong/Joost/Strohn, § 105 Rn. 163; *Ulmer*, in: Gesellschaft bürgerlichen Rechts, § 719 Rn. 40.

5 RG DNotZ 1944, 195, 198 f.; Hervorhebungen durch Verfasserin.

Im Jahre 1981 führte der Bundesgerichtshof zur Frage der Übernahme der Rechtsposition des Rechtsvorgängers durch den Erwerber eines Kommanditanteils aus:

> *„Der Gesellschafter einer Personengesellschaft kann seinen Gesellschaftsanteil („die Mitgliedschaft") mit Zustimmung der übrigen Gesellschafter auf einen Mitgesellschafter oder auf eine dritte Person durch Verfügungsgeschäft mit der Wirkung übertragen, daß der Erwerber, wenn nichts anderes geregelt ist, ohne weiteres in die Rechtsstellung eintritt, die bis dahin der Veräußerer innehatte.* ***Für die KG bedeutet das unter anderem, daß mit der Abtretung eines Kommanditanteils der neue Kommanditist*** *auch hinsichtlich der Einlageschuld gegenüber der Gesellschaft sowie* ***hinsichtlich der Haftung gegenüber den Gesellschaftsgläubigern diejenige Rechtsposition übernimmt, die bis zur Abtretung der frühere Kommanditist innegehabt hatte****: Hatte dieser seine Einlage ganz oder teilweise noch nicht erbracht und haftete er deshalb den Gläubigern wegen des offenstehenden Betrages bis zur Höhe der eingetragenen Haftsumme, so haftet nun der neue Kommanditist den Gläubigern mit seinem Privatvermögen in gleicher Weise; hatte der frühere Kommanditist dagegen seine Einlage voll erbracht und damit jede weitere Haftung ausgeschlossen (§ 171 Abs. 1 Halbs. 2 HGB), so kommt auch eine unmittelbare Haftung des neuen Kommanditisten nicht mehr in Betracht. Das alles entspricht den Haftungsregeln des Gesetzes (§§ 171, 172 HGB) und den Grundsätzen einer jeden Rechtsnachfolge".*[6]

In der Literatur wurde bislang nur vereinzelt zu der Frage Stellung genommen, ob der Erwerber eines Kommanditanteils im Zuge der Rechtsnachfolge auch in die persönliche und unter Umständen unbeschränkte Haftung des Veräußerers für Verbindlichkeiten der Gesellschaft eintritt. Die wenigen Stimmen in der Literatur, die sich mit der Frage beschäftigt haben, scheinen einen Eintritt in die Haftung anzunehmen:

Unter Bezugnahme auf die zitierten Urteile des Großen Senats für Zivilsachen des Reichsgerichts vom 30. September 1944 und des Zweiten Zivilsenats des Bundesgerichtshofes vom 29. Juni 1981 bzw. unter Heranziehung des Grundsatzes vollständigen Eintritts in die Rechtsstellung des Veräußerers haben *Norbert Frenz, Kai-Steffen Scholz* und *Andreas Masuch* den Eintritt des Erwerbers in die jeweilige (Nach-)Haftung des übertragenden Kommanditisten für möglich gehalten.

Norbert Frenz hat im Zusammenhang mit der Darstellung der rechtsgeschäftlichen Übertragung eines Kommanditanteils die Frage aufgeworfen, wie sich der vom Bundesgerichtshof aufgestellte Grundsatz, dass der Neugesellschafter auch bezüglich der Haftung die gleiche Rechtsstellung erlangen solle, die der Altgesellschafter innehatte, auswirkt, wenn für den zu übertragenden Kommanditanteil

---

6 BGHZ 81, 82, 83 f. = BGH NJW 1981, 2747; Hervorhebungen durch Verfasserin.

erst einmal eine unbeschränkte Haftung nach § 176 Abs. 1 oder 2 HGB entstanden ist. In Fortführung des vorstehend zitierten Ansatzes des Bundesgerichtshofes hält *Frenz* es

> *„jedenfalls auch (für) denkbar, dass eine etwa entstandene unbeschränkte Haftung ebenfalls auf den Erwerber übergeht. Das Recht, sich auf die beschränkte Haftung berufen zu können, kann – so ließe sich argumentieren – in der Hand des Erwerbers nicht weitergehen als in der Hand des Veräußerers."*[7]

Scholz postuliert im Zusammenhang mit der Haftung des Erwerbers eines Kommanditanteils bei nicht voll geleisteter oder (teilweise) zurückgewährter Einlage:

> *„Besteht im Zeitpunkt der Übertragung der Kommanditbeteiligung eine persönliche Haftung des Veräußerers, geht diese auf den Erwerber über."*[8]

In die gleiche Richtung geht *Masuch*, der behauptet:

> *„Ob der Erwerber in eine Nachhaftung des übertragenden Kommanditisten gemäß §§ 174, 160 HGB oder § 160 Abs. 3 HGB eintritt, ist ungeklärt, entsprechend dem Grundsatz vollständigen Eintritts in die Rechtsstellung des Veräußerers aber anzunehmen."*[9]

Zumindest mehrdeutig äußert sich schließlich *Karsten Schmidt* zu der Frage des Eintritts in die unbeschränkte Haftung des Rechtsvorgängers, wenn er im Zusammenhang mit der Problematik der unbeschränkten Haftung des Erwerbers eines Kommanditanteils nach § 176 Abs. 2 HGB formuliert:

> *„Die Nachfolge in einen nicht eingetragenen Kommanditistenanteil, dessen Veräußerer bereits nach Abs. 2 haftete, begründet allerdings auch für den Erwerber die Haftung aus Abs. 2 (...). Das beruht indessen nicht darauf, daß die Nachfolge ein Eintrittstatbestand wäre, sondern der Erwerber erwirbt die Mitgliedschaft so, wie sie ist, hier also als Kommanditanteil mit unbeschränkter Haftung."*[10]

Dies legt die Annahme nahe, dass *K. Schmidt* eine Rechtsnachfolge des Erwerbers in die unbeschränkte Haftung des Veräußerers zumindest nicht für ausgeschlossen hält.[11] Gestützt wird diese Annahme durch die Ausführungen *K. Schmidts* zu derselben Frage an anderer Stelle, an der er sich wiederum für die Unterwerfung des Erwerbers eines nicht eingetragenen Kommanditistenanteils

7 *Frenz*, Rechtsnachfolge in Kommanditanteile, in: MittRhNotK 1988, 1, 7 f.
8 *Scholz*, in: Westermann, Handbuch der Personengesellschaften II, § 51 Rn. 3051 (S. 1301).
9 *Masuch*, in: Sudhoff, Personengesellschaften, § 18 III 3 c aa), Rn. 50 (S. 324).
10 *K. Schmidt*, in: Schlegelberger, HGB, § 176 Rn. 26.
11 Vgl. *Frenz*, Rechtsnachfolge in Kommanditanteile, in: MittRhNotK 1988 Heft 1–2 S. 1, 8.

unter die strenge Haftung nach § 176 Abs. 2 HGB ausspricht und dies damit begründet, dass der Haftungstatbestand des § 176 Abs. 2 HGB bereits verwirklicht gewesen sei und nun auch den Rechtsnachfolger treffe. Dieser übernehme in einem solchen Fall den Anteil mit der Maßgabe, dass aus diesem Anteil gemäß § 176 Abs. 2 HGB (und nicht nur gemäß §§ 171, 172 HGB) gehaftet werde.[12]

Wäre die haftungsrechtliche Stellung des Veräußerers tatsächlich in jedem Fall von der Rechtsnachfolge des Erwerbers erfasst, hinge die betragsmäßige Beschränkung der Haftung des Erwerbers eines Kommanditanteils stets davon ab, ob der Veräußerer – wie im Regelfall der Kommanditistenhaftung – allenfalls nach §§ 171, 172 HGB für Verbindlichkeiten der Gesellschaft haftet oder ob ihn darüber hinaus eine unbeschränkte persönliche Haftung, etwa aus § 128 HGB oder aus § 176 HGB, trifft. In diesem Fall wäre qua Rechtsnachfolge auch der Erwerber einer unbeschränkten persönlichen Haftung für Gesellschaftsverbindlichkeiten unterworfen. Es entstünde damit die Situation, dass der Erwerber eines eingetragenen Kommanditanteils unbeschränkt persönlich für Gesellschaftsverbindlichkeiten haftet, obgleich eine derartige Haftung des Erwerbers gesetzlich nicht vorgesehen und nur scheinbar höchstrichterlich anerkannt ist.

Wäre der konkrete Haftungsstatus des Veräußerers dagegen nicht Gegenstand der Rechtsnachfolge, dürfte der Erwerber – unabhängig davon, ob der Veräußerer unbeschränkt für Verbindlichkeiten der Gesellschaft haftet oder nicht – nach Maßgabe von § 173 HGB und damit nach den Bestimmungen der §§ 171, 172 HGB grundsätzlich lediglich betragsmäßig beschränkt haften.

Für die Beurteilung des Haftungsrisikos, das mit dem Erwerb solcher Kommanditanteile einhergeht, deren Veräußerer neben der betragsmäßig beschränkten persönlichen Haftung einer unbeschränkten persönlichen Haftung unterworfen sind, bedarf es daher der Untersuchung der konkreten Reichweite der Rechtsnachfolgewirkungen beim Erwerb von Anteilen an Personenhandelsgesellschaften. Hiervon hängt es letztlich ab, ob über die gesetzlich normierten und höchstrichterlich anerkannten Fallgruppen unbeschränkter Kommanditistenhaftung hinaus auch ein Fall abgeleiteter unbeschränkter persönlicher Haftung von Kommanditisten existiert.

Trotz des weitreichenden Haftungsrisikos, welches eine Rechtsnachfolge in die unbeschränkte persönliche Haftung des Rechtsvorgängers für den Erwerber eines Kommanditanteils hätte, hat in der Literatur eine intensivere Auseinandersetzung mit dieser Frage bislang nicht stattgefunden.

---

12 *K. Schmidt*, Anmerkungen zu dem Urteil des Bundesgerichtshofes vom 21. März 1983 (II ZR 113/82), NJW 1983, 2258, 2260.

III. Gang der Untersuchung

Die Untersuchung der aufgeworfenen Frage nach dem Eintritt des Erwerbers eines Kommanditanteils in die haftungsrechtliche Stellung des Veräußerers und damit auch in eine gegebenenfalls bestehende betragsmäßig unbeschränkte persönliche Haftung des Rechtsvorgängers wird in folgenden Schritten erfolgen:

Zunächst werden als Arbeitsgrundlage die verschiedenen Haftungssysteme der Personenhandelsgesellschaften im Überblick dargestellt. Ein Schwerpunkt liegt dabei in der Darstellung der Struktur der persönlichen Gesellschafterhaftung und deren inhaltlicher Ausgestaltung sowie in der Unterscheidung zwischen der Gesellschaftsschuld und der gesetzlich vorgesehenen Haftung der Gesellschafter für diese Schuld. Daneben wird auf die Möglichkeit der betragsmäßigen Beschränkung und des Ausschlusses der Haftung von Kommanditisten eingegangen.

Anschließend wird der Haftungsbegriff generell und speziell im Sinne von § 128 HGB untersucht. Ein besonderes Augenmerk liegt hierbei auf der Analyse des herkömmlichen Verständnisses der Begriffe Schuld und Haftung und deren konkreter Bedeutung im Zusammenhang mit den §§ 128 ff. HGB. Des Weiteren wird das Verhältnis zwischen Gesellschaftsschuld und Gesellschafterhaftung beleuchtet.

In einem nächsten Schritt sollen die rechtlichen Gestaltungsmöglichkeiten eines Wechsels der Gesellschafter von Personenhandelsgesellschaften analysiert werden. Zunächst wird auf den gesetzlich geregelten Ein- und Austritt von Gesellschaftern und dessen Rechtsfolgen für das Verhältnis der beteiligten Gesellschafter zu der Gesellschaft, ihren Mitgesellschaftern sowie zu den Gesellschaftsgläubigern eingegangen. Danach werden die gesetzlich nicht geregelte Konstruktion der Übertragung von Anteilen an einer Personenhandelsgesellschaft und deren Rechtsfolgen untersucht. Zur Feststellung der Rechtsnatur des Übertragungsvorgangs wird die hierfür maßgebliche Rechtsnatur der Beteiligung an einer Personenhandelsgesellschaft selbst beleuchtet. Hieran schließen sich die Darstellung der Konsequenzen der verschiedenen Auffassungen für die Art und Weise der Anteilsübertragung sowie die Untersuchung der damit einhergehenden Rechtsfolgen der Anteilsübertragung an. Aufbauend hierauf und zur Bestimmung des Umfangs der Rechtsnachfolge des Erwerbers in die Rechtsstellung des Veräußerers wird die Bedeutung der herausgearbeiteten Grundsätze für die Verwaltungsrechte und -pflichten sowie die Vermögensrechte und -pflichten dargestellt. In diesem Zusammenhang werden insbesondere die Rechtsfolgen der Übertragung einer Mitgliedschaft in einer Personenhandelsgesellschaft für die vermögensrechtlichen Verbindlichkeiten des Gesellschafters gegenüber der

Gesellschaft untersucht. Des Weiteren wird der Frage nachgegangen, unter welchen Voraussetzungen derartige Verbindlichkeiten überhaupt übertragen werden können.

Es folgt die Prüfung, welchen Regeln die Gesellschafterhaftung bei dem gesetzlich nicht vorgesehenen Fall der Übertragung der Mitgliedschaft folgt. Der Schwerpunkt dieser Untersuchung soll auf der Haftung der an einer Anteilsübertragung beteiligten Kommanditisten liegen. Unter Heranziehung von allgemeinen Grundsätzen der Rechtsnachfolge werden die Folgen der Erbringung und der Rückzahlungen von Einlagen für die an der Anteilsübertragung beteiligten Gesellschafter dargestellt.

Erörtert wird sodann, ob die Gesellschafterhaftung an die Person des Veräußerers gebunden ist oder ob sie – als mit der Gesellschafterstellung verknüpft – mit dem Gesellschaftsanteil auf den Erwerber übergeht. Hierzu bedarf es einer Auseinandersetzung mit den Literaturauffassungen zur möglichen Rechtsnachfolge des Erwerbers in die persönliche Gesellschafterhaftung sowie mit der Rechtsprechung des Bundesgerichtshofes zum Eintritt des Erwerbers in die Haftung seines Rechtsvorgängers.

Schließlich wird untersucht, ob die Gesellschafterhaftung Bestandteil des mit der Übertragung des Gesellschaftsanteils auf den Erwerber übergehenden Rechtsverhältnisses ist. Hierzu werden die Verbindungen zwischen der Haftungsverbindlichkeit des Gesellschafters und dem mitgliedschaftlichen Rechtsverhältnis sowie potentielle Übertragungshindernisse beleuchtet. Abschließend wird dargestellt, aus welchen weiteren Rechtsgründen sich eine unbeschränkte Haftung des Erwerbers einer Mitgliedschaft in einer Personenhandelsgesellschaft ergeben kann.

§ 2 Haftungsstrukturen im Personengesellschaftsrecht

Die Gläubigersicherung im Personengesellschaftsrecht zeichnet sich dadurch aus, dass Gläubiger der Gesellschaft zur Befriedigung ihrer Ansprüche sowohl auf die Gesellschaft als auch auf deren Gesellschafter zugreifen können.

I. Schuld und Haftung der Personenhandelsgesellschaft[13]

Dass die Gläubiger unmittelbar auf die Gesellschaft als Schuldnerin zugreifen können, diese mithin den Gläubigern gegenüber haftet, liegt an der mittlerweile anerkannten Rechtsfähigkeit der Personenhandelsgesellschaft.

1. Rechtsfähigkeit und Schuld der Personenhandelsgesellschaft

Während früher angenommen wurde, Träger der im Namen der Gesellschaft begründeten Rechte und Pflichten seien die gesamthänderisch verbundenen Gesellschafter und nicht ein von den Gesellschaftern verschiedenes Rechtssubjekt,[14] geht die heute herrschende Meinung davon aus, dass Gesamthandsgesellschaften – und damit auch offene Handels- und Kommanditgesellschaften – eigenständige, von ihren Mitgliedern zu unterscheidende Träger von Rechten und Pflichten sind.[15] Dies wurde zunächst aus § 124 Abs. 1 HGB (für Kommanditgesellschaften

---

13 Die nachfolgenden Darstellungen beschränken sich auf die Personenhandelsgesellschaften (mithin auf offene Handels- und die Kommanditgesellschaften, vgl. *Kübler*, in: Gesellschaftsrecht, 2. Kapitel, § 3 I (S. 22), § 5 II (S. 36)), und dort schwerpunktmäßig auf die Besonderheiten der Kommanditgesellschaft. Die Besonderheiten der Gesellschaft bürgerlichen Rechts werden nicht behandelt.

14 So noch BGH, NJW 1988, 556 = LM § 675 BGB Nr. 130 (unter I) = WM 1987, 1557; BGHZ 34, 293, 296 = NJW 1961, 1022 = LM § 61 KO Nr. 10; in der Literatur so ebenfalls noch *Hopt*, in: Baumbach/Hopt, HGB, 32. Auflage, § 124 Rn. 1. unter Berufung auf die Rechtsprechung des Bundesgerichtshofes. Für die Auffassung, dass bei der Gesellschaft bürgerlichen Rechts ausschließlich die einzelnen Gesellschafter Zuordnungssubjekte der die Gesellschaft betreffenden Rechte und Pflichten seien, siehe auch *Zöllner*, Rechtssubjektivität von Personengesellschaften?, in: Festschrift für Joachim Gernhuber, S. 563 ff.; *Hueck*, Drei Fragen zur Gesamthandsgesellschaft, in: Festschrift für Zöllner, S. 275, 287 f.

15 Vgl. etwa *Habersack*, in: Staub, Großkomm. zum HGB, § 124 Rn. 3 m.w.N.; *Hopt*, in: Baumbach/Hopt, HGB, § 124 Rn. 2.

in Verbindung mit § 161 Abs. 2 HGB) hergeleitet, wonach die Gesellschaft unter ihrer Firma Rechte erwerben und Verbindlichkeiten eingehen, Eigentum und andere dingliche Rechte an Grundstücken erwerben sowie vor Gericht klagen und verklagt werden kann.[16] Nach der modernen Gesamthandslehre ergibt sich die Fähigkeit der Personenhandelsgesellschaften, Träger von Rechten und Pflichten zu sein, jedoch bereits aus dem Charakter des Gesellschaftsvertrags, der nicht nur als Schuldverhältnis, sondern auch als Organisationsvertrag verstanden wird und als solcher die Grundlage für den Personenverband und damit für die aus den Gesellschaftern bestehende und im Rechtsverkehr durch ihre Organe handlungsfähige Organisationseinheit bildet.[17]

Infolge ihrer Rechtsfähigkeit sind Personenhandelsgesellschaften potentielle Parteien von Schuldverhältnissen. Wird eine Personenhandelsgesellschaft Partei eines (vertraglichen oder gesetzlichen) Schuldverhältnisses, wird die Gesellschaft daher selbst Schuldnerin der sich aus diesem Schuldverhältnis ergebenden Leistungspflichten und Gläubigerin bezüglich der mit dem Schuldverhältnis einhergehenden Ansprüche.

Die Rechtsfähigkeit der Personenhandelsgesellschaften hat also zur Folge, dass durch Verträge, welche die Organe im Namen der Gesellschaft abschließen, grundsätzlich allein die Gesellschaft berechtigt und verpflichtet wird. Die Gesellschafter haben mit diesem Verhältnis der Gesellschaft zu der anderen Partei des Schuldverhältnisses zunächst einmal nichts zu tun. Aufgrund der eigenen Rechtssubjektivität der Personenhandelsgesellschaften sind die Gesellschafter insbesondere nicht Schuldner oder Gläubiger von Rechten oder Pflichten, die aus der Sonderverbindung zwischen der Gesellschaft und einem Dritten entstehen.[18] Dies gilt für vertragliche wie für gesetzlich begründete Schuldverhältnisse gleichermaßen: Sofern keine besonderen Umstände vorliegen, aus denen sich die

---

16 Vgl. *Grunewald*, in: Gesellschaftsrecht, S. 107, Rn. 33; weitergehende Darstellung von *K. Schmidt,* in: Gesellschaftsrecht, § 8 III 2 ff. (S. 199 ff.).

17 Grundlegend hierzu *Flume* (in: ZHR 136 (1972), 177 ff., 184 ff.) der aufzeigt, dass als Rechtssubjekt nicht nur offene Handelsgesellschaften und Kommanditgesellschaften, sondern auch die gesamthänderisch strukturierte Gesellschaft bürgerlichen Rechts in Gestalt der gesellschaftsvertraglich zu einer „Gruppe" verbundenen Gesellschafter anzusehen sei und dass diese hinsichtlich der Rechtsfähigkeit den Regeln des § 124 HGB unterliege. Diese sog. „Gruppen"-Lehre ist mittlerweile herrschend. Vgl. auch die Darstellung bei *Ulmer,* in: AcP 198 (98), 113; *ders.* in: Gesellschaft bürgerlichen Rechts, § 705 Rn. 298 ff.; *Habersack*, in: Staub, Großkomm. zum HGB § 124 Rn. 3; für die Gesellschaft bürgerlichen Rechts: BGHZ 146, 341 = NJW 2001, 1056.

18 Ganz h. M., vgl. statt aller *Flume,* in: Die Personengesellschaft, § 16 IV 6, S. 339 ff.

Verpflichtung oder Berechtigung der Gesellschafter ergibt, treffen Rechte und Pflichten aus der Sonderverbindung allein die Personenhandelsgesellschaft.

2. Die Haftung der Personenhandelsgesellschaft

Obwohl der Begriff der Gesellschaftshaftung, im Unterschied zu dem der Gesellschafterhaftung, im Gesetz nicht ausdrücklich verwendet wird, haften auch Personenhandelsgesellschaften für die von ihnen eingegangenen Verpflichtungen.

Unter Haftung wird von der wohl herrschenden Meinung - in Abgrenzung zur Schuld - zumeist das Unterworfensein eines Rechtssubjekts unter den Vollstreckungszugriff des Staates verstanden.[19] Mit der Zwangsvollstreckung stellt die Zivilprozessordnung ein Verfahren zur Durchsetzung und Sicherung privatrechtlicher Ansprüche des Gläubigers und zur Gewährleistung vollständigen Rechtsschutzes zur Verfügung. Der Staat hat als alleiniger „*Träger der Vollstreckungsgewalt*" ein „*Zwangsmonopol*" und gewährleistet damit die Durchsetzung der Rechte des Gläubigers.[20] Bei der Haftung in diesem (technischen) Sinne handelt es sich also um die prozessuale Durchsetzbarkeit der Schuld, weshalb sie von *Medicus* auch als „*Schatten der Schuld*" bezeichnet wird .[21]

§ 124 Abs. 2 HGB bestimmt, dass zur Zwangsvollstreckung in das Gesellschaftsvermögen ein gegen die Gesellschaft gerichteter vollstreckbarer Schuldtitel erforderlich ist, und bringt damit die Unterwerfung der Gesellschaft unter den Vollstreckungszugriff des Staates zur zwangsweisen Durchsetzung der Ansprüche von Gläubigern der Gesellschaft zum Ausdruck. Die Gesellschaft „haftet" also in diesem Sinne für ihre Schulden, was angesichts der Rechts- und Parteifähigkeit der Personenhandelsgesellschaften (mittlerweile) auch als selbstverständlich erscheint.

II. Schuld und Haftung der Gesellschafter

Neben den Personenhandelsgesellschaften, die für ihre Verbindlichkeiten in dem gerade dargestellten (technischen) Sinne haften, haften auch die Gesellschafter von offenen Handels- und von Kommanditgesellschaften für diese Verbindlichkeiten.

---

19 Vgl. etwa *Medicus*, in: Schuldrecht Allgemeiner Teil, § 3 I 2; *Grüneberg*, in: Palandt, BGB, Einleitung vor § 241 Rn. 10; *Mansel*, in: Jauernig, Kommentar zum BGB, § 241 Rn. 18.

20 BVerfGE 61, 126, 136 = NJW 1983, 559; BGH NJW 2001, 434 m.w.N.; *Luckmann*, in: Musielak, Zivilprozessordnung, Vor. § 704 Rn. 1.

21 *Medicus*, in: Schuldrecht Allgemeiner Teil, S. 7, Rn. 19.

1. Ausgestaltung der Gesellschafterhaftung

Obgleich die Gesellschaftsschulden grundsätzlich nicht Schulden der Gesellschafter, sondern Schulden der Gesellschaft sind, können Gläubiger von Personenhandelsgesellschaften zur Befriedigung ihrer Ansprüche auch unmittelbar auf das Vermögen der Gesellschafter zugreifen.[22] Dies ergibt sich für die Gesellschafter offener Handelsgesellschaften aus § 128 HGB. Nach § 161 Abs. 2 HGB findet diese Vorschrift auch auf die Haftung des persönlich haftenden Gesellschafters einer Kommanditgesellschaft (nachfolgend auch „Komplementär") Anwendung. Schließlich beurteilt sich die Haftung der Kommanditisten, mit Ausnahme von Fragen der inhaltlichen Ausgestaltung der Haftung, ebenfalls nach den Grundsätzen des § 128 HGB.[23]

Das Erfordernis, den Gläubigern von Personenhandelsgesellschaften einen besonderen Schutz in Form der gesetzlich angeordneten persönlichen Haftung der Gesellschafter in ihrem jeweiligen persönlichen Bestand zu gewähren, folgt aus dem Nichtvorhandensein eines gesetzlich vorgeschriebenen, zugunsten der Gesellschaftsgläubiger gebundenen garantierten Haftkapitals, wie es den Gläubigern von Kapitalgesellschaften als Haftungsfonds zur Verfügung steht und dort als Ersatz für die fehlende persönliche Haftung der Gesellschafter dienen soll.[24]

---

22 Die ältere Auffassung, welche die Personenhandelsgesellschaft als nicht rechtsfähige Gesamthand ansah, verstand Gesellschaftsschuld und Gesellschafterhaftung folgerichtig als eine Einheit, nämlich als die gesamthänderische Verbindlichkeit der Gesellschafter, für die diese jeweils mit dem Sondervermögen der Gesellschaft und ihrem Privatvermögen haften sollten (Vgl. Darstellung bei *Neubauer/Herchen*, in: Münchener Handbuch des Gesellschaftsrecht, Band 1, § 68 Rn. 8). Die verschiedenen Haftungsregeln in §§ 124 und 128 HGB wurde vor diesem Hintergrund lediglich als Hinweis auf die Möglichkeit des Zugriffs auf mehrere Vermögensmassen betrachtet (siehe auch die Darstellung von *Hopt*, in: Baumbach/Hopt, HGB, § 128 HGB, Rn. 8).

23 Vgl. *Habersack*, in: Staub, Großkomm. zum HGB, § 128 Rn. 3; vgl. zur inhaltlichen Ausgestaltung der Kommanditistenhaftung nachfolgend unter § 2 II 3 b aa) (S. 36 f.).

24 Vgl. BGHZ 145, 370, 373 = NJW 2003, 1803: „*Die persönliche Haftung aller Gesellschafter (…) entspricht dem Wesen der Personengesellschaft und ihren Haftungsverhältnissen, weil die Gesellschaft kein eigenes, zu Gunsten ihrer Gläubiger gebundenes garantiertes Haftkapital besitzt*". Das zugunsten der Gesellschafter von Kapitalgesellschaften bestehende Haftungsprivileg (§§ 1 Abs. 1 Satz 2 AktG, 13 Abs. 2 GmbHG) wird von der Rechtsprechung nur in Ausnahmefällen und in der Regel nur dann unterbrochen, wenn das Haftungsprivileg „*zu Ergebnissen führen würde, die mit Treu und Glauben nicht im Einklang stehen, und wenn die Ausnutzung der rechtlichen Verschiedenheiten zwischen der juristischen Person und der hinter ihr stehenden natürlichen Person einen Rechtsmissbrauch bedeutet*", so BGHZ 78, 218, 333 = NJW 1981, 522, 525; vgl. zur sog.

Es entspricht daher den Grundsätzen des bürgerlichen Rechts und des Handelsrechts, dass, wie es der Bundesgerichtshof erklärt, „*derjenige, der als Einzelperson oder in Gemeinschaft mit anderen Geschäfte betreibt, für die daraus entstehenden Verpflichtungen mit seinem gesamten Vermögen haftet, solange sich aus dem Gesetz nichts anderes ergibt oder mit dem Vertragspartner keine Haftungsbeschränkung vereinbart wird.*“[25]

Nach der Regelung des § 128 HGB haften die Gesellschafter von Personenhandelsgesellschaften den Gläubigern neben der Gesellschaft für deren Verbindlichkeiten daher grundsätzlich persönlich, unbeschränkt und unmittelbar sowie mit den weiteren Gesellschaftern als Gesamtschuldner.

a. Persönliche, unbeschränkte und unmittelbare persönliche Gesellschafterhaftung

Bei der in § 128 HGB geregelten Gesellschafterhaftung handelt es sich um eine betragsmäßig unbeschränkte Haftung, die mit Verwirklichung der Tatbestandsvoraussetzungen grundsätzlich sämtliche Gesellschafter der Personenhandelsgesellschaft trifft. Aufgrund dieser gesetzlichen Anordnung kann ein Gläubiger der Gesellschaft deren Gesellschafter regelmäßig in dem gleichen Umfang in Anspruch nehmen wie die Gesellschaft selbst.

Im Zusammenhang mit dieser unbeschränkten Vermögenshaftung wird auch von „persönlicher Haftung“ der Gesellschafter gesprochen. Damit wird zum Ausdruck gebracht, dass Haftungsobjekt – unabhängig von der Höhe der Beteiligung des Gesellschafters an der Gesellschaft – das gesamte Privatvermögen des Gesellschafters ist, auf welches der Gläubiger (in der Zwangsvollstreckung) auch dann zugreifen kann, wenn die Haftung „rechnerisch“, wie etwa im Regelfall

---

Durchgriffshaftung auch BGH ZIP 2008, 364, 365; BGHZ 68, 312, 315; BGHZ 125, 366 = NJW 1994, 1801.

25 So BGHZ 142, 315, 319 = NJW 1999, 3483; Nach dem Bundesgerichtshof kann die Rechtsordnung nicht bei einer Haftung nur der Altgesellschafter Halt machen, weil der neu in eine Gesellschaft eintretende Gesellschafter mit dem Erwerb der Gesellschafterstellung auch dieselben Zugriffsmöglichkeiten auf das Gesellschaftsvermögen erlangt, wie die Altgesellschafter. Nach Ansicht des Bundesgerichtshofes kann die „*Komplementarität von Entnahmefreiheit und persönlicher Haftung*“ nur durch Einbeziehung der Neugesellschafter in dasselbe Haftungsregime, dem auch die Altgesellschafter unterliegen, kompensiert werden, so BGH NJW 2003, 1803, 1804; vgl. auch *K. Schmidt*, in: Gesellschaftsrecht, § 43 II 4 (S. 1291).

der Kommanditistenhaftung, auf die Höhe der Haftsumme beschränkt ist.[26] Bei dieser Beschränkung der Haftung von Kommanditisten handelt es sich somit lediglich um eine Begrenzung des Schuldinhalts, also um eine betragsmäßig begrenzte Verpflichtung, für die der Verpflichtete gleichwohl mit seinem ganzen Vermögen haftet.[27]

Gegen die aus § 128 HGB (ggf. i.V.m. § 161 Abs. 2 HGB) haftenden Gesellschafter haben die Gesellschaftsgläubiger einen Direktanspruch. Die Gläubiger sind also nicht darauf angewiesen, sich Ansprüche der Gesellschaft aus ihrem Verhältnis zu den Gesellschaftern pfänden und überweisen zu lassen, sondern können sich wegen der Befriedigung ihrer Ansprüche unmittelbar an die Gesellschafter halten.[28]

b. Gesamtschuldnerische Haftung

Während § 128 HGB damit gewährleistet, dass die Gläubiger von offenen Handels- und Kommanditgesellschaften grundsätzlich in gleichem Umfang und nach ihrer Wahl sowohl gegen die Gesellschaft als auch gegen die Gesellschafter zur Befriedigung ihrer Ansprüche vorgehen können, hat die Gesellschaft im Verhältnis zu ihren Gesellschaftern, also im Innenverhältnis, für die Befriedigung der Gesellschaftsgläubiger einzustehen.[29] Der in Anspruch genommene Gesellschafter soll nicht endgültig mit den aus der Inanspruchnahme durch die Gesellschaftsgläubiger erwachsenden Vermögenseinbußen belastet bleiben. Gegenüber der Gesellschaft hat der Gesellschafter daher einen Anspruch auf vollständige Erstattung der an den Gläubiger erbrachten Leistungen aus § 110 HGB.[30]

Eine weitere Regressmöglichkeit, und zwar gegenüber den Mitgesellschaftern, ergibt sich aus der in § 128 HGB normierten Gesamtschuldnerschaft der Gesellschafter. Dieser Ausgleichsanspruch aus § 426 BGB ist gegenüber dem *Ausgleichsanspruch* aus § 110 HGB subsidiär, weil zunächst die Gesellschaft selbst für die Befriedigung der Gläubiger einstehen soll. Eine Erstattungspflicht der

26 *Hueck*, in: Das Recht der offenen Handelsgesellschaft, § 21 II 7 (S. 320). Dem Zugriff der Gläubiger entzogen sind jedoch die unpfändbaren Rechte und Sachen, siehe etwa *Kramer*, in: Münchener Kommentar zum BGB, Einl. vor § 241 Rn. 47.

27 *Enneccerus/Lehmann* § 2 III 3 a (S. 12).

28 Einhellige Meinung, vgl. etwa *Hueck*, in: Das Recht der offenen Handelsgesellschaft, § 21 II 7 (S. 320) oder auch *Habersack*, in: Staub, Großkomm. zum HGB, § 128 Rn. 26.

29 *Habersack*, in: Staub, Großkomm. zum HGB, § 128 Rn. 41.

30 BGHZ 37, 299, 301; BGH NJW-RR 2002, 455.

Mitgesellschafter tritt deshalb erst dann ein, wenn die Gesellschaft entweder nicht in der Lage oder nicht bereit ist, den Anspruch aus § 110 HGB zu erfüllen.[31]

Der Ausgleichsanspruch aus § 426 Abs. 1 Satz 1 BGB sieht vor, dass die Gesamtschuldner im Verhältnis zueinander zu gleichen Anteilen verpflichtet sind, „*soweit nicht ein anderes bestimmt ist*". Eine derartige vom Grundsatz der anteiligen Verpflichtung abweichende Regelung stellt etwa eine im Gesellschaftsvertrag enthaltene Regelung zur Verlustbeteiligung der Gesellschafter dar.[32] Bei Bestehen einer solchen Regelung kann der in Anspruch genommene Gesellschafter daher von jedem seiner Mitgesellschafter in der Regel den Teil des verauslagten Betrages erstattet verlangen, der nach dem Gesellschaftsvertrag als Verlustbeteiligung auf den jeweiligen Mitgesellschafter entfällt.[33]

2. Sonderfall: Kommanditistenhaftung

Der im Personengesellschaftsrecht geltende Grundsatz der unbeschränkten persönlichen Haftung aller Gesellschafter stellt für die Gesellschafter einen nicht zu unterschätzenden Risikofaktor dar. Bereits eine einzige unternehmerische Fehlentscheidung kann neben dem Vermögen der Personenhandelsgesellschaft auch das Privatvermögen der Gesellschafter gefährden. Aber nicht nur aufgrund des allgemeinen unternehmerischen Risikos, sondern vor allem auch wegen der zunehmend scharfen Anforderungen durch spezielle Haftungsrisiken, welche sich in vielen Fällen nicht durch Versicherungen abdecken lassen, wie etwa im Bereich der Umwelt- oder Produkthaftung, halten die Gesellschafter den Ausschluss – jedenfalls aber die betragsmäßige Beschränkung – ihrer persönlichen Haftung für Verbindlichkeiten der Gesellschaft häufig für zwingend erforderlich. Dies

---

31 BGHZ 103, 72, 76 = BGH NJW 1988, 1375; BGH ZIP 2007, 2313, 2315. Dabei soll ausreichend sein, dass die Gesellschaft auf eine Aufforderung des in Anspruch genommenen Gesellschafters hin nicht zahlt, so: BGHZ 37, 299, 301 ff. = NJW 1962, 1863, 1864, ebenso *Hillmann*, in: Ebenroth/Boujong/Joost/Strohn, Handelsgesetzbuch, § 128 Rn. 33. Nach einer Entscheidung des Bundesgerichtshofes ist die Aussichtlosigkeit der Zwangsvollstreckung in das Gesellschaftsvermögen nicht Voraussetzung für einen Erstattungsanspruch gegen die Mitgesellschafter. Danach genügt es vielmehr, wenn der Gesellschaft zur Bezahlung frei verfügbare Mittel nicht zur Verfügung stehen, so: BGH NJW 1980, 339, 340.

32 Vgl. BGH NJW-RR 2002, 455, 456 = NZG 2002, 232, 233 = ZIP 2002, 394, 396; *K. Schmidt*, in: Gesellschaftsrecht, § 49 V 2 (S. 1436 f.); *Schäfer*, in: Staub, Großkomm. zum HGB, § 110, Rn. 42; für die Gesellschaft bürgerlichen Rechts *Hadding/Häuser*, in: WM 1988, 1588.

33 BGHZ 103, 72, 76 = NJW-RR 1988, 805, 806 f.

gilt in besonderer Weise dann, wenn einzelne Gesellschafter oder Gesellschaftergruppen lediglich eine kapitalmäßige Beteiligung ohne unmittelbaren Einfluss auf die Geschäftsführung anstreben.[34]

Mit der Kommanditbeteiligung stellt das Gesetz eine Form der Beteiligung an einer Personengesellschaft zur Verfügung, welche den Gesellschaftern sowohl die Möglichkeit des Ausschlusses der unbeschränkten als auch der persönlichen Haftung bietet. Da das deutsche Gesellschaftsrecht grundsätzlich nur bei Gesellschaftsformen mit ausreichender Kapitalsicherung auf die unbeschränkte persönliche Gesellschafterhaftung verzichtet, muss der Kommanditist dieses Haftungsprivileg allerdings mit – gegenüber den persönlich haftenden Gesellschaftern – eingeschränkten Gesellschafterrechten bezahlen.[35] Die große Beliebtheit, derer sich die Kommanditgesellschaft im Vergleich zur offenen Handelsgesellschaft erfreut, zeigt deutlich den hohen Stellenwert, den die Möglichkeiten der betragsmäßigen Beschränkung und des Ausschlusses der persönlichen Haftung bei der Wahl der Rechtsform eines Unternehmens für die Gesellschafter hat.[36]

---

34 *Kessler/Schiffers*, in: Beck'sches Handbuch der Personengesellschaften, § 1 2 a, Rn. 56 (S. 18).

35 Kommanditisten sind nach § 164 Satz 1 HGB von der Geschäftsführung und nach § 170 HGB von der Vertretung der Gesellschaft ausgeschlossen. Sie haben lediglich die in § 166 HGB genannten Kontrollrechte, nicht dagegen die weitergehenden Kontrollrechte aus § 118 HGB.

36 Nach der Statistik des Deutschen Industrie- und Handelskammertages, abgedruckt in: Münchener Handbuch des Gesellschaftsrechts, Band 2, § 1 III Rn. 17, waren 2007 über 83 % (152.227) der 182.949 Kommanditgesellschaften, die deutschlandweit bei den Industrie- und Handelskammern angemeldet waren, GmbH & Co. KGs. Damit fiel die Wahl in der deutlich überwiegenden Zahl der Fälle auf die einzige Rechtsform der Personenhandelsgesellschaften, welche die Möglichkeit einer Beschränkung der Haftung sämtlicher hinter der Gesellschaft stehenden natürlichen Personen eröffnet. Auch die Entwicklung der steuerbaren Umsätze zeigt, dass Haftungsbeschränkungen für kleine und mittlere Unternehmen die unternehmerische Risikobereitschaft fördern und insoweit eine grundsätzlich sinnvolle Antwort auf die typischerweise hohe Risikoaversion natürlicher Personen sind, so *C. Teichmann*, Reform des Gläubigerschutzes im Kapitalgesellschaftsrechts, in: NJW 2006, 2444, 2446, 2450. So werden die steuerbaren Umsätze in zunehmendem Maße von Gesellschaften erwirtschaftet werden, deren Gesellschafter gar nicht oder nur beschränkt für die Verbindlichkeiten der Gesellschaft haften, wie Kommanditgesellschaften und GmbHs. Von 1996 bis zum Jahr 2006 stagnierten die steuerbaren Umsätze der offenen Handels- und BGB-Gesellschaften nahezu (1996 wurden steuerbare Umsätze in Höhe von 219.301 Mio. Euro erzielt, 2006 steuerbare Umsätze in Höhe von 231.123 Mio. Euro), während die steuerbaren Umsätze der Kommanditgesellschaften (1996: 777.692 Mio. Euro, 2006:

a. *Grundzüge der Kommanditistenhaftung*

Die Kommanditgesellschaft ist gesetzestechnisch eine Abwandlung der offenen Handelsgesellschaft und entspricht dieser im Wesentlichen, jedoch mit dem Unterschied, dass neben (mindestens) einem persönlich haftenden Gesellschafter, dem Komplementär, (mindestens) ein weiterer Gesellschafter als Kommanditist vorhanden ist, dessen „*Haftung gegenüber den Gesellschaftsgläubigern auf den Betrag einer bestimmten Vermögenseinlage beschränkt ist*" (§ 161 Abs. 1 HGB). Die Vorschriften für die offene Handelsgesellschaft sind auf die Kommanditgesellschaft weitgehend entsprechend anwendbar, und zwar soweit, wie in den §§ 162 ff. HGB nicht spezielle Regelungen getroffen sind (§ 161 Abs. 2 HGB).

Solche Spezialregelungen enthalten unter anderem die §§ 171 bis 176 HGB, welche die Haftung des Kommanditisten für Verbindlichkeiten der Gesellschaft regeln und damit den Kern des Rechts der Kommanditgesellschaft bilden. Abgesehen von den Möglichkeiten der Haftungsbegrenzung und des Haftungsausschlusses, entspricht die Haftung des Kommanditisten konzeptionell gleichwohl der Haftung von Gesellschaftern offener Handelsgesellschaften und von Komplementären:[37] Wie diese haften Kommanditisten – sofern ihre persönliche Haftung nicht durch Einlageleistung ausgeschlossen ist – den Gläubigern der Gesellschaft für Verbindlichkeiten der Gesellschaft persönlich und unmittelbar sowie gesamtschuldnerisch mit den weiteren Gesellschaftern. Solange die persönliche Haftung der Kommanditisten nicht ausgeschlossen ist, können die Gesellschaftsgläubiger zur Befriedigung ihrer Ansprüche daher auch auf das gesamte Privatvermögen der Kommanditisten zugreifen.

aa) *Grundsatz der beschränkten Haftung*

Bezeichnend für die Haftung von Kommanditisten ist, dass ihre persönliche Haftung grundsätzlich auf den Betrag der im Handelsregister eingetragenen sog. Haftsumme begrenzt ist. Der Begriff der Haftsumme hat sich zur Abgrenzung der (die Haftung im Außenverhältnis zu den Gesellschaftsgläubigern begrenzenden) Einlage, wie sie beispielsweise in §§ 161 Abs. 1 und § 171 Abs. 1, 1. Hs., 172 Abs. 1 bis 3 gemeint ist, von der das Innenverhältnis zur Gesellschaft und den Mitgesellschaftern betreffenden Einlage i.S.v. §§ 167 Abs. 2 und 3, 169 Abs. 1, 171 Abs. 1 2.

1.158.131 Mio. Euro) und Gesellschaften mit beschränkter Haftung (1996: 1.133.123 Mio. Euro, 2006: 1.729.052 Mio. Euro) überproportional zunahmen (Quelle: wie vor).

37 Vgl. etwa *Hopt*, in: Baumbach/Hopt, HGB, § 171 Rn. 2.

Hs. und § 172 Abs. 4 HGB, entwickelt.[38] Letztere wird in Abgrenzung zur Haftsumme auch als Pflichteinlage bezeichnet.[39]

(1) Haftsumme

Die Haftsumme bestimmt den Umfang der Kommanditistenhaftung.[40] Sie unterliegt der Bestimmung durch die Gesellschafter und wird im Gesellschaftsvertrag festgelegt. Oftmals entspricht die Höhe der Haftsumme der Höhe der Pflichteinlage, zwingend ist dies aber nicht. Die Haftsumme kann daher sowohl höher als auch niedriger als die Pflichteinlage sein. Obgleich die Höhe der Haftsumme der Festlegung durch die Gesellschafter unterliegt, ist nach ihrer Eintragung im Handelsregister grundsätzlich der im Handelsregister eingetragene Betrag ausschlaggebend für die Bestimmung der Höhe der betragsmäßigen Beschränkung der persönlichen Haftung des Kommanditisten (§ 172 Abs. 1 HGB). Dies gilt auch dann, wenn eine Änderung des Gesellschaftsvertrages im Hinblick auf die Höhe der Haftsumme erfolgt oder die Haftsumme fehlerhaft im Handelsregister eingetragen worden ist. Lediglich bei Kenntnis des Gläubigers von der (wahren) Kommanditistenstellung gilt eine Beschränkung der Haftung auf die im Gesellschaftsvertrag vereinbarte, aber nicht im Handelsregister eingetragene Haftsumme.[41] Auch im Hinblick auf die Haftungsbeschränkung als solche ist die Eintragung im Handelsregister konstitutiv: Bis zu diesem Zeitpunkt haftet der Kommanditist nach § 176 HGB grundsätzlich unbeschränkt.[42]

---

38 *K. Schmidt*, in: Gesellschaftsrecht, § 54 I 2 b (S. 1561) und 2 d (S. 1562), *Keuk*, in: ZHR 135 (1971), 410 ff.; ebenso *Neubauer/Herchen*, in: Münchener Handbuch des Gesellschaftsrechts, Band 2, § 30 Rn. 3.

39 Vgl. statt aller *K. Schmidt*, in: Münchener Kommentar zum HGB, § 171, 172 Rn. 7. Dagegen bezeichnet der Begriff „Beitrag" jede von einem Gesellschafter geschuldete zweckfördernde Leistung im Sinne von § 705 BGB. Gesellschafterbeitrag kann danach jedes zweckfördernde Tun oder Unterlassen sein, auch z.B. Dienstleistungen, Gebrauchsüberlassungen, Unterlassung von Wettbewerb oder das reine Halten und Belassen einer Kommanditeinlage im Gesellschaftsvermögen.

40 *K. Schmidt*, in: Münchener Kommentar zum HGB, §§ 171, 172 Rn. 21.

41 Vgl. etwa *Strohn*, in: Ebenroth/Boujong/Joost/Strohn, Handelsgesetzbuch, § 172 HGB Rn. 2 f. sowie *K. Schmidt*, in: Schlegelberger, HGB, §§ 171, 172 Rn. 26, 27.

42 *Westermann*, Ausgleichsansprüche des Kommanditisten, dessen Haftsumme die Pflichteinlage übersteigt, bei Inanspruchnahme von Gläubigern der KG, in: Wirtschaftsfragen der Gegenwart – Festschrift für Carl Hans Barz, S. 81, 82.

(2) Pflichteinlage

Als Pflichteinlage wird das bezeichnet, was der Gesellschafter nach den Bestimmungen des Gesellschaftsvertrages in die Gesellschaft einzulegen und in deren Vermögen zu belassen hat. Hierbei kann es sich sowohl um Bar- als auch um Sacheinlagen handeln. Auch in der Vereinbarung der Höhe der Pflichteinlage, sofern diese in Geld zu leisten ist, und im Hinblick auf den zu leistenden Gegenstand und dessen Wert, wenn eine Sacheinlage zu leisten ist, sind die Gesellschafter frei.[43]

Die Einlage in diesem Sinne ist in erster Linie eine *„Angelegenheit des Verhältnisses zwischen Gesellschafter und Gesellschaft"*.[44] Mit der Haftsumme, die die Haftung der Kommanditisten gegenüber den Gesellschaftsgläubigern bestimmt, hat die Pflichteinlage daher zunächst nichts zu tun.[45] Sofern im Folgenden von Einlage die Rede ist, handelt es sich um die Pflichteinlage in dem hier beschriebenen Sinne.

bb) Ausschluss und Wiederaufleben der persönlichen Haftung

(1) Ausschluss der persönlichen Haftung

Der Kommanditist ist nach § 171 Abs. 1, 2. Hs. HGB von seiner betragsmäßig durch die Haftsumme beschränkten Haftung befreit, *„soweit die Einlage geleistet ist"*. An dieser Stelle wird die Bedeutung der Unterscheidung zwischen der Haftsumme und der Pflichteinlage offensichtlich. Während in § 171 Abs. 1, 1. Hs. HGB (*„Der Kommanditist haftet den Gläubigern der Gesellschaft bis zur Höhe seiner Einlage unmittelbar."*) die Einlage im Sinne der Haftsumme gemeint ist, betrifft die Einlageleistung im Sinne des 2. Hs. nicht etwa auch die Haftsumme, denn diese wird – anders als der früher häufig verwandte und insoweit irreführende Begriff der Hafteinlage nahelegt – nicht geleistet. Gemeint ist vielmehr eine Leistung auf die Pflichteinlage, also auf die gesellschaftsvertraglich vereinbarte Verpflichtung gegenüber der Gesellschaft. Um die Haftung des Kommanditisten auszuschließen, muss die Einlage jedenfalls den objektiven Wert der Haftsumme erreichen. Bareinlagen werden in der Regel in voller Höhe dem Kapitalkonto des Kommanditisten gutgeschrieben und wirken in diesem

---

43 Allgem. Meinung, vgl. statt aller *Schilling*, in: Staub, Großkomm. zum HGB, § 171 Rn. 5; siehe ebenfalls BGH NJW-RR 1992, 930; BGH DStR 1996, 29.

44 Vgl. *K. Schmidt*, in: Einlage und Haftung, S. 5.

45 Vgl. *K. Schmidt*, in: Münchener Kommentar zum HGB, §§ 171, 172 Rn. 5. Sind im Gesellschaftsvertrag Fest-Kapitalanteile vorgesehen, entspricht die Pflichteinlage diesen in der Regel.

Umfang haftungsbefreiend. Die haftungsbefreiende Wirkung von Sacheinlagen hängt dagegen nicht von der Festsetzung des Wertes der Einlage durch die Gesellschafter, sondern von dem wahren Wert der Sache ab.[46]

Für den Ausschluss der persönlichen Haftung ist es erforderlich, dass eine Leistung auf die Einlage, also auf das haftende Kapital, erfolgt.[47] In der Regel geschieht dies durch Einbuchung oder Mittelzuführung. Die Leistung der Einlage durch den Kommanditisten kann aber auch auf Weisung der Gesellschaft an einen Dritten erfolgen (§ 362 Abs. 2 BGB). Hierdurch befreit sich der Gesellschafter von seiner Einlageschuld gegenüber der Gesellschaft und nach § 171 Abs. 1 HGB zugleich von der Haftung gegenüber den Gläubigern. Gleiches gilt für die Leistung nach Abtretung oder Pfändung des Einlageanspruchs. Die Übertragbarkeit und Pfändbarkeit der Einlageforderung führt dazu, dass der Kommanditist mit haftungsbefreiender Wirkung auch an denjenigen leisten kann, an den die Einlageforderung der Gesellschaft abgetreten ist oder dem sie nach einer Pfändung überwiesen worden ist.[48]

Obgleich in erster Linie *„eine Frage des Verhältnisses zwischen Kommanditist und Gesellschaft“*[49], ist die Einlageleistung (in Höhe der Haftsumme) wegen der gesetzlichen Anordnung des § 171 Abs. 1, 2. Hs. HGB entscheidend für das Erlöschen der persönlichen Kommanditistenhaftung und somit von besonderem

---

46 So die herrschende Meinung, vgl. etwa *Schilling*, in: Staub, Großkomm. zum HGB, § 171 Rn. 9; BGHZ 39, 319, 329 = NJW 1963, 1873, 1876.

47 *K. Schmidt*, in: Münchener Kommentar zum HGB, §§ 171, 172 Rn. 48. Eine Leistung, die der Gesellschaft nicht als Einlageleistung zugeflossen ist, sondern auf Grund eines Verkehrsgeschäfts, ist daher keine haftungsbefreiende Einlageleistung. Auch wenn für den ausgeschiedenen Kommanditisten kein Kapitalkonto mehr geführt wird, kann er sich nach wohl h.M. dennoch dadurch von seiner Haftung befreien, dass er der Gesellschaft einen Vermögenswert in Höhe der Haftsumme zuführt, vgl. etwa *K. Schmidt*, in: Münchener Kommentar zum HGB, §§ 171, 172 Rn. 43, *Strohn*, in: Ebenroth/Boujong/Joost/Strohn, Handelsgesetzbuch, § 171 Rn. 81 und *Horn*, in: Heymann, § 171 Rn. 25; ebenso BGH NJW 1963, 1873; a.A. *Schilling*, in: Staub, Großkomm. zum HGB, § 171 Rn. 16, der annimmt, der ausgeschiedene Kommanditist könne sich nur noch durch Zahlung an den Altgläubiger befreien. Siehe zum Ganzen auch *Michel*, Die Rechtsfolgen von Vermögensverschiebungen nach einer Kommanditanteilsübertragung, in: ZGR 1993, 118, 133 ff.

48 Vgl. *Huber*, in: Vermögensanteil, S. 191; *K. Schmidt*, in: Münchener Kommentar zum HGB, §§ 171, 172 Rn. 51.

49 *K. Schmidt*, Kommanditeinlage – Kapitalaufbringung und Kapitalerhaltung in der KG, in: ZGR 1976, S. 307, 312.

Einfluss auf das Verhältnis zwischen Kommanditisten und Gesellschaftsgläubigern.

Neben der Einlageleistung führt auch die Befriedigung von Gesellschaftsgläubigern in Höhe der Haftsumme zur Beendigung der persönlichen Kommanditistenhaftung.[50] Im Gegensatz zur Haftungsbefreiung durch Einlageleistung, bei der ein gesellschaftsinterner Vorgang insoweit Außenwirkung entfaltet, als er zum Eintritt des Haftungsausschlusses führt, erfolgt die haftungsbefreiende Befriedigung von Gesellschaftsgläubigern vollständig außerhalb des Gesellschaftsverhältnisses.[51] Allerdings gilt auch hier die grundsätzliche Unabhängigkeit der im Verhältnis zu den Gesellschaftsgläubigern bestehenden Haftung von der im Verhältnis zur Gesellschaft bestehenden Verpflichtung zur Leistung der Pflichteinlage: Befriedigt der Kommanditist Gesellschaftsgläubiger in Höhe der Haftsumme, endet hierdurch zwar seine persönliche Haftung, die Verpflichtung zur Einlageleistung wird dadurch jedoch nicht automatisch erfüllt. Dies versteht sich von selbst, wenn die Pflichteinlage höher als die Haftsumme ist. Aber auch bei betragsmäßig identischer Pflichteinlage und Haftsumme führt die Gläubigerbefriedigung lediglich zu einem Erstattungsanspruch des Kommanditisten, mit welchem er, wenn die Einlage in bar zu leisten ist, gegen die Einlageforderung der Gesellschaft aufrechnen kann.[52]

(2) Wiederaufleben der persönlichen Haftung

Spiegelbildlich zum Ausschluss der persönlichen Kommanditistenhaftung durch Einlageleistung lebt die betragsmäßig beschränkte Haftung nach § 172 Abs. 4 HGB wieder auf, soweit die Einlage auf Grund einer Einlagenrückgewähr oder auf Grund von Gewinnauszahlungen nicht mehr gedeckt ist.[53] Das

---

50 BGHZ 95, 188 = NJW 1985, 2947; BGHZ 51, 391 = NJW 1969, 1210; *K. Schmidt*, Kommanditisteneinlage – Kapitalaufbringung und Kapitalerhaltung in der KG, in: ZGR 1976, 307, 312 ff.

51 Vgl. hierzu etwa *Wiedemann*, Zur Verrechnung der Einlageschuld des Kommanditisten mit einer Forderung gegen die KG – zu den rechtsgeschäftlichen Voraussetzungen einer Haftungsbefreiung oder Haftungswiederbegründung nach HGB §§ 171, 172 und zum Gläubigerschutz in der GmbH & Co KG, in: JZ 1986, 855, 856 sowie *K. Schmidt*, Kommanditeinlage – Kapitalaufbringung und Erhaltung in der KG, in: ZGR 1976, 307, 314.

52 BGHZ 63, 338, 342 f. = BGH NJW 1975, 1022 ff.; *K. Schmidt*, in: Gesellschaftsrecht, § 54 II 2 a (S. 1568); *Hopt*, in: Baumbach/Hopt, HGB, § 171 Rn. 8; a.A. *Gursky*, Risikokumulation für den Kommanditisten mit Sacheinlagepflicht?, in: DB 1978, 1261 ff.

53 *K. Schmidt*, in: Münchener Kommentar zum HGB, §§ 171, 172 HGB Rn. 8; *Strohn*, in: Ebenroth/Boujong/Joost/Strohn, Handelsgesetzbuch, § 172 Rn. 19.

Wiederaufleben der Kommanditistenhaftung wird durch den Betrag der Haftsumme beschränkt, so dass Leistungen der Gesellschaft an den Kommanditisten, die über den Betrag der Haftsumme hinausgehen, nicht zu einer Erhöhung der Außenhaftung führen.[54]

Wie bei der Befreiung des Kommanditisten von der betragsmäßig beschränkten Haftung besteht auch bei deren Wiederaufleben ein funktionaler Zusammenhang zwischen Einlagepflicht und Außenhaftung.[55] Die Leistung der Einlage befreit von der Haftung, die Rückzahlung der Einlage lässt sie wiederaufleben.

b. *Struktur der Kommanditistenhaftung*

Zwar entspricht die Kommanditistenhaftung – von den Möglichkeiten des Ausschlusses und der betragsmäßigen Beschränkung der persönlichen Haftung abgesehen – strukturell der Haftung von Komplementären und Gesellschaftern offener Handelsgesellschaften.[56] Wie die Betrachtung der Besonderheiten der Kommanditistenhaftung zeigt, wird diese konzeptionell aber durch eine im deutschen Gesellschaftsrecht einzigartige Verbindung des Verhältnisses zwischen den Gesellschaftern und der Gesellschaft (nachfolgend auch „Innenverhältnis“) und dem Verhältnis zu den Gesellschaftsgläubigern (nachfolgend auch „Außenverhältnis“) geprägt:

Mit Vereinbarung der Höhe der in das Handelsregister einzutragenden Haftsumme legen die Gesellschafter den Umfang der Haftung jedes einzelnen Kommanditisten fest und beeinflussen damit durch einen gesellschaftsinternen Vorgang das Verhältnis zwischen den Gläubigern der Gesellschaft und den Kommanditisten aus den §§ 128 i.V.m. 171, 172 HGB.

In besonderer Weise tritt diese Verbindung zwischen Innen- und Außenverhältnis bei dem Ausschluss und dem Wiederaufleben der (durch die Haftsumme betragsmäßig beschränkten) persönlichen Haftung der Kommanditisten zutage. § 171 Abs. 1, 2. Hs. HGB ordnet den Ausschluss der Haftung des Kommanditisten an, wenn ein Betrag in Höhe der Haftsumme auf die Einlageverpflichtung des Kommanditisten gegenüber der Gesellschaft geleistet worden ist. Wegen der

---

54 Vgl. BGHZ 60, 324, 328 = NJW 1973, 1036 für den Fall der Einbringung eines überschuldeten Handelsgeschäfts durch den Kommanditisten.

55 *K. Schmidt* spricht in diese Zusammenhang von einem *„zweispurigen Haftungskonzept“*, in: Einlage und Haftung des Kommanditisten, S. 115 ff.; vgl. auch *Joost*, Eigenkapitalersetzende Kommanditleistungen – zugleich ein Beitrag zur Außenhaftung des Kommanditisten, in: ZGR 1987, 370, 378 ff.; ebenso: *Neubauer/Herchen*, in: Münchener Handbuch des Gesellschaftsrechts, Band 2, § 30 Rn. 49.

56 Vgl. hierzu bereits unter § 2 II 1. (S. 14 ff.).

gesetzlichen Anordnung in § 171 Abs. 1, 2. Hs. HGB hat die Einlageleistung das Erlöschen der persönlichen Haftung des Kommanditisten zur Folge und entfaltet damit, obgleich es sich bei ihr um einen rein gesellschaftsinternen Vorgang handelt, unmittelbar Wirkung auf das Außenverhältnis zu den Gesellschaftsgläubigern.

Ebenso können Handlung im Innenverhältnis, etwa Entnahmen durch oder Leistungen an einen Kommanditisten, die persönliche Haftung dieses Kommanditisten wieder aufleben lassen. Der einzelne Kommanditist hat es daher selbst in der Hand, den aus den §§ 128 i.V.m. 171, 172 HGB erwachsenden Anspruch des Gesellschaftsgläubigers durch Rechtsakte im Innenverhältnis sowohl unmittelbar zum Erlöschen zu bringen als auch wieder aufleben zu lassen.

Dies zeigt, dass die – das Außenverhältnis zu den Gläubigern der Gesellschaft betreffende – Kommanditistenhaftung unmittelbar von dem Schicksal der – das Innenverhältnis betreffenden – Leistung der Einlage auf die Einlageverpflichtung des Kommanditisten abhängig ist.

c. *Unbeschränkte persönliche Kommanditistenhaftung*

Auch wenn der Wortlaut des § 161 Abs. 1 HGB, „(...) *wenn bei einem oder bei einigen von den Gesellschaftern die Haftung gegenüber den Gesellschaftsgläubigern auf den Betrag einer bestimmten Vermögenseinlage beschränkt ist (Kommanditist)* (...)“ anderes nahelegt, können Kommanditisten in bestimmten Konstellationen gleichwohl nicht nur beschränkt auf die Höhe der Haftsumme, sondern wie persönlich haftende Gesellschafter unbegrenzt haften, wie sich an Folgendem zeigt:[57]

---

57 Eine unbeschränkte Haftung des Kommanditisten kann sich freilich auch aus der Verwirkung von Haftungstatbeständen ergeben, die nicht oder nicht allein auf der Beteiligung an der Gesellschaft beruhen, etwa im Falle unterlassener Aufklärung des Geschäftspartners der Kommanditgesellschaft über deren Kreditunwürdigkeit (Verschulden bei Vertragsverhandlungen, unerlaubte Handlung, §§ 823 Abs. 2 und 826 BGB), vgl. hierzu BGH WM 1984, 475 ff.; BGH ZIP 1995, 31 f.; *Grunewald*, in: Die unbeschränkte Haftung beschränkt haftender Gesellschafter für die Verletzung von Aufklärungspflichten im vorvertraglichen Bereich, ZGR 1986, 580. Ebenso kann sich eine unbeschränkte Kommanditistenhaftung aus einem Schuldbeitritt oder der Übernahme eines Garantieversprechens des Kommanditisten gegenüber einem Gläubiger der Gesellschaft ergeben, vgl. hierzu BGHZ 45, 204, 210 = NJW 1966, 1309 ff.

aa) Haftung vor Eintragung

Die unbeschränkte Haftung eines Kommanditisten kann sich beispielsweise aus § 176 HGB ergeben. Hat die Kommanditgesellschaft ihre Geschäfte begonnen, bevor sie in das Handelsregister eingetragen worden ist, haftet gemäß § 176 Abs. 1 HGB jeder Kommanditist, der dem Gesellschaftsbeginn zugestimmt hat, für die Verbindlichkeiten, die bis zur Eintragung der Gesellschaft im Handelsregister begründet werden, unbeschränkt, es sei denn, dass den Gläubigern seine Beteiligung als Kommanditist bekannt war.[58]

Nach § 176 Abs. 2 HGB gilt Entsprechendes für den in eine offene Handelsgesellschaft oder in eine Kommanditgesellschaft eintretenden Kommanditisten im Hinblick auf die Verbindlichkeiten der Gesellschaft, die zwischen seinem Eintritt in die Gesellschaft und dessen handelsregisterlichen Eintragung begründet werden. Anders als für die Haftung nach Abs. 1 ist in diesem Fall jedoch keine Zustimmung des Eintretenden zur Fortführung der Geschäfte erforderlich.[59] Sind die Voraussetzungen des § 176 HGB erfüllt, haftet der Kommanditist gleich einem persönlich haftenden Gesellschafter, also nach § 128 i.V.m. 161 Abs. 2 HGB unbeschränkt. Im Gesellschaftsinnenverhältnis bleibt es dagegen bei der Rechtsstellung als Kommanditist.[60]

---

58 Die unbeschränkte Haftung § 176 Abs. 1 Satz 1 HGB setzt voraus, dass der Gläubiger keine Kenntnis von der Kommanditisteneigenschaft hatte. Angesichts der Rechtsprechung des Bundesgerichtshofs zur Unzulässigkeit der allgemeinen Haftungsbegrenzung bei der Gesellschaft bürgerlichen Rechts durch den Zusatz „mbH“ (BGH NJW 1999, 3483 ff.) führt die Bestimmung von § 176 Abs. 1 Satz 1 HGB zu einer Privilegierung des nicht eingetragenen Kommanditisten gegenüber nicht eingetragenen Personengesellschaftern außerhalb von § 176 HGB: § 176 Abs. 1 HGB eröffnet dem nicht eingetragenen Kommanditisten eine allein auf die Kenntnis des Gläubigers gestützte Haftungsbeschränkung. Zur Rechtfertigung und zum Umgang mit dieser Besserstellung, vgl. *K. Schmidt* in: GmbHR 2002, 341 ff. Konsequenz der Regelung vor dem Hintergrund der dargestellten Rechtsprechung ist, dass Gesellschafter kleingewerbetreibender Kommanditgesellschaften vor Eintragung der Gesellschaft grundsätzlich strenger haften, als die Gesellschafter einer Kommanditgesellschaft, die bereits vor ihrer Eintragung ein Handelsgewerbe betreibt (vgl. hierzu: *Wagner*, Neue Haftungsrisiken für Kommanditisten einer kleingewerblichen KG vor Eintragung, in: NJW 2001, 1110 ff.).

59 Herrschende Meinung, vgl. etwa *Hopt*, in: Baumbach/Hopt, HGB, § 176 Rn. 9; *Strohn*, in: Ebenroth/Boujong/Joost/*Strohn*, § 176 Rn. 31; offen gelassen in: BGHZ 82, 211 = NJW 1982, 883.

60 *Strohn*, in: Ebenroth/Boujong/Joost/Strohn, Handelsgesetzbuch, § 176 Rn. 13. Für Ansprüche, die nach der Eintragung der Gesellschaft bzw. des Gesellschafters in das

bb) Haftung nach Umwandlung der Beteiligung

Eine unbeschränkte Haftung des Kommanditisten für bestimmte Verbindlichkeiten der Gesellschaft kann sich auch infolge der Umwandlung einer Beteiligung als Gesellschafter einer offenen Handelsgesellschaft oder als persönlich haftender Gesellschafter einer Kommanditgesellschaft in eine Kommanditistenbeteiligung ergeben.

In dem ersten Fall geht mit der Beschränkung der Haftung des bis dahin unbeschränkt haftenden Gesellschafters eine formwechselnde Umwandlung der offenen Handelsgesellschaft in eine Kommanditgesellschaft einher, welche die Identität der Gesellschaft, den Gesellschafterbestand und das Gesellschaftsvermögen ansonsten unberührt lässt.[61] Im zweiten Fall besteht bereits eine Kommanditgesellschaft, so dass deren Rechtsform unverändert bleibt, während sich allein der haftungsrechtliche Status des betroffenen Gesellschafters ändert. In beiden Fällen haftet der Kommanditist trotz Umwandlung seiner Beteiligung unbeschränkt für die Verbindlichkeiten, die bis dahin – d.h. bis zur Eintragung des neuen Status im Handelsregister – begründet wurden, fort.

Neben diese unbeschränkte persönliche Haftung tritt in beiden Fällen die Haftung aus § 173 HGB, wonach derjenige, der in eine bestehende Handelsgesellschaft als Kommanditist eintritt, für die vor seinem Eintritt begründeten Verbindlichkeiten der Gesellschaft nach Maßgabe der §§ 171, 172 HGB (und damit, sofern die persönliche Haftung nicht durch Einlageleistung gänzlich ausgeschlossen ist, betragsmäßig beschränkt) haftet. Tatsächliche Bedeutung erlangt

---

Handelsregister begründet werden, haftet der Kommanditist lediglich nach der allgemeinen Bestimmung der §§ 171, 172 HGB und damit auf den Betrag der Haftsumme beschränkt. „Begründet" ist eine Verbindlichkeit bzw. Forderung, „*sobald ihr Rechtsgrund gelegt ist*", vgl. BGH NJW 2003, 1803.

61 Ganz h.M., vgl. etwa BGH, NJW-Spezial 2010, 111 m.w.N. Die gesetzliche Umwandlung einer offenen Handelsgesellschaft (oder einer Gesellschaft bürgerlichen Rechts) in eine Kommanditgesellschaft beruht auf dem Rechtsformzwang des Personengesellschaftsrechts. Sie erfolgt automatisch durch Eintritt eines beschränkt haftenden Gesellschafters in eine offene Handelsgesellschaft. Auch mit der Umwandlung der Mitgliedschaft eines Gesellschafters einer offenen Handelsgesellschaft in diejenige eines Kommanditisten geht die Umwandlung der Gesellschaft in eine Kommanditgesellschaft einher, vgl. *Schäfer*, in: Staub, Großkomm. zum HGB, § 105 Rn. 56. Umgekehrt wird die Kommanditgesellschaft wieder eine offene Handelsgesellschaft, wenn der einzige Kommanditist ausscheidet oder seine Haftungsbeschränkung aufgehoben wird und mindestens zwei unbeschränkt haftende Gesellschafter die Gesellschaft fortsetzen, vgl. hierzu auch *Decher*, in: Lutter, UmwG, § 190 Rn. 15; a.A. *Kießling*, Der Rechtsformwechsel zwischen Personalgesellschaften, in: WM 1999, 2391, 2394.

die beschränkte Kommanditistenhaftung in diesem Fall freilich erst nach Eintritt des Enthaftungstatbestands des § 160 Abs. 1 i.V.m. Abs. 3 HGB, der das Erlöschen der unbeschränkten persönliche Haftung zur Folge hat.[62]

cc) *Dauer der unbeschränkten Haftung*

Die einmal entstandene unbeschränkte persönliche Haftung eines Gesellschafters für bestimmte Verbindlichkeiten der Gesellschaft erlischt nicht mit Beendigung des die unbeschränkte Haftung begründenden Status.[63] Jedoch kommt den unbeschränkt für bestimmte Gesellschaftsverbindlichkeiten (nach-) haftenden Kommanditisten nach Eintragung der Kommanditgesellschaft bzw. der Kommanditisteneigenschaft die Enthaftungsmöglichkeit des § 160 HGB zugute.[64] Nach § 160 HGB wird der ausgeschiedene Gesellschafter von seiner Haftung für Verbindlichkeiten, die zum Zeitpunkt seines Ausscheidens bereits begründet waren, befreit, wenn solche nicht innerhalb einer Fünfjahresfrist entweder rechtskräftig festgestellt oder sonst – etwa in einem vollstreckbaren Vergleich oder einer vollstreckbaren Urkunde bzw. durch Feststellung im Insolvenzverfahren – tituliert werden und auch keine gerichtliche oder behördliche Vollstreckungshandlung vorgenommen oder beantragt wird. Diese Ausschlussfrist gilt nach § 160 Abs. 3 HGB auch für denjenigen Gesellschafter einer offenen Handelsgesellschaft, der Kommanditist wird. Entsprechende Anwendung findet die Ausschlussfrist auf die Umwandlung der Beteiligung eines Komplementärs in die eines Kommanditisten sowie für die Haftung aus § 176 HGB.[65]

d. *Unbeschränkte „Innenhaftung" des Kommanditisten*

Eine unbeschränkte Inanspruchnahme durch Gläubiger der Gesellschaft droht Kommanditisten neben den geschilderten Fallgruppen unbeschränkter Kommanditistenhaftung – also den Fällen der Haftung aus § 176 HGB und der Nachhaftung nach Umwandlung des Anteils eines unbeschränkt haftenden Gesellschafters in eine Kommanditistenbeteiligung – auch dann, wenn die Gesellschafter eine Freistellungspflicht des oder der Kommanditisten gegenüber dem

---

62 *K. Schmidt*, in: Münchener Kommentar zum HGB, § 173 Rn. 49 f.

63 BGHZ 69, 95, 103f. = NJW 1977, 1683; BGHZ 70, 132, 139 = NJW 1978, 636; BGHZ 76, 320, 323 f. = NJW 1980, 1630; BGHZ 80, 182, 185 = NJW 1981, 1452.

64 § 160 Abs. 1 S. 1 HGB enthält eine Ausschlussfrist (Einwendung), keine Verjährungsregelung, vgl. *Hopt*, in: Baumbach/Hopt, HGB, § 160 Rn. 3.

65 *Habersack*, in: Staub, Großkomm. zum HGB, § 160 Rn. 8; *Von Gerkan*, in: Röhricht/Graf von Westphalen, 1. Auflage 1998, § 160 Rn. 8.

persönlich haftenden Gesellschafter unter Ausschluss des § 167 Abs. 3 HGB und damit letztlich eine Nachschusspflicht vereinbart haben.[66] Zwar hat eine derartige Regelung keinen Einfluss auf die betragsmäßige Beschränkung der Haftung der aus ihr verpflichteten Kommanditisten gegenüber den Gesellschaftsgläubigern. Im Fall drohender Inanspruchnahme des persönlich haftenden Gesellschafters durch Gläubiger der Gesellschaft begründen sie aber einen – durch die Haftsumme der Kommanditisten nicht beschränkten – Freistellungsanspruch des persönlich haftenden Gesellschafters.[67] Diesen Anspruch kann sich der Gesellschaftsgläubiger pfänden und überweisen lassen, mit der Folge, dass der Kommanditist (obwohl seine Außenhaftung betragsmäßig beschränkt ist) aufgrund der ihn im Innenverhältnis treffenden unbeschränkten Freistellungsverpflichtung auch von den Gesellschaftsgläubigern in unbeschränkter Höhe in Anspruch genommen werden kann. Die in § 161 Abs. 1 HGB vorgesehene Beschränkung der Haftung der Kommanditisten gegenüber den Gesellschaftsgläubigern wird so im Ergebnis faktisch außer Kraft gesetzt.[68] Letztlich unterscheidet sich die Freistellungsverpflichtung von der Außenhaftung in diesem Fall nur noch dadurch, dass der Gesellschaftsgläubiger die Forderung pfänden muss, bevor er auf die betroffenen Kommanditisten zugreifen kann.[69]

---

66 *K. Schmidt,* Grenzen und Risiken der Binnenhaftung von Kommanditisten, in: DB 1995, 1381 ff.; OLG Karlsruhe BB 1982, 327; *Hopt,* in: Baumbach/Hopt, HGB, Anhang § 177 a Rn. 43.

67 Nach Angabe von *K. Schmidt* (in: DB 1995, 1381, 1382 f.) enthalten offenbar viele GmbH & Co. KG-Verträge Verlustbeteiligungs- und Freistellungsklauseln, die nicht immer zum Ausdruck bringen, dass § 167 Abs. 3 HGB (wonach der Kommanditist an dem Verlust nur bis zum Betrage seines Kapitalanteils und seiner noch rückständigen Einlage teilnimmt) unberührt bleibt. Motivation zur Freistellung der Komplementär-GmbH im Innenverhältnis ist nach *K. Schmidt* in der Vergangenheit oftmals die Aussicht gewesen, dem Verdikt verdeckter Gewinnausschüttung zu entgehen, ohne dafür den Preis einer steuerlichen Doppelbelastung mit Körperschaft- und Einkommenssteuer zahlen zu müssen, und um der bis 1976 nur für die GmbH geregelten Konkursantragspflicht auszuweichen.

68 BGH DB 1995, 419 ff.; *K. Schmidt*, in: Grenzen und Risiken der Binnenhaftung von Kommanditisten, DB 1995, S. 1381, 1383.

69 *K. Schmidt*, Entscheidungsbesprechung von BGH, NJW-RR 1995, 226 zur Freistellung der Komplementär-GmbH durch Kommanditisten, in: JUS 1995, 460 f.; *ders.*, Grenzen und Risiken der Binnenhaftung von Kommanditisten, in: DB 1995, S. 1381, 1383.

3. Haftung im Sinne von § 128 HGB

Im Grundsatz gilt, dass sowohl die Gesellschafter offener Handelsgesellschaften als auch die Gesellschafter von Kommanditgesellschaften den Gläubigern der Gesellschaft persönlich und unbeschränkt haften. Allein Kommanditisten haben die Möglichkeit, die persönliche Haftung betragsmäßig zu beschränken und sogar ganz auszuschließen.

Damit ist allerdings noch nicht geklärt, was unter Haftung im Sinne der §§ 128 ff. HGB genau zu verstehen ist.

a. *Der Haftungsbegriff allgemein*

Obwohl die von *Medicus* gebrauchte Bezeichnung der Haftung als „*Schatten der Schuld*" deutlich macht, dass zwischen Haftung und Schuld zu trennen ist, wird weder im juristischen Sprachgebrauch, noch in der zivilrechtlichen Gesetzgebung konsequent zwischen den Begriffen Schuld und Haftung unterschieden.

Weitgehend Einigkeit herrscht in Bezug auf den Begriff der Schuld. Das Verständnis des Schuldbegriffs wird von § 241 Abs. 1 Satz 1 BGB geprägt, wonach das Schuldverhältnis die Wirkung hat, dass der Gläubiger „*von dem Schuldner eine Leistung zu fordern*" berechtigt ist. Dieses Verhältnis wird auch als sog. „Schuldverhältnis im engeren Sinne" bezeichnet, welches sich aus Sicht des Schuldners als „Schuld" oder „Verbindlichkeit" darstellt; diese Begriffe werden im Folgenden synonym gebraucht. Dem entspricht aus Gläubigersicht spiegelbildlich die Bezeichnung als „Forderung".[70] Gegenstand einer solchen Verpflichtung des Schuldners kann jedes bestimmte oder wenigstens bestimmbare positive oder negative, (rein) tatsächliche oder rechtsgeschäftliche Verhalten des Schuldners sein.[71] Mit dem Begriff der Schuld wird damit in der Regel die materiellrechtliche Leistungspflicht des Schuldners, das Leistensollen, bezeichnet.[72]

Uneinheitlich ist dagegen die Verwendung des Haftungsbegriffs. Neben dem in § 2 I 2 (S. 13) bereits erwähnten Verständnis der Haftung als prozessuale Durchsetzbarkeit der Schuld, und damit als Unterworfensein eines Rechtssubjekts unter den Vollstreckungszugriff des Staates, wird der Begriff

---

70 Vgl. etwa *Olzen*, in: Staudinger, Kommentar zum BGB, § 241 Rn. 113. Unter Schuldverhältnis i.w.S. wird dagegen die Zusammenfassung mehrerer Forderungen in komplexen Rechtsverhältnissen (z.B. im Titel des 2. Buches des BGB sowie in den Titeln des 1., 3. und 4. Abschnitts und im Titel des 8. Abschnitts, welcher von „Einzelnen Schuldverhältnissen" spricht) verstanden.

71 *Mansel*, in: Jauernig, Kommentar zum BGB, § 241 Rn. 8.

72 Vgl. *Olzen*, in: Staudinger, Kommentar zum BGB, § 241 Rn. 113.

„Haftung" – eher unsystematisch – auch synonym für das Leistensollen (also die Schuld im herkömmlichen Sinne) des Schuldners gebraucht. So wird beispielsweise in § 769 BGB dogmatisch ungenau angeordnet, dass Mitbürgen als Gesamtschuldner „*haften*", obwohl damit eigentlich das „Schulden" der Mitbürgen als Gesamtschuldner gemeint ist. Dies ist auch bei den §§ 53, 54 Satz 2, 179 Abs. 3, 427, 431, 528 Abs. 2, 566 Abs. 2 BGB der Fall. Nach *Gernhuber* wird dort von Haftung lediglich gesprochen, „*um gefälliger formulieren zu können, was andernfalls ungelenk formuliert werden müsste*".[73]

Oft wird „Haftung" auch zur Bezeichnung des Umstands verwandt, dass der Schuldner, wenn er die versprochene Leistung nicht erbringt, weiteren Ansprüchen des Gläubigers, vor allem Schadensersatzansprüchen, ausgesetzt ist. In diesem Sinne wird der Ausdruck „Haftung" auch im Schadensersatzrecht gebraucht. Man spricht etwa von „Verschuldenshaftung" oder, wie in § 276 BGB, von „Haftung wegen Vorsatzes", von „Gefährdungshaftung" und von „Gehilfenhaftung". *Larenz* führt zu diesen Fällen aus, gemeint sei, „*dass jemand für ein bestimmtes eigenes Verhalten oder für das anderer Personen oder für bestimmte Gefahren in der Weise verantwortlich ist, dass er dem dadurch Geschädigten Ersatz zu leisten hat*". „Haften" bedeute hier also „*so viel wie Verantwortlichkeit, und zwar mit der Folge einer möglichen Schadensersatzpflicht*".[74]

b. Der Haftungsbegriff im Sinne von § 128 HGB

Dass mit Haftung in § 128 HGB nicht Haftung im (technischen) Sinne als Unterworfensein unter den Vollstreckungszugriff des Staats gemeint ist, zeigen bereits die verschiedenen Theorien zum Inhalt der Gesellschafterhaftung. Dabei geht es vor allem um die Frage, ob es sich bei der Haftung im Sinne von § 128 HGB um ein „Einstehenmüssen" für die Verbindlichkeiten der Gesellschaft oder um eine Verpflichtung zur Erbringung der von der Gesellschaft geschuldeten Leistung und damit um ein „Leistensollen" handelt.

aa) Haftungstheorie und Erfüllungstheorie

Die beiden Positionen haben als Haftungstheorie einerseits und Erfüllungstheorie andererseits Eingang in die wissenschaftliche Diskussion gefunden. Nach der Haftungstheorie verpflichtet § 128 HGB den Gesellschafter lediglich zur Leistung von Schadensersatz wegen Nichterfüllung und damit zur Leistung von

73 *Gernhuber*, in: Das Schuldverhältnis, § 4 I 2 (S. 64).

74 *Larenz*, in: Lehrbuch des Schuldrechts, Allgemeiner Teil § 2 IV (S. 22).

Geldersatz.[75] Nach der Erfüllungstheorie ist der Gesellschafter zur Erfüllung der Verbindlichkeiten der Gesellschaft in natura verpflichtet und kann daher zu derselben Leistung verurteilt werden wie die Gesellschaft. Zu unterschiedlichen Ergebnissen führen beide Theorien naturgemäß nur bei Ansprüchen der Gesellschaftsgläubiger, die nicht auf Zahlung gerichtet sind.

Die wohl herrschende Meinung im Schrifttum folgt der Erfüllungstheorie.[76] Nach *K. Schmidt* ist es dabei grundsätzlich unerheblich, ob der Gesellschafter die von der Gesellschaft geschuldete Leistung persönlich erbringen kann, weil § 510 b ZPO es gestatte, den Schuldner zur Leistung zu verurteilen und eine angemessene Frist zu bestimmen, nach deren Ablauf Schadensersatz geschuldet wird.[77] Darüber hinaus vereinfache es die Rechtsdurchsetzung, wenn Gesellschaft und Gesellschafter auf dasselbe verklagt und verurteilt würden.[78]

Dass der persönlich haftende Gesellschafter in der Regel zur Erbringung derselben Leistung wie die Gesellschaft verpflichtet ist, wird auch aus dem Prinzip der Akzessorietät geschlossen.[79] Nach dem Prinzip der Akzessorietät kann der einzelne Gesellschafter dem Gläubiger alle Einwendungen entgegenhalten, die der Gesellschaft zustehen. Daraus folgt, dass die Gesellschaftsverbindlichkeit den Inhalt der Gesellschafterhaftung bestimmt, weil Umstände, die die Gesellschaftsverbindlichkeit beeinflussen, grundsätzlich auch die Haftung des Gesellschafters verändern. Aus dieser Beeinflussung der Gesellschafterhaftung durch die Gesellschaftsverbindlichkeit wird geschlossen, dass auch der konkrete Inhalt der Gesellschafterhaftung dem der Gesellschaftsverbindlichkeit zu entsprechen habe.[80]

---

75 Vgl. etwa *Wiedemann*, in: Gesellschaftsrecht, Band I, § 5 IV 2. a. (S. 289); *Kornblum*, Die Haftung der Gesellschafter für Unterlassungspflichten der OHG und KG, in: BB 1971, 1434, 1439 f.; *Lindacher*, Grundfälle zur Haftung bei Personengesellschaften, in: JuS 1982, 352 ff.

76 Vgl. etwa *K. Schmidt*, in: Münchener Kommentar zum HGB, § 128 Rn. 24; ebenso *Flume*, Der Inhalt der Haftungsverbindlichkeit des Gesellschafters nach § 128 HGB, in: Festschrift für Rudolf Reinhardt, S. 223 ff.; *Hillmann*, in: Ebenroth/Boujong/Joost/Strohn, Handelsgesetzbuch, § 128 Rn. 22 m.w.N.

77 Vgl. *K. Schmidt*, in: Gesellschaftsrecht, § 49 III 1 (S. 1423 ff.); *ders.*, in: Münchener Kommentar zum HGB, § 128, Rn. 24.

78 *K. Schmidt*, in: Gesellschaftsrecht, § 49 III 1 (S. 1423 ff.) m. w. N.; ebenso *Flume*, in: Personengesellschaft, § 16 III 3.

79 So *Habersack*, in: Staub, Großkomm. zum HGB, § 128 Rn. 27 ff.

80 Nach der Rechtsprechung des Bundesgerichtshofes ergibt sich aus dem Wortlaut der §§ 128 ff. HGB, dass die Gesellschafterhaftung grundsätzlich und gerade auch hinsichtlich aller Einwendungen – zugunsten und zuungunsten des Gesellschafters – mit der jeweiligen Gesellschaftsverbindlichkeit übereinstimmen soll, vgl. etwa: BGH NJW

Die Erfüllungstheorie wird jedoch insoweit eingeschränkt, als die Inhaltsgleichheit von Gesellschafterhaftung und Gesellschaftsschuld nur dann gelten soll, wenn die Erbringung der Leistung durch den Gesellschafter sachlich das Gleiche bewirkt, wie die Erbringung der von der Gesellschaft geschuldeten Leistung.[81] Diese Einschränkung wird damit begründet, dass eine Verurteilung der Gesellschaft andernfalls nicht inhaltsgleich auf den Gesellschafter übertragen werden könne und eine Leistungserzwingung (Vollstreckung) gegenüber dem Gesellschafter auf eine andere Leistung als die der Gesellschaft hinausliefe.

Die höchstrichterliche Rechtsprechung hat sich im Hinblick auf den Inhalt der Gesellschafterhaftung bislang nicht festgelegt, sondern differenziert nach der jeweiligen Interessenlage. Es finden sich daher in der Rechsprechung des Bundesgerichtshofes - abhängig von dem Inhalt der konkreten Gesellschaftsverbindlichkeit - unterschiedliche Lösungen, wobei in der Regel eine Abwägung schutzwerter Interessen der Gesellschafter mit dem Sicherungsinteresse des Gläubigers erfolgt. Zu derselben Leistung wie die Gesellschaft sollen die persönlich haftenden Gesellschafter jedenfalls dann verpflichtet sein, wenn ihnen dies nach dem Gegenstand der Schuld möglich ist.

Der Zweite Zivilsenat des Bundesgerichtshofes hat dies für den Gesellschafter einer offenen Handelsgesellschaft – allerdings noch ausgehend von der nunmehr überholten Vorstellung, es liege *„ein und dieselbe Schuld mit doppeltem Haftungsobjekt“* vor - etwa für den gegen eine offene Handelsgesellschaft gerichteten Anspruch auf Rechnungslegung[82] sowie für einen Anspruch auf Mängelbeseitigung[83] angenommen. Der Senat wies in der ersten Entscheidung darauf hin, dass sich der Gläubiger dann nicht mit einer Haftung auf das Interesse begnügen müsse, wenn die Erbringung der geschuldeten Leistung zu den gesellschaftlichen Pflichten des in Anspruch genommenen Gesellschafters gehört. In der zweiten Entscheidung begründete der Senat den Vorrang der mit der Gesellschaftsschuld inhaltsgleichen Haftung der Gesellschafter damit, dass der Kredit der

---

1981, 2579; BGH NJW 1988, 1976, BGHZ 73, 217, 225 = BGH NJW 1979, 1361, 1362. Der Bundesgerichtshof weist darauf hin, dass die Rechtsprechung auch sonst in allen anderen Fällen, in denen der Gläubiger keine Sonderabsprache mit dem Gesellschafter getroffen hatte, den Standpunkt vertreten habe, dass die jeweilige Gesellschaftsverbindlichkeit den Inhalt der Gesellschafterhaftung bestimme und Umstände, die die Gesellschaftsschuld inhaltlich beeinflussen, damit zugleich die Verbindlichkeit des Gesellschafters verändern.

81 Vgl. *K. Schmidt*, in: Münchener Kommentar zum HGB, § 128 Rn. 24.

82 BGHZ 23, 302 = NJW 1957, 871.

83 BGH NJW 1979, 1361.

handelsrechtlichen Personengesellschaft, bei der es keine gläubigersichernden Maßregeln gibt, auf der Person des Gesellschafters und seiner Haftung beruht. Der Zweck dieser Haftung erfordere es, dass der Gesellschafter auch bei anderen als Geldverpflichtungen jedenfalls dann dasselbe schuldet wie die Gesellschaft, wenn die Erfüllung den Gesellschafter in seiner gesellschaftsfreien Privatsphäre nicht wesentlich mehr als eine Geldleistung beeinträchtige.[84]

In einer anderen Entscheidung hat der Zehnte Zivilsenat des Bundesgerichtshofes ausgeführt, der einzelne Gesellschafter habe *„inhaltlich die gleiche Leistung zu erbringen wie die Gesellschaft selbst; denn die eigentlich geschuldete Leistung ist die Erfüllung der Schuld der Gesellschaft“*.[85]

Auch bei der Kommanditistenhaftung stellt sich die Frage, ob die Kommanditisten bei einer nicht auf Zahlung gerichteten Verbindlichkeit der Gesellschaft zur Erfüllung in Natur oder nur zur Leistung in Geld verpflichtet sind. Nach der früher herrschenden Meinung waren Kommanditisten, wie dies auch heute noch für die persönlich haftenden Gesellschafter von Kommanditgesellschaften und die Gesellschafter offener Handelsgesellschaften angenommen wird, gegenüber den Gläubigern zu derselben Leistung verpflichtet wie die Gesellschaft.[86] Nach heute herrschender Auffassung beschränkt sich die Kommanditistenhaftung aber auf die Verpflichtung zur finanziellen Leistung.[87] Der Grund für diese inhaltliche Beschränkung der Haftung auf Zahlung wird vornehmlich darin gesehen, dass die Haftung der Kommanditisten gegenüber den Gläubigern der Gesellschaft nach dem Willen des Gesetzgebers durch einen Geldbetrag begrenzt sein soll. Vor diesem Hintergrund erscheint es folgerichtig, auch den Inhalt der Haftung unabhängig von dem Gegenstand der Leistungspflicht der Gesellschaft auf eine Geldzahlung zu beschränken.[88]

---

84 BGHZ 73, 217, 221 = JZ 1980, 193, 195; *Hadding*, Inhalt und Verjährung der Haftung des Gesellschafters einer OHG oder KG, Besprechung der Entscheidung BGHZ 73, 217, in: ZGR 1981, 577 ff.

85 BGHZ 104, 76 = NJW 1988, 1976.

86 *Westermann*, in: Handbuch des Personengesellschaftsrechts I (Stand 1973), Rn. 903; *Schilling*, in: Staub, Großkomm. zum Handelsgesetzbuch, 3. Auflage, § 171 Rn. 9, jedoch mit der Einschränkung, dass dies für andere als Geldleistungen nur dann gelten soll, wenn der Kommanditist das Tun oder Unterlassen auch der Gesellschaft schuldet.

87 Vgl. etwa *K. Schmidt*, in: Münchener Kommentar zum HGB, §171, 172 Rn. 16; *Strohn*, in: Ebenroth/Boujong/Joost/Strohn, Handelsgesetzbuch, §171 Rn. 11 f.; *Schilling*, in: Staub, Großkomm. zum Handelsgesetzbuch, 3. Auflage, § 171 Rn. 4; *Horn*, in Heymann, § 171 Rn. 6.; A.a. *Flechtheim*, in: Düringer-Hachenburg, § 171 Rn. 13.

88 *K. Schmidt*, in: Münchener Kommentar zum HGB, §171, 172 Rn. 16; Vgl. *Strohn*, in: Ebenroth/Boujong/Joost/Strohn, Handelsgesetzbuch, §171 Rn. 11 f.

bb) Haftung im Sinne einer Schuld

Es zeigt sich, dass selbst die Haftungstheorie, die dies wegen ihrer Bezeichnung nahelegt, nicht von einem Verständnis des Haftungsbegriffs in § 128 HGB als Unterwerfung unter den Vollstreckungszugriff des Staates ausgeht. Vielmehr betrachten sowohl die Haftungs- als auch die Erfüllungstheorie § 128 HGB als gesetzliche Anordnung einer Schuld der Gesellschafter. Nach beiden Theorien erwirbt der Gläubiger mit Entstehung der Gesellschaftsverbindlichkeit einen Anspruch gegen die einzelnen Gesellschafter, der – je nach Theorie – entweder als reiner Zahlungsanspruch oder als Anspruch auf die Leistung der von der Gesellschaft geschuldeten Verpflichtung verstanden wird.

Wird der Tatbestand von § 128 HGB erfüllt, entsteht also qua gesetzlicher Anordnung eine materielle Leistungspflicht und damit eine Schuld der Gesellschafter. § 128 HGB begründet somit ein gesetzliches Schuldverhältnis.[89] Ungeachtet dessen wird im Zusammenhang mit § 128 HGB häufig nicht von einem gesetzlichen Schuldverhältnis, sondern lediglich von einem *„gesetzlichen Haftungstatbestand“*[90] gesprochen.

Die verwirrende Verwendung von unterschiedlichen Begrifflichkeiten im Zusammenhang mit § 128 HGB setzt sich bei der Beschreibung der Haftung im Sinne von § 128 HGB fort. Teilweise wird im Zusammenhang mit der Schuld aus § 128 HGB von *„gesetzlicher Haftung“*[91], von *„Haftungsverbindlichkeiten“*[92], schlicht von *„Haftung der Gesellschafter“*, *„Gesellschafterhaftung“*[93] oder vermittelnd von *„Haftungsschuld“*[94] gesprochen. Nach *K. Schmidt* ist die Haftung im Sinne des § 128 HGB schließlich selbst *„keine Schuld, sondern ein Zustand, der*

---

89 Dieser Umstand findet in der Rechtsliteratur und der Rechtsprechung allerdings kaum Erwähnung. Soweit erkennbar sprechen lediglich *K. Schmidt* (in: Die Gesellschafterhaftung bei der GbR als gesetzliches Schuldverhältnis, NJW 2003, 1897) und *Hadding* (in: Zur Haftung des ausgeschiedenen OHG-Gesellschafters, ZGR 2/1973, S. 137, 149) im Zusammenhang mit § 128 HGB ausdrücklich von einem gesetzlichen Schuldverhältnis. Weil § 128 Satz 2 HGB eine die Haftung ausschließende oder beschränkende Vereinbarung des Gesellschafters mit dem Gläubiger der Gesellschaft erlaubt, kann nach *Hadding* (a.a.O) das Entstehen des gesetzlichen Schuldverhältnisses nach § 128 Satz 1 HGB durch das Einverständnis des Gläubigers abbedungen werden.

90 Vgl. etwa *K. Schmidt*, in: Münchener Kommentar zum HGB, § 128 Rn. 2.

91 *Habersack*, in: Staub, Kommentar zum HGB, § 128 Rn. 17.; *K. Schmidt*, in: Münchener Kommentar zum HGB, § 128 Rn. 2.

92 *K. Schmidt*, in: Münchener Kommentar zum HGB, § 129 Rn. 7.

93 *K. Schmidt*, in: Münchener Kommentar zum HGB, § 128 Rn. 24.

94 *K. Schmidt*, in: Schlegelberger, § 129 Rn. 2.

ständig neue Haftungsverbindlichkeiten für ständig neue Gesellschaftsverbindlichkeiten auslösen kann".[95]

Richtiger Weise ist zwar das gesetzliche Schuldverhältnis im Sinne von § 128 HGB ein Zustand, aus dem sich ständig neue Haftungsverbindlichkeiten ergeben können. Bei der Haftung im Sinne von § 128 HGB selbst handelt es sich aber – und insofern ist das vorstehende Zitat irreführend – um eine Schuld. Mit der Verwirklichung des Tatbestandes von § 128 HGB entsteht – aufgrund gesetzlicher Anordnung – die Haftung der Gesellschafter gegenüber den Gläubigern der Gesellschaft, die genau genommen eine Schuld gegenüber den Gläubigern der Gesellschaft ist.

Wie eine Auseinandersetzung mit der Haftungs- und der Erfüllungstheorie gezeigt hat, heißt haften in diesem Sinne nach ganz herrschender Meinung, dass die Gläubiger von den Gesellschaftern „*eine Leistung zu fordern*" berechtigt sind. Streitig ist allein, ob diese Leistung in einer Zahlung oder in Erfüllung der Verbindlichkeit der Gesellschaft besteht. Bei der Berechtigung des Gläubigers, von einem Schuldner eine Leistung zu fordern, handelt es sich aus Sicht des Schuldners um eine Schuld.[96] Die Gesellschafterhaftung im Sinne von § 128 HGB ist nach alledem also im Grunde eine Gesellschafterschuld. Der Begriff Schuld wird im Zusammenhang mit der Verpflichtung der Gesellschafter aus § 128 HGB jedoch kaum verwendet.[97] Wenn nachfolgend, um in der Diktion des Gesetzes zu bleiben, dennoch von Gesellschafterhaftung die Rede ist, handelt es sich daher stets um eine Schuld bzw. eine Verbindlichkeit des Gesellschafters.

cc) Verhältnis zwischen Gesellschafts- und Gesellschafterschuld

Die Schuld der Gesellschafter ist zur Schuld der Gesellschaft akzessorisch.[98] Der Begriff der Akzessorietät umschreibt eine besondere Form der „*Verbindung zwischen zweckidentischen Rechten*"[99]: Das „Hauptrecht" und das akzessorische

---

95 *K. Schmidt*, in: Münchener Kommentar zum HGB, § 128 Rn. 3.

96 Wie hier für das Entstehen einer Gesellschafterschuld: *Habersack*, in: Staub HGB § 128 Rn. 2.

97 Konsequent zwischen Gesellschafts- und Gesellschafterschuld unterscheidend aber *Habersack*, in Staub, Kommentar zum HGB, § 128 Rn. 17 ff.

98 Vgl. etwa *K. Schmidt*, in: Münchener Kommentar zum HGB § 128 Rn. 16; *Flume*, in: Personengesellschaften, § 16 II 2. a.; *Habersack*, in: Staub Kommentar zum HGB, § 128 Rn. 20 m.w.N; wenngleich auch hier zumeist von der Akzessorietät der „Haftung" des Gesellschafters und von der „Haftung" der Gesellschaft gesprochen wird, so etwa *Habersack*, a.a.O.; ebenso *K. Schmidt*, a.a.O.

99 *Medicus*, Die Akzessorietät im Zivilrecht, in: JUS 1971, 497.

„*Nebenrecht*“ werden so miteinander verknüpft, dass die für das Hauptrecht getroffenen Regelungen unmittelbar auf das akzessorische Nebenrecht einwirken und letzteres aufgrund dessen in Entstehung, Inhalt, Fortbestand und Durchsetzbarkeit vom ersteren abhängt. Das Hauptrecht bestimmt also das Schicksal des Nebenrechts, das Nebenrecht aber nicht das des Hauptrechts.[100]

Voraussetzung für das Entstehen einer Gesellschafterschuld ist nach § 128 HGB das Bestehen einer Gesellschaftsschuld, weshalb die Gesellschafterschuld in ihrer Entstehung und ihrem Untergang von der Gesellschaftsschuld abhängig ist. Daneben wird der Vorschrift des § 129 HGB entnommen, dass die Gesellschafterschuld auch insoweit, als es um ihre Durchsetzung geht, in Abhängigkeit von der Gesellschaftsschuld steht. Es wird deshalb angenommen, die Gesellschafterschuld sei – was das Verhältnis zur Gesellschaftsschuld betrifft – der Bürgenhaftung nachgebildet,[101] wobei die Gesellschaftsschuld mit der Hauptschuld i.S.d. §§ 765 Abs. 1, 768 Abs. 1 HGB vergleichbar sei.[102] Infolge dessen wird von der ganz überwiegender Meinung angenommen, dass mit Erfüllung der Gesellschaftsschuld – sei es durch Leistung der Gesellschaft oder durch Leistung des in Anspruch genommenen Gesellschafters als Drittem i.S.d. § 267 BGB – auch der akzessorischen Gesellschafterschuld aus § 128 HGB die Grundlage entzogen wird, so dass auch diese mit Erfüllung der Gesellschaftsschuld erlischt.[103] Dagegen hat die Erfüllung der Gesellschafterschuld (der Nebenschuld) zwar die Befriedigung des Gläubigers, nicht aber das Erlöschen der Gesellschaftsschuld (der Hauptschuld) zur Folge.

Ob auf die Gesellschafter- oder die Gesellschaftsschuld geleistet wird, bestimmt sich im konkreten Fall jeweils nach der Leistungszweckbestimmung, welche bei Leistung an den Gläubiger vorgenommen wird. Fehlt es an einer eindeutigen Leistungszweckbestimmung, ist darauf abzustellen, als wessen Leistung sich die Zuwendung bei objektiver Betrachtungsweise aus Sicht des Zuwendungsempfängers darstellt.[104]

---

100 Vgl. hierzu eingehend *Medicus*, Die Akzessorietät im Zivilrecht, in: JUS 1971, 497 f.; *Habersack*, Der Regreß bei akzessorischer Haftung – Gemeinsamkeiten zwischen Bürgschafts- und Gesellschaftsrecht, in: AcP 198, 152, 153.

101 Wie bereits unter § 2 II 3 a (S. 32 f.) dargestellt, handelt es sich bei der Bürgenhaftung ebenfalls um eine Schuld und nicht um eine Haftung im technischen Sinne.

102 *Habersack*, in: Staub, Großkomm. zum HGB, § 128 Rn. 20; *K. Schmidt*, in: Gesellschaftsrecht, § 49 II 3 (S. 1415 ff.).

103 Vgl. statt aller: *Habersack*, in: Staub, Großkomm. zum HGB, § 128 Rn. 21.

104 BGH WM 1998, 443 ff. mit Verweis auf BGH NJW 1986, 251 sowie auf *Sprau*, in: Palandt, BGB, 57. Aufl. § 774 Rn. 1.

Bei einer Leistung durch die Gesellschaft dürfte Leistungszweck in aller Regel die Erfüllung der Gesellschaftsverbindlichkeit sein, weil allein dadurch sowohl die Gesellschafts- als auch die Gesellschafterverbindlichkeit erlischt.

Weniger eindeutig ist die Sachlage dagegen bei einer Leistung durch einen Gesellschafter. Zwar gehen sowohl *Habersack* als auch *K. Schmidt* scheinbar selbstverständlich davon aus, dass der Gesellschafter auf seine eigene Schuld leistet.[105] Zwingend ist dies hingegen nicht. Eine Leistung des Gesellschafters auf die Gesellschafterschuld führt genauso wie eine Leistung auf die Gesellschaftsschuld (als Dritter im Sinne des § 267 BGB) zum Erlöschen der Schuld des Gesellschafters. Es ist daher nicht erkennbar, aus welchem Grunde der in Anspruch genommene Gesellschafter, dessen primäres Leistungsziel zwar die Befreiung von seiner eigenen Schuld gegenüber dem Gesellschaftsgläubiger sein dürfte, der aber zugleich auch ein Interesse an der Befreiung der Gesellschaft von ihrer Verbindlichkeit gegenüber dem Gesellschaftsgläubiger hat, auf seine eigene Schuld leisten sollte, wenn er mit einer Leistung auf die Schuld der Gesellschaft zugleich beide Verbindlichkeiten zum erlöschen bringen kann.

Gleichwohl nimmt die mittlerweile wohl herrschende Meinung für den Regelfall eine Leistung des Gesellschafters auf seine eigene Schuld gegenüber dem Gläubiger an und ist deshalb auf die Konstruktion einer cessio legis des auch nach Leistung des Gesellschafters auf seine Schuld fortbestehenden Gläubigeranspruchs gegenüber der Gesellschaft an den Gesellschafter angewiesen, da bei einer Leistung auf die Gesellschafterschuld allein der vollumfängliche Übergang des Gläubigeranspruchs entsprechend § 774 Abs. 1 Satz 1 BGB auf den leistenden Gesellschafter das Schicksal der Gesellschaftsschuld zu erklären vermöge. Die Vertreter der Literatur, die eine solche cessio legis annehmen, sind der Ansicht, es handele sich um ein „allgemeines Prinzip der Akzessorietät, dass die Hauptforderung auf den akzessorisch Haftenden übergeht, nachdem dieser den Gläubiger befriedigt hat".[106] Dies werde durch die §§ 774 Abs. 1, 1143 Abs. 1, 1225 BGB zum Ausdruck gebracht. Als Konsequenz des Übergangs trete der Anspruch aus der Hauptforderung neben den aus dem Innenverhältnis folgenden Anspruch aus § 110 HGB.[107]

---

105 So ausdrücklich *Habersack*, in: Staub, Kommentar zum HGB § 128 Rn. 43; eine Leistung auf die Gesellschafterschuld als Voraussetzung der cessio legis des Gläubigeranspruchs gegen die Gesellschaft auf den Gesellschafter stillschweigend voraussetzend: *K. Schmidt*, in: Gesellschaftsrecht, § 49 V 1 (S. 1435 f.).

106 *Habersack*, in: Staub, Großkomm. zum HGB, § 128 Rn. 43.

107 *K. Schmidt*, in: Gesellschaftsrecht, § 49 V 1 (S. 1435 f.); *Wiedemann*, Rechte und Pflichten des Personengesellschafters, in: WM 1992, Sonderbeilage 7, S. 36; a.A.

c. *Zwischenergebnis*

Nach § 128 HGB entsteht zugleich mit der Begründung einer Schuld der Gesellschaft ein gesetzliches Schuldverhältnis zwischen Gesellschaftsgläubigern und Gesellschaftern. Die aus diesem Schuldverhältnis erwachsende Gesellschafterschuld tritt neben die Gesellschaftsschuld und ist in ihrem Bestand und in ihrer Durchsetzbarkeit grundsätzlich akzessorisch zur Gesellschaftsschuld. Sofern in den §§ 128 und 171 HGB von der Haftung der Gesellschafter für Verbindlichkeiten der Gesellschaft die Rede ist, ist damit nicht Haftung im Sinne eines Unterworfenseins unter den Vollstreckungsdurchgriff des Staates gemeint. Vielmehr bedeutet „haften" in diesem Zusammenhang, dass der Gläubiger einen Anspruch gegen die einzelnen Gesellschafter hat, der – je nach Theorie – entweder als reiner Zahlungsanspruch oder als Anspruch auf Leistung der von der Gesellschaft geschuldeten Verpflichtung verstanden wird. Aus der Perspektive des Gesellschafters handelt es sich bei diesem Gläubigeranspruch um eine Schuld.

Hillmann, in: Ebenroth/Boujong/Joost/Hillmann § 128 Rn. 30; *v. Gerkan,* in: Röhricht/Graf v. Westphalen, § 128 Rn. 7.

§ 3 Haftung und Gesellschafterwechsel

I. Einführung

Das Gesetz regelt in den §§ 130 (i.V.m. 161 Abs. 2), 173 und 160 HGB die Folgen eines Gesellschafterwechsels für die Haftung der hieran beteiligten Gesellschafter. Wenn das HGB Konstellationen regelt, die eine Änderung in der Zusammensetzung des Gesellschafterkreises betreffen, liegt dem stets die Annahme eines voneinander unabhängigen Ein- und Austritts von neuem und altem Gesellschafter zugrunde. Dies liegt daran, dass der historische Gesetzgeber von BGB und HGB die Zugehörigkeit zu einer Personenhandelsgesellschaft nicht als Rechtsgegenstand verstand und infolge dessen annahm, ein Gesellschafterwechsel könne nur durch isolierten Austritt des alten Gesellschafters und gleichzeitigen – aber rechtlich selbständigen – Eintritt des neuen Gesellschafters erfolgen (nachfolgend „kombinierter Ein- und Austritt").[108]

II. Kombinierter Ein- und Austritt

1. Rechtliche Konstruktion

Bei dem kombinierten Ein- und Austritt handelt es sich um ein *„aus konstruktiver Sicht zufälliges Zusammentreffen von – ebenso gut je isoliert möglicher – Ausscheidens- und Eintrittsvereinbarung"*.[109] Auch wenn der Eintritt des neuen Gesellschafters häufig in einem ursächlichen Zusammenhang mit dem Ausscheiden eines bisherigen Gesellschafters steht, kommt es bei dieser rechtlichen Konstruktion grundsätzlich zu keiner Vereinbarung zwischen ausscheidendem und eintretendem Gesellschafter.[110]

Der kombinierte Ein- und Austritt stellt nämlich eine Änderung des Gesellschaftsvertrages dar und erfolgt durch vertragliche Vereinbarung des Austritts des alten Gesellschafters einerseits und durch vertragliche Vereinbarung des Eintritts des neuen Gesellschafters andererseits, und zwar jeweils mit sämtlichen

---

108 Vgl. Darstellung der überkommenen Ansicht bei *Flume*, in: Die Personengesellschaft, § 9, S. 126, und *Huber*, in: Vermögensanteil, S. 352 ff., sowie bei *Donner*, in: DNotZ 1943, 289 (unter a) und in BGH NJW 1981, 2747.

109 *Schäfer*, in: Staub, Großkomm. zum HGB, § 105 Rn. 288.

110 *Schilling*, in: Staub, Großkomm. zum HGB, § 173 Rn. 5.

übrigen Gesellschaftern.[111] Der Fortbestand und die Identität der Gesellschaft bleiben durch diesen Gesellschafterwechsel grundsätzlich unberührt.[112]

2. Rechtsfolgen des Gesellschafterwechsels für das Innenverhältnis

Da es bei einem kombinierten Ein- und Austritt zwischen ausscheidendem und eintretendem Gesellschafter in der Regel zu keiner vertraglichen Beziehungen kommt, sind der Eintritt des neuen und der Austritt des bisherigen Gesellschafters sachlich voneinander abzugrenzende Rechtsgeschäfte, die in ihren Voraussetzungen und in ihrem Bestand grundsätzlich voneinander unabhängig sind.[113] Dies gilt auch dann, wenn Ein- und Austritt im Einzelfall uno actu erfolgen. In Ermangelung gleichzeitiger Gesellschaftszugehörigkeit, entstehen zwischen Aus- und Eintretendem auch keine unmittelbaren gesellschaftsrechtlichen Beziehungen.[114]

Die mit der Beteiligung an der Gesellschaft verbundenen Rechte gegenüber der Gesellschaft und den Mitgesellschaftern, wie Rechte auf Gewinnentnahmen oder Auskunfts- und Kontrollrechte, stehen ausscheidendem und eintretendem Gesellschafter jeweils originär und unabhängig von den Rechten zu, die dem jeweils anderen an dem Gesellschafterwechsel beteiligten Gesellschafter zugestanden haben bzw. zustehen werden. Mit der Beteiligung verbundene Pflichten, wie z.B. Beitragspflichten, treffen aus- und eintretenden Gesellschafter ebenso jeweils gesondert.[115]

---

111 Vgl. statt aller *Donner*, in: DNotZ 1943, 289.

112 Einhellige Meinung, vgl. BGHZ 44, 229, 231 = NJW 1966, 499; BGH NJW 1975, 166, 167.

113 Vgl. *Schäfer*, in: Staub, Großkomm. zum HGB, § 105 Rn. 289. Bei dem kombinierten Ein- und Austritt handelt es sich letztlich um ein An- und Abwachsungsproblem. Mit dem Eintritt des neuen Gesellschafters kommt es zur Begründung eines neuen Gesellschaftsanteils, einer neuen Mitgliedschaft mit der Folge der Abwachsung bei den bisherigen Gesellschaftern. Vgl. etwa *Habersack* in: Staub, Großkomm. zum HGB, 130 Rn. 7, *K. Schmidt*, in: Gesellschaftsrecht, § 45 II 2 ff. (S. 1316 ff.) oder *Sieber*, in: Gesellschaftsvertrag und Erbrecht bei der offenen Handelsgesellschaft, S. 16.

114 Auch wenn es zwischen ihnen zu Vereinbarungen, etwa über die Frage der Verrechnung von Abfindungsansprüchen oder Beitragsverpflichtungen kommt, sind diese Vereinbarungen jedenfalls in der Regel nicht gesellschaftsvertraglicher Art, vgl. *Schäfer*, in: Staub, Großkomm. zum HGB, § 105 Rn. 290.

115 Vgl. ausführliche Darstellung mitgliedschaftlicher Rechte und Pflichten unter § 3 III 3 a bb) (S. 81 ff.).

3. Gesellschafterhaftung beim kombinierten Ein- und Austritt

a. *Haftung des ausscheidenden Gesellschafters*

Scheiden Gesellschafter einer offenen Handels- oder einer Kommanditgesellschaft aus der Gesellschaft aus, haften sie für die Verbindlichkeiten der Gesellschaft, die während und vor ihrer Gesellschaftszugehörigkeit begründet wurden, fort.[116]

Die Fortdauer der Haftung nach dem Ausscheiden des Gesellschafters ist im Gesetz nicht ausdrücklich genannt; sie wird in § 160 HGB aber vorausgesetzt. Dies erscheint selbstverständlich, wenn man sich vor Augen führt, dass die sich aus dem gesetzlichen Schuldverhältnis ergebende Gesellschafterschuld mit dem Anspruch eines Gesellschaftsgläubigers korrespondiert, der durch das Ausscheiden des Gesellschafters aus der Gesellschaft nicht einseitig zum Erlöschen gebracht werden kann und soll. Zwar entfällt mit der Gesellschafterstellung ein Tatbestandsmerkmal des gesetzlichen Schuldverhältnisses aus § 128 HGB, so dass eine Entstehung neuer Verbindlichkeiten auf dieser Rechtsgrundlage von nun an ausscheidet. Das Schicksal bereits entstandener Ansprüche des Gläubigers gegen die Gesellschafter einer Personenhandelsgesellschaft und damit der Gesellschafterschuld bleibt hiervon aber unberührt. Von der allein den Kommanditisten eröffneten Möglichkeit, die persönliche Haftung durch Leistung einer Einlage in Höhe der Haftsumme oder durch Befriedigung des Gesellschaftsgläubigers auszuschließen, kommt eine Befreiung von der Gesellschafterschuld daher nur aufgrund eines zwischen Gesellschaftsgläubiger und Gesellschafter vereinbarten Erlasses, durch eine Schuldübernahme oder als Folge des Ablaufs der in § 160 HGB normierten Enthaftungsfrist in Betracht.

§ 160 HGB (i.V.m. § 161 Abs. 2 HGB) verhindert eine zeitlich unbegrenzte Nachhaftung der ausgeschiedenen Gesellschafter von Personenhandelsgesellschaften für Verbindlichkeiten der Gesellschaft, die vor ihrem Ausscheiden begründet wurden.[117] Nach Ablauf der dort statuierten 5-Jahres-Frist endet die

---

116 Vgl. BGHZ 36, 224 = NJW 1962, 536; BGHZ 48, 203 = NJW 1967, 2203; BGHZ 50, 232 = NJW 1968, 2006. Zum Ausscheiden des Kommanditisten nach Umwandlung der Gesellschaft in eine Kapitalgesellschaft, vgl. *Bärwaldt/Schabacker*, Das Ausscheiden des Kommanditisten ohne Nachhaftung, in: NJW 1998, 1909 ff.

117 Für die Abgrenzung zwischen Forderungen, für die der ausgeschiedene Gesellschafter noch nachhaftet, weil sie bis zu seinem Ausscheiden begründet worden sind, und solchen, die erst nach seinem Ausscheiden begründet werden, kommt es darauf an, ob in dem maßgeblichen Zeitpunkt bereits der Rechtsgrund für den betreffenden Anspruch des Gesellschaftsgläubigers gelegt war. Unerheblich sind dagegen die

persönliche Haftung, wenn nicht der Gläubiger die Enthaftung rechtzeitig durch Maßnahmen gemäß § 160 Abs. 1 Satz 1 HGB abgewendet hat. Die Enthaftung begründet eine rechtsvernichtende Einwendung des Gesellschafters und erfasst sämtliche Ansprüche, die vor dem Fristablauf fällig geworden, aber nicht rechtskräftig und vollstreckbar festgestellt worden sind, sowie die Ansprüche, die vor dem Ausscheiden begründet, aber bei Fristablauf noch nicht fällig geworden sind.[118]

aa) Nachhaftung des Kommanditisten

Die Nachhaftung für Verbindlichkeiten, die vor und während der Dauer der Gesellschafterstellung begründet wurden, betrifft alle Gesellschafter einer Personenhandelsgesellschaft gleichermaßen und macht folglich auch vor den ausgeschiedenen Kommanditisten nicht halt. Ob die persönliche Haftung des ausgeschiedenen Kommanditisten bis zum Eintritt des Enthaftungstatbestands des § 160 HGB fortbesteht oder durch Einlageleistung während – oder im Nachgang – der Gesellschafterzugehörigkeit ausgeschlossen ist (und bleibt), richtet sich danach, ob die geleistete Einlage im Vermögen der Gesellschaft belassen wird. Ist dies nicht der Fall, lebt die persönliche Haftung des Kommanditisten entsprechend der Regelung des § 172 Abs. 4 HGB wieder auf.[119]

Weil sich die persönliche Haftung des in die Gesellschaft eintretenden Kommanditisten nach der Höhe der für ihn im Handelsregister eingetragenen Haftsumme richtet und gleiches für den ausscheidenden Kommanditisten gilt, wird im Zusammenhang mit den haftungstechnischen Wirkungen des kombinierten Ein- und Austritts von Kommanditisten auch von einer „*Verdopplung der Haftsumme*" zugunsten der Gesellschaftsgläubiger gesprochen.[120]

Ob zeitgleich mit dem Ausscheiden des Kommanditisten ein neuer Kommanditist in die Gesellschaft eintritt, ist für die Nachhaftung des ausgeschiedenen Gesellschafters dementsprechend ohne Belang. Allein entscheidend für den Ausschluss und für das Wiederaufleben der persönlichen Haftung des

---

Entstehung und die Fälligkeit des Anspruchs, vgl. *Habersack*, in: Staub, Großkomm. zum HGB, § 160 Rn. 10.

118 *Hillmann*, in: Ebenroth/Boujong/Joost/Strohn, HGB, § 160 Rn. 17. Dagegen begründet die Verjährung des Gläubigeranspruchs lediglich ein Leistungsverweigerungsrecht des Gesellschafters.

119 In der Auszahlung eines Abfindungsguthabens liegt eine vollständige oder teilweise Rückzahlung der Einlage, welche nach § 172 Abs. 4 HGB, das Wiederaufleben der persönlichen Haftung zur Folge hat, so schon RGZ 64, 77, 81.

120 *Schilling*, in: Staub, Großkomm. zum HGB, § 173 Rn. 5.

ausgeschiedenen Kommanditisten ist die Leistung bzw. das Belassen der geleisteten Einlage in Höhe der für den jeweiligen Kommanditisten maßgeblichen Haftsumme im Vermögen der Gesellschaft. Durch Austritt aus der Gesellschaft oder anderweitige Aufgabe der Mitgliedschaft können sich die Gesellschafter einer offenen Handels- oder Kommanditgesellschaft also grundsätzlich nicht ihrer bereits entstandenen Haftungsschulden gegenüber den Gesellschaftsgläubigern entledigen.[121]

bb) Nachhaftung unbeschränkt haftender Kommanditisten

Scheidet ein Kommanditist aus der Gesellschaft aus, der vor der Umwandlung seiner Beteiligung in eine Kommanditistenbeteiligung Komplementär oder Gesellschafter einer offenen Handelsgesellschaft war, gilt – soweit hinsichtlich der unbeschränkten persönlichen Haftung noch keine Enthaftung nach § 160 HGB eingetreten ist – für seine Nachhaftung eine Kombination aus den beiden vorgenannten Haftungsfolgen:

Für die Verbindlichkeiten, die vor der Beschränkung seiner Haftung begründet wurden, haftet der Kommanditist gleich dem Gesellschafter einer offenen Handelsgesellschaft bzw. dem persönlich haftenden Gesellschafter einer Kommanditgesellschaft unbeschränkt fort. Sein Ausscheiden aus der Gesellschaft hat – wie der Übergang in die Kommanditistenstellung – auf das Bestehen der bereits entstandenen Gesellschafterhaftung keinen Einfluss.

Für die Verbindlichkeiten, die in dem Zeitraum zwischen Umwandlung der Beteiligung in eine Kommanditistenbeteiligung (und dem damit einhergehenden Eintritt der Haftungsbeschränkung) und dem späteren Ausscheiden aus der Gesellschaft begründet worden sind, gelten die vorstehend unter aa) dargestellten Regeln: Die Haftung besteht fort, ist entsprechend den allgemeinen Regeln jedoch betragsmäßig auf die Höhe der im Handelsregister eingetragenen Haftsumme beschränkt. Hatte der Kommanditist in dieser Höhe einen Gesellschaftsgläubiger befriedigt oder seine Einlage in Höhe der Haftsumme geleistet, bleibt es insoweit bei der Haftungsbefreiung nach § 171 Abs. 1, Hs. 2 HGB, sofern nicht die Haftung gemäß § 172 Abs. 4 HGB, etwa durch Einlagenrückgewähr, wieder auflebt.

---

121 Für *K. Schmidt* (in: Gesellschaftsrecht, § 51 I 1 (S. 1492)) liegt diese Forthaftung auf der Hand. Es bedürfe deshalb auch *„keiner besonderen Regelung, dass der Gesellschafter nicht die schon begründete Haftungsverbindlichkeit abschütteln kann, indem er sich von der Gesellschaft löst"*. Ebenso *Römer*, Zur Haftungsbegründung ausgeschiedener Personenhandelsgesellschafter, in: DStR 1993, 1069, 1070.

b. Haftung des eintretenden Gesellschafters

Der Gesetzgeber hat die offene Handelsgesellschaft dergestalt konzipiert, dass sämtliche Gesellschafter in gleicher Weise für die Verbindlichkeiten der Gesellschaft haften. Die §§ 130 und 173 HGB verhindern eine unterschiedliche persönliche Haftung später beigetretener Gesellschafter. Nach der ratio legis sollen neue wie alte Gesellschafter uneingeschränkt für sämtliche Verbindlichkeiten der Gesellschaft haften.[122] Zwischen Verbindlichkeiten, die während der Beteiligung des Gesellschafters an der Gesellschaft begründet wurden und solchen, die vor der Beteiligung dieses Gesellschafters begründet wurden (sog. Altverbindlichkeiten), soll im Hinblick auf die Haftung der Gesellschafter kein Unterschied bestehen.[123]

Für den in eine bereits bestehende offene Handelsgesellschaft eintretenden Gesellschafter und (über die Verweisung in § 161 Abs. 2 HGB) für den in eine Kommanditgesellschaft eintretenden Komplementär bestimmt § 130 HGB dass dieser „*gleich den anderen Gesellschaftern nach Maßgabe der §§ 128 und 129* (HGB)" haftet. Das Haftungsrisiko bei einem Eintritt in eine offene Handelsgesellschaft bzw. als persönlich haftender Gesellschafter in eine Kommanditgesellschaft ist folglich beträchtlich. Darauf, ob der Gesellschafter Kenntnis von dem Bestehen einer Gesellschaftsschuld hat oder diese hätte haben können, kommt es für das Entstehen der unbeschränkten persönlichen Haftung des in die Gesellschaft Eintretenden nicht an. Dem Gesellschaftsgläubiger kann eine Unkenntnis im Hinblick auf das Bestehen von Altverbindlichkeiten nicht entgegengehalten werden. Im Falle seiner Inanspruchnahme für Altverbindlichkeiten ist der Eintretende zur eigenen Schadloshaltung daher auf etwaige Ausgleichs- und ggf. Schadensersatzansprüche gegen seine Mitgesellschafter angewiesen.

Für Kommanditisten enthält § 173 HGB eine Spezialregelung. Danach haftet, wer in eine bestehende Gesellschaft als Kommanditist eintritt, zwar ebenfalls für die vor seinem Eintritt begründeten Verbindlichkeiten der Gesellschaft. Wie es der Kommanditistenhaftung entspricht, bemisst sich diese Haftung aber nach Maßgabe der §§ 171 und 172 HGB. Die Haftung des eintretenden Kommanditisten ist daher in der Regel auf den Betrag der Haftsumme beschränkt und entfällt

---

122 Der Preußische HGB-Entwurf von 1857 begründete die Regelung mit den Worten: „*Die Ausscheidung gewisser Forderungen oder Schulden rücksichtlich einzelner Gesellschafter ist mit der Auffassung des Gesellschaftsvermögens als eines für sich bestehenden Rechtsganzen unverträglich und müsste auch praktisch zu ganz unlösbaren Verwicklungen führen*" (Mot. Preußischer Entwurf 1857, S. 48).

123 Vgl. für diese ratio legis *Gerlach*, in: Die Haftungsordnung der §§ 25, 28, 130 HGB, S. 62.

gänzlich, wenn und soweit die Einlage mit haftungsbefreiender Wirkung geleistet wurde. § 173 HGB findet auch auf die Fälle Anwendung, in denen die Beteiligung eines unbeschränkt haftenden Gesellschafters der Kommanditgesellschaft oder des Gesellschafters einer offenen Handelsgesellschaft in eine Kommanditistenbeteiligung umgewandelt wird.[124] In letzterem Fall geht mit der Umwandlung der Beteiligung eine formwechselnde Umwandlung der offenen Handelsgesellschaft in eine Kommanditgesellschaft einher. Dabei ändert sich jedoch nur die Rechtsform, nicht aber die Identität der Gesellschaft.[125] Die Haftung aus § 173 HGB erfasst daher nicht nur sämtliche Verbindlichkeiten, die die Kommanditgesellschaft in dieser Rechtsform eingeht, sondern auch diejenigen, welche sie als offene Handelsgesellschaft eingegangen ist.

Ob zeitgleich mit dem Eintreten eines neuen Gesellschafters ein Gesellschafter aus der Gesellschaft austritt, ist – unabhängig davon, ob es sich bei dem Eintretenden um einen Kommanditisten, persönlich haftenden Gesellschafter einer Kommanditgesellschaft oder Gesellschafter einer offenen Handelsgesellschaft handelt – für die Haftung des jeweils Eintretenden ohne Belang. Tritt ein Kommanditist in die Gesellschaft ein, ist deshalb für den Ausschluss und das Wiederaufleben seiner persönlichen Haftung allein die Leistung einer Einlage in Höhe der für den neuen Kommanditanteil maßgeblichen Haftsumme entscheidend. Umfang und Bestand der Haftung eines ggf. zeitgleich aus der Gesellschaft austretenden Gesellschafters haben auf den Umfang und den Bestand der Haftung des in die Gesellschaft eintretenden Gesellschafters keinen Einfluss.

4. Eintragung in das Handelsregister

§ 107 HGB, welcher über die Verweisung in § 160 Ab. 2 HGB auch auf die Kommanditgesellschaft Anwendung findet, begründet die Verpflichtung zur Anmeldung des Eintritts eines neuen Gesellschafters in die Gesellschaft. Die Anmeldung des Eintritts neuer Kommanditisten richtet sich nach den §§ 162 Abs. 3 und Abs. 1, 107, 108 Abs. 1 HGB. Sie muss die Angaben nach § 106 Abs. 2 Nr. 1 HGB zu den neuen Kommanditisten und zum Haftbetrag enthalten.[126] § 143

124 Vgl. *K. Schmidt*, in: Münchener Kommentar zum HGB, § 173 Rn. 49 f.; vgl. auch *Schilling*, in: Staub, Großkomm. zum HGB, § 173 Rn. 18.

125 Eingehend zur Beibehaltung der Identität der Gesellschaft BGH, Urteil vom 27.11.2009 – LwZR 15/09 = NJW Spezial 2010, S. 111.

126 § 106 Abs. 2 Ziff. 1 HGB normiert, dass die Anmeldung den Namen und Vornamen, das Geburtsdatum und den Wohnort jedes Gesellschafters enthalten muss. Nach § 162 Abs. 1 HGB hat die Anmeldung darüber hinaus die Bezeichnung der Kommanditisten und den Betrag der Einlage eines jeden von ihnen zu beinhalten.

HGB (für die Kommanditgesellschaft i.V.m. §§ 161 Abs. 2, 162 Abs. 3 HGB) bestimmt eine entsprechende Verpflichtung zur Anmeldung des Ausscheidens von Gesellschaftern zur Eintragung in das Handelsregister. Die Eintragung als „Ein- bzw. Austritt" eines Gesellschafters macht kenntlich, dass dem konkreten Gesellschafterwechsel ein kombinierter Ein- und Austritt und nicht eine Anteilsübertragung zugrunde lag und verdeutlicht so sowohl die Unabhängigkeit der rechtlichen Situationen von Ein- und Austretendem im Hinblick auf die Haftung gegenüber den Gesellschaftsgläubigern als auch im Hinblick auf das Innenverhältnis.

III. Übertragung des Gesellschaftsanteils

Nach mittlerweile allgemeiner Meinung können Gesellschafterwechsel bei Personenhandelsgesellschaften durch Rechtsgeschäft unter Lebenden nicht nur durch kombinierten Ein- und Austritt, sondern auch durch unmittelbare Übertragung des Gesellschaftsanteils vom Alt- auf den Neugesellschafter vollzogen werden.

Rechtlich sind der kombinierter Ein- und Austritt und die Übertragung von Gesellschaftsanteilen streng voneinander zu unterscheiden. Welche der beiden Gestaltungsmöglichkeiten von den an einem Gesellschafterwechsel beteiligten Parteien tatsächlich gewählt worden ist, ist in der Praxis nicht immer eindeutig und oftmals nur durch Auslegung der zwischen den jeweiligen Beteiligten getroffenen Vereinbarungen unter Berücksichtigung der Gesamtumstände zu ermitteln.[127]

127 Da im Falle des Gesellschafterwechsels auf der Grundlage eines kombinierten Ein- und Austritts eine Vereinbarung zwischen ausscheidendem und eintretendem Gesellschafter nicht erforderlich ist, ist es beispielsweise ein deutliches Indiz für das Vorliegen der Übertragung der Mitgliedschaft, wenn dem Kommanditistenwechsel eine Vereinbarung zwischen dem Altkommanditisten und dem Neukommanditisten zugrunde liegt, vgl. *K. Schmidt*, Kommanditistenwechsel und Nachfolgevermerk – Bemerkungen zum Urteil des Bundesgerichtshofes vom 29.6.1981, in: GmbHR 1981, 254. Wesentliche Merkmale einer Übertragung und damit ebenfalls aussagekräftig für deren Abgrenzung von dem gesetzlich geregelten „Normalfall" des bloßen (gleichzeitigen) Austritts eines alten und Eintritts eines neuen Kommanditisten sind das Fehlen einer Abfindung aus dem Gesellschaftsvermögen und die Eintragung eines Nachfolgevermerks im Handelsregister, BGH NJW-RR 2006, 107. Gleichwohl ist die Eintragung des Nachfolgevermerks in das Handelsregister entgegen verbreiteter Auffassung keine Tatbestandsvoraussetzung der besonderen Haftungsfolgen einer Anteilsübertragung, so aber noch: RGZ 162, 265, 268; RG DNotZ 1944, 195, 199;

Die Wahl der rechtlichen Gestaltung des Gesellschafterwechsels kann aber von großem Einfluss sowohl auf die rechtliche Situation der Beteiligten im Verhältnis zur Gesellschaft und den Mitgesellschaftern als auch im Außenverhältnis zu den Gläubigern der Gesellschaft sein. Anders als bei dem kombinierten Ein- und Austritt von Gesellschaftern, bei dem es in aller Regel keine vertraglichen Vereinbarungen zwischen ein- und austretendem Gesellschafter gibt, erfolgt die Übertragung eines Gesellschaftsanteils auf der Grundlage einer rechtlichen Beziehung zwischen übertragendem und übernehmendem Gesellschafter. Diese rechtliche Beziehung hat Rechtsfolgen für den Erwerber und den Veräußerer des Gesellschaftsanteils, die von dem gesetzlich geregelten Fall des kombinierten Ein- und Austritts sowohl im Hinblick auf das Innen- als auch auf das Außenverhältnis abweichen können.

Wie bereits erwähnt, hatte der historische Gesetzgeber von BGB und HGB die Möglichkeit einer Übertragung von Beteiligungen an Personenhandelsgesellschaften nicht in Erwägung gezogen. Im Gesetz ist daher weder geregelt, ob die Übertragung von Anteilen an Personenhandelsgesellschaften überhaupt zulässig ist (hierzu nachfolgend unter 1.), noch auf welche Art und Weise (hierzu nachfolgend unter 2.) und mit welchen Rechtsfolgen für die Beteiligten (hierzu nachfolgend unter 3.) diese möglich ist.

1. Zulässigkeit der Anteilsübertragung

Erstmals anerkannt wurde die Übertragbarkeit eines Anteils an einer Personengesellschaft bereits im Jahr 1944 durch das Reichsgericht.[128] Dieses führte, sich mit der Übertragung der Mitgliedschaft an einer Kommanditgesellschaft und dessen Rechtsfolgen auseinandersetzend, Folgendes aus:

> *„Der neu eintretende erwirbt (...) mit der Übertragung der Mitgliedschaft im Allgemeinen ohne Weiteres auch den Kapitalanteil des Ausgeschiedenen und ein diesem zustehendes Abfindungsguthaben. Ihm sind auf die der Gesellschaft zu erbringende Pflichteinlage in aller Regel die Leistungen anzurechnen, die insoweit seinem Vorgänger zu Gute zu bringen waren. Auch gegenüber den Gesellschaftsgläubigern tritt der neue Kommanditist in die Schuld und Haftung seines Rechtsvorgängers ein. Wie er im Innenverhältnis nur neben die anderen Mitgesellschafter, nicht auch neben seinen Vorgänger, sondern an dessen Stelle*

Nitschke, in: Die körperschaftlich strukturierte Personengesellschaft, S. 383 f. Denn ob eine Anteilsübertragung oder ein kombinierter Ein- und Austritt vorliegt, bestimmt sich allein nach den Vereinbarungen der Beteiligten, für die der Nachfolgevermerk nur eine Auslegungshilfe ist, siehe *K. Schmidt*, in: Schlegelberger, HGB, § 173 Rn. 27.

128 RG DNotZ 1944, 195 ff.

tritt, trifft ihn auch haftsummenmäßig eben die Haftung für die Verbindlichkeiten der Gesellschaft und bloß diese, die jenem obläge, wenn er nicht ausgeschieden wäre.“

Auch der Bundesgerichtshof hat bereits 1954 zu der Frage der Übertragbarkeit von Personengesellschaftsanteilen Stellung genommen und festgestellt, dass eine solche möglich sei.[129] Der Zweite Zivilsenat widersprach in der genannten Entscheidung der bis dahin vornehmlich vertretenen Auffassung, der Gesellschaftsanteil werde bei der Übertragung nicht tatsächlich vom Erwerber übernommen, sondern dieser erwerbe durch den Abschluss eines neuen Gesellschaftsvertrages mit den übrigen Gesellschaftern einen eigenen (neuen) Geschäftsanteil, nachdem zuvor der Gesellschaftsanteil des ausscheidenden Gesellschafters untergegangen sei. Der Senat begründete die Ablehnung dieser bis dahin favorisierten Konstruktion damit, dass sie den tatsächlichen Verhältnissen, wie sie der Abtretung eines Gesellschaftsanteils zugrunde liegen, nicht gerecht werde. Es entspreche vielmehr

„einer ungezwungeneren und den Anschauungen der Beteiligten mehr entsprechenden Beurteilung, den Erwerber eines Gesellschaftsanteils als Rechtsnachfolger des ausscheidenden Gesellschafter zu betrachten, also die Abtretung eines Gesellschaftsanteils auch in der Personengesellschaft als das anzusehen, was sie nach dem Sprachgebrauch und der Verkehrsauffassung ist“.[130]

Die Abtretung eines Gesellschaftsanteils stelle sich

„als Verfügung über den Anteil dar, die nur wegen des damit notwendig verbundenen Eingriffs in die Rechtssphäre der übrigen Gesellschafter auch ihrer Zustimmung“

bedürfe.[131]

Nach Auffassung der älteren (Gesamthands-)Lehre stand der Übertragung des Anteils an einer Personengesellschaft § 719 Abs. 1 BGB entgegen, wonach der Gesellschafter über seinen Anteil an dem Gesellschaftsvermögen und an den einzelnen dazu gehörenden Gegenständen nicht verfügen kann und ebenfalls nicht berechtigt ist, Teilung zu verlangen. Die Verfügungsverbote des § 719 Abs. 1 BGB gehörten *„lange Zeit zu den umstrittensten Regelungen des Rechts nicht nur der GbR, sondern (über die Verweisung in § 105 Abs. 3 HGB) auch der Personen handelsgesellschaften“*.[132] Insbesondere war umstritten, inwieweit die Norm auch die Übertragung des Gesellschaftsanteils erfasst und ob es vertretbar sei, von der

---

129 BGHZ 13, 179 ff. = NJW 1954, 1155 f.

130 BGHZ 13, 179, 185, 186.

131 BGHZ 13, 179, 186.

132 Vgl. *Ulmer*, in: Gesellschaft bürgerlichen Rechts, § 719 Rn. 1.

ersten Verbotsalternative Abweichungen zuzulassen, obwohl die zweite – nach allgemeiner Meinung – zwingend ist.[133] Die ältere Praxis und Literatur hielten eine Übertragung der Mitgliedschaft in der Personengesellschaft für nicht mit § 719 Abs. 1 BGB vereinbar[134] und deuteten eine gleichwohl vereinbarte Anteilsübertragung regelmäßig in einen kombinierten Ein- und Austritt um.[135]

Mittlerweile hat sich das Verständnis von § 719 Abs. 1 BGB grundlegend gewandelt. Heute wird in § 719 Abs. 1 HGB entweder nur noch eine verzichtbare Schutzregel zugunsten der Mitgesellschafter gesehen, ohne deren Zustimmung die Übertragung nicht zulässig ist,[136] oder sogar angenommen, dass § 719 Abs. 1 BGB gar nicht die Frage betrifft, ob die Beteiligung im Ganzen übertragbar ist, sondern nur klarstellt, dass die Vermögensbeteiligung nicht ohne die Mitgliedschaft übertragen werden kann.[137]

Die Übertragbarkeit der Anteile an Personengesellschaften entspricht heute jedenfalls ständiger Rechtsprechung und der ganz herrschenden Auffassung in der Rechtsliteratur.[138]

2. Rechtliche Gestaltung der Anteilsübertragung

a. Voraussetzungen der Anteilsübertragung

Voraussetzung für eine wirksame Anteilsübertragung ist die Zustimmung aller Mitgesellschafter zu dem Verfügungsgeschäft zwischen Veräußerer und Erwerber. Das Zustimmungserfordernis, welches gesetzlich nicht ausdrücklich

---

133 Darstellung bei *Geiler*, in: Düringer-Hachenburg, Allgem. Einleitung, Rn. 26; weitere Nachweise bei *Schulze-Osterloh*, in: Das Prinzip der gesamthänderischen Bindung, S. 91.

134 So RGZ 83, 312, 314 f.; siehe auch Darstellung bei *Pieper*, in: Vertragsübernahme und Vertragsbeitritt, S. 69 ff., *Huber*, in: Vermögensanteil, S. 349 ff., Zitat S. 354 Fn. 23. und *Flume*, in: Personengesellschaft, § 17 II (S. 345 f.).

135 So etwa noch RGZ 83, 312, 314 f.

136 Vgl. etwa BGHZ 13, 179, 184 f.

137 Vgl. *Flume*, in: Personengesellschaft, § 17 II; *Ulmer*, in: Gesellschaft bürgerlichen Rechts, § 719 Rn. 2 f.

138 BGHZ 13, 179, 185 f.; BGHZ 44, 229, 231 = NJW 1966, 499, 500; BGHZ 71, 296, 297 = NJW 1978, 1525, 1526; BGHZ 81, 82, 87 = NJW 1981, 2747, 2748; BGHZ 45, 221, 222 = NJW 1966, 1307, 1308. Für die Literatur grundlegend *Wiedemann*, in: Übertragung, S. 43 ff., 61 ff.; *K. Schmidt*, in: Schlegelberger, HGB, § 173 Rn. 24; ebenso *Schäfer*, in: Staub, Großkomm. zum HGB, § 105 Rn. 291 ff.; *K. Schmidt*, in: Gesellschaftsrecht, § 45 III (S. 1321 ff.); *Huber*, in: Vermögensanteil, S. 369 ff., 387; *Lutter*, in: AcP 180 (1980), S. 97 ff.

vorgesehen ist, wurde früher aus dem Verfügungsverbot des § 719 Abs. 1 BGB gefolgert. Die heute herrschende Meinung leitet es aus dem höchstpersönlichen Charakter des Zusammenschlusses in der Personengesellschaft ab.[139] *Hadding*, der die Übertragung von Anteilen an Personenhandelsgesellschaften als rein schuldrechtlich wirkende Vertragsübernahme versteht, nimmt schließlich an, dass das Zustimmungserfordernis aus den Voraussetzungen für eine Vertragsübernahme folgt.[140]

Die Zustimmung der Mitgesellschafter zur Übertragung des Anteils kann sowohl im Voraus als Einwilligung, durch Zulassung im Gesellschaftsvertrag oder als Vorratsbeschluss, als auch nachträglich in Form einer Genehmigung im Sinne der §§ 184, 185 BGB erteilt werden. Liegt keine Einwilligung vor, ist die Anteilsübertragung bis zur Genehmigung durch sämtliche Mitgesellschafter schwebend unwirksam.[141] Die nachträglich erteilte Zustimmung wirkt gemäß § 184 Abs. 1 BGB grundsätzlich auf den Zeitpunkt der Anteilsübertragung zurück.

b. Rechtsnatur der Anteilsübertragung

Auf welche Weise der Anteil an einer Personenhandelsgesellschaft zu übertragen ist, richtet sich nach der Rechtsnatur des Anteils selbst. Als Übertragungsobjekt bestimmt dieser die rechtliche Konstruktion des Übertragungsvorgangs.[142] Von dem Übertragungsobjekt und dem Übertragungsvorgang hängt auch ab, welche Rechtsfolgen die Übertragung für das Verhältnis der an ihr beteiligten Gesellschafter zu ihren Mitgesellschaftern und der Gesellschaft und für das Verhältnis der Gesellschafter zu den Gläubigern der Gesellschaft hat.

aa) Zur Rechtsnatur der Mitgliedschaft in einer Personengesellschaft

Anders als der Gesellschafterwechsel durch kombinierten Ein- und Austritt beruht der Gesellschafterwechsel durch Anteilsübertragung auf einer unmittelbaren vertraglichen Rechtsbeziehung zwischen dem Veräußerer und dem Erwerber

---

139 Heute einhellige Meinung, vgl. *Schäfer*, in: Staub, Großkomm. zum HGB, § 105 Rn. 294; *Huber*, in: Vermögensanteil, S. 353, 369 f., 388 f.

140 *Hadding*, in: Soergel, Bürgerliches Gesetzbuch, § 719 Rn. 14.

141 BGHZ 13, 179, 185 ff.; *K. Schmidt*, in: Münchener Kommentar zum HGB, § 105 Rn. 219.

142 142 So auch *Habersack*, in: Die Mitgliedschaft, S. 63.

des Anteils, ohne dass der Gesellschaftsvertrag als solcher oder die Identität der Mitgliedschaft durch die Übertragung verändert würden.[143]

Obwohl in den zivilrechtlichen Gesetzesnormen lediglich von „*Gesellschaftsanteil*“[144] bzw. von „*Anteil*“[145] die Rede ist und der Begriff der „*Mitgliedschaft*“ allein in § 38 BGB sowie im Genossenschaftsgesetz Verwendung findet,[146] wird auch die Beteiligung an einer Personengesellschaft als Mitgliedschaft bezeichnet.[147] Der Begriff Mitgliedschaft wird dabei in der Regel für die Bezeichnung der auf der Zugehörigkeit zu einem Verband beruhenden Rechtsstellung einer Person benutzt.[148] Zu den Verbänden wurden noch bis Mitte des letzten Jahrhunderts allein die Körperschaften gezählt. In Abgrenzung dazu wurde die Beteiligung an einer Gesamthandsgesellschaft als Teilhaberschaft bezeichnet. Diese stand damit im Gegensatz zu der Mitgliedschaft in einer als juristische Person verfassten Körperschaft. Dass auch die Beteiligung an einer Personengesellschaft nun als Mitgliedschaft in diesem herkömmlichen Sinne verstanden wird, ist einem Wandel im Verständnis der Gesamthand zu verdanken, der sich mit der Anerkennung der Fähigkeit von Personenhandelsgesellschaften, eigenständige Zuordnungssubjekte von Rechten und Pflichten zu sein, vollzogen hat.[149]

Während an der Übertragbarkeit der Anteile an einer Personengesellschaft heute keine durchgreifenden Zweifel mehr bestehen,[150] wurde über die Rechtsnatur dieser Anteilsübertragung in der Rechtsliteratur bislang noch keine Einigkeit

---

143 Vgl. statt aller *Ulmer*, in: Gesellschaft bürgerlichen Rechts, § 719 Rn. 25; *Schilling*, in: Staub HGB, § 173 Rn. 7.

144 So in § 725 BGB und § 859 ZPO.

145 Vgl. etwa in den §§ 719, 721 ff., 725, 738, 742 ff., 747 BGB, §§ 120 Abs. 2, 121 ff., 167 und 231 HGB sowie in § 859 ZPO.

146 Im GmbH-Gesetz findet der Begriff „Mitgliedschaft“ beispielsweise keine Verwendung. Überwiegend wird für den Begriff der Mitgliedschaft in der GmbH der Ausdruck „Gesellschaftsanteil“ verwendet. Dies ist etwa in den §§ 14 ff., 26 Abs. 2 und 3, 29 Abs. 3, 31 Abs. 3, 47 Abs. 2 und 72 GmbHG der Fall. Im Aktiengesetz bezeichnet der Begriff der „Aktie“ die Mitgliedschaft des Aktionärs in der Aktiengesellschaft (zum Beispiel in den §§ 2, 8 ff., 23 ff., 69 ff., 139 ff., 185 ff. und 226 AktG).

147 So etwa bereits in: BGHZ 68, 225, 232 = NJW 1977, 1339.

148 So *K. Schmidt*, in: Gesellschaftsrecht, § 19 I 1 (S. 547) m.w.N.

149 *Habersack*, in: Die Mitgliedschaft, S. 16 f. m.w.N.

150 Anderer Auffassung dürfte *Hadding* sein, der davon ausgeht, die Übertragung von Anteilen einer Personengesellschaft vollziehe sich durch rein schuldrechtlich wirkende Vertragsübernahme, vgl. *Hadding*, in: Soergel, Bürgerliches Gesetzbuch, § 719 Rn. 14.

erzielt. Dies ist darauf zurückzuführen, dass – obgleich die Mitgliedschaft in einem privatrechtlichen Verband schon wiederholt Gegenstand grundlegender Untersuchungen auf dem Gebiet des Gesellschaftsrechts war[151] – ein übergreifender Konsens über die Rechtsnatur der Mitgliedschaft noch nicht erkennbar ist.

(1) Meinungsstand in der Literatur

In der Literatur wurde zur Rechtsnatur der Mitgliedschaft in einer Personengesellschaft vornehmlich im Zusammenhang mit der Frage Stellung genommen, ob die Mitgliedschaft ein einheitlicher, als solcher der Vererbung bzw. der rechtsgeschäftlichen Verfügung zugänglicher Gegenstand ist oder ob es sich bei ihr lediglich um eine Sammelbezeichnung für die einzelnen mit der Gesellschafterstellung verbundenen Rechte und Pflichten handelt, die wiederum den Gegenstand einer Verfügung bilden können.

Nach wohl einhelliger Meinung handelt es sich bei der Mitgliedschaft jedenfalls um ein Rechtsverhältnis[152] bzw. die Stellung in einem Rechtsverhältnis[153] (hierzu nachfolgend unter (i)). Die herrschende Meinung in der Literatur betrachtet die Mitgliedschaft darüber hinaus auch als ein subjektives Recht[154] (hierzu nachfolgend unter (ii)) und als einen Rechtsgegenstand (hierzu nachfolgend unter (iii)).[155]

---

151 Vgl. etwa grundlegend *R. Heinsheimer*, in: Über die Teilhaberschaft, *Müller-Erzbach*, in: Das private Recht der Mitgliedschaft als Prüfstein eines kausalen Rechtsdenkens, *Wiedemann*, in: Übertragung und *Habersack*, in: Die Mitgliedschaft.

152 Vgl. etwa *K. Schmidt*, in: Gesellschaftsrecht, § 19 I 3 (S. 549 f.); *Wiedemann*, in: Übertragung, S. 39; *Lutter*, in: AcP 180, S. 97, 102.

153 *Habersack*, in: Die Mitgliedschaft, S. 63, 104; *Beuthien*, der die Mitgliedschaft jedoch nicht als subjektives Recht begreift, in: Zur Grundlagenungewissheit des deutschen Gesellschaftsrechts, NJW 2005, 855 ff.

154 So beispielsweise *Flume*, in: Personengesellschaft, § 9; *K. Schmidt*, in: Gesellschaftsrecht, § 19 I 3 b (S. 550); *Habersack*, in: Die Mitgliedschaft, S. 62 ff.; a.A. *Hadding*, in: Die Mitgliedschaft in handelsrechtlichen Personengesellschaften – Ein subjektives Recht?, Festschrift für Rudolf Reinhard, 1972, S. 249 ff., 255; *Beuthien*, Zur Mitgliedschaft als Grundbegriff des Gesellschaftsrechts, in: Festschrift für Herbert Wiedemann, S. 754 f.; *Wiedemann*, in: Übertragung, S. 39.

155 *Lutter*, Theorie der Mitgliedschaft – Prolegomena zu einem Allgemeinen Teil des Korporationsrechts, in: AcP 180 (1980), S. 101 f.; *K. Schmidt*, in: Gesellschaftsrecht, § 19 IV 1 (S. 593); *Wiedemann*, in: Übertragung, S. 39; *Habersack*; in: Die Mitgliedschaft, S. 104 ff.

(i) Mitgliedschaft als Rechtsverhältnis bzw. als Stellung im Rechtsverhältnis

Als Rechtsverhältnis, welches durch den Abschluss des Gesellschaftsvertrages, durch Beitritt zum Verband oder durch derivativen Erwerb der Mitgliedschaft begründet wird, wird die Mitgliedschaft insoweit verstanden, als sie die Beziehungen der Gesellschafter zur Gesellschaft und zu ihren Mitgesellschaftern untereinander gestaltet.[156] Aus diesem Rechtsverhältnis können sich mitgliedschaftliche Rechte (z.B. Klagerechte), Primärpflichten (z.B. Beitragspflichten) und Sekundärpflichten (z.B. Treuepflichten) ergeben. Dem komplexen Charakter der Gesellschaft als Schuldverhältnis und Organisation entsprechend, beinhaltet dieses Rechtsverhältnis ein umfangreiches Geflecht wechselseitiger Rechte und Pflichten.[157] Unter „Mitgliedschaft" in einer Personenhandelsgesellschaft versteht man deshalb auch den *„Inbegriff der aus der Gesellschafterstellung folgenden Rechte und Pflichten"*.[158]

K. Schmidt führt hierzu aus, die Mitgliedschaft begründe als Rechtsverhältnis eine Sonderrechtsbeziehung zwischen dem Mitglied und dem Verband, aber auch unter den Mitgliedern selbst.[159] Sie sei *„Quelle mehrseitiger Sonderrechtsbeziehungen"*[160] und schaffe als Grundlage von Rechtsverhältnissen Rechte und Pflichten der Mitglieder. Als mitgliedschaftliche Rechte seien diejenigen Rechte eines Verbandsmitgliedes zu betrachten, die aus der Mitgliedschaft hervorgehen. Dementsprechend seien mitgliedschaftliche Pflichten solche Pflichten, die aus der Mitgliedschaft hervorgehen und untrennbar mit ihr verbunden sind.[161]

Teilweise wird leicht differenzierend auch angenommen, es handele sich bei der Mitgliedschaft nicht um ein Rechtsverhältnis, sondern um die *„Stellung als*

---

156 *Wiedemann*, in: Übertragung, S. 39.

157 *K. Schmidt*, in: Die Vereinsmitgliedschaft als Grundlage von Schadenersatzansprüchen, JZ 1991, S. 157, 158.

158 *Schäfer*, in: Staub, Großkomm. zum HGB, § 105 Rn. 204 m.w.N.; *Rudolf Reinhardt* führte in einer Gastvorlesung am 21.06.1967 in Bern aus: *„Man muss sich vergegenwärtigen, dass die Mitgliedschaft nicht ein einzelnes Recht ist, sondern dass damit die gesamte Rechtsstellung des Gesellschafters (ein Rechts- und Pflichten-„bündel") bezeichnet wird, mit anderen Worten: das Rechtsverhältnis zu den übrigen beteiligten Gesellschaftern."*, vgl. *Reinhard* in: Die Fortentwicklung des Rechts der offenen Handelsgesellschaft und Kommanditgesellschaft in der neueren deutschen Lehre und Rechtsprechung, ZBernJV Bd. 103 (1967), S. 329 ff., 340.

159 *K. Schmidt*, in: Gesellschaftsrecht, § 19 III 1 (S. 552) unter Berufung auf *Wiedemann*, in: Gesellschaftsrecht, Band I, § 2 I 1.

160 *K. Schmidt,* in: Gesellschaftsrecht, 19 III 1 (S. 553).

161 *K. Schmidt*, in: Gesellschaftsrecht, § 19 III 3 (S. 557).

Partei des mitgliedschaftlichen Rechtsverhältnisses".[162] *Beuthien* betont, dass es sich um die Stellung in einem „*pflichthaltigen*" Rechtsverhältnis handelt.[163]

Hadding bezeichnet dieses Rechtsverhältnis als das „*Gesellschaftsverhältnis*".[164] Die Mitgliedschaft sei die Stellung des einzelnen Gesellschafters als Partner des Gesellschaftsverhältnisses, d.h. als Beteiligter an den Rechtsverhältnissen zur offenen Handelsgesellschaft oder zur Kommanditgesellschaft und zu den anderen Gesellschaftern.[165] Da das Gesellschaftsverhältnis als Entstehungsgrundlage fortlaufend neue Rechte und Pflichten des Gesellschafters hervorbringen könne, könne die Mitgliedschaft auch als aktuelle und potentielle Trägerschaft von Rechten und Pflichten des einzelnen Gesellschafters auf Grund des Rechtsverhältnisses zur offenen Handelsgesellschaft oder Kommanditgesellschaft und den Mitgesellschaftern gekennzeichnet werden. Das Gesellschaftsverhältnis enthalte aber auch die Organisationsregelung, d.h. die Zuständigkeitsverteilung unter den Gesellschaftern hinsichtlich der Geschäftsführung und Vertretung sowie die Art und Weise der Gesamtwillensbildung. Außerdem umfasse das Gesellschaftsverhältnis das Gesamthandsverhältnis der Gesellschafter, soweit durch Beitragspflichten der Gesellschafter und aufgrund für die Gesellschaft erworbener Gegenstände ein Gesellschaftsvermögen bestehe.[166]

(ii) Mitgliedschaft als subjektives Recht

Ein subjektiv-rechtlicher Charakter wird der Mitgliedschaft zunächst wegen ihrer Einheitlichkeit zugeschrieben, weil in ihr nach herrschender Meinung sämtliche mitgliedschaftlichen Befugnisse zu einer in sich geschlossenen Position gebündelt werden.[167] Von einem subjektiv-rechtlichen Charakter der Mitgliedschaft

---

162 Nach *Habersack*, in: Die Mitgliedschaft, S. 62, 98, ist die Mitgliedschaft nicht nur subjektives Rechts, sondern „*zuvörderst die Stellung als Partei des mitgliedschaftlichen, durch Abschluss des Gesellschaftsvertrags bzw. der Satzung, durch Beitritt zum Verband oder durch derivativen Erwerb der Mitgliedschaft begründetes Rechtsverhältnis*"; vgl. auch *Beuthien*, Zur Grundlagenungewissheit des deutschen Gesellschaftsrechts, NJW 2005, 855 ff.; *Hadding*, in: Soergel, Bürgerliches Gesetzbuch, § 705 Rn. 46.

163 *Beuthien*, Zur Grundlagenungewissheit des deutschen Gesellschaftsrechts, NJW 2005, 855 ff.

164 *Hadding*, in: Soergel, Bürgerliches Gesetzbuch, § 705 Rn. 46.

165 *Hadding*, Die Mitgliedschaft in handelsrechtlichen Personalgesellschaften – Ein subjektives Recht?, in: Festschrift für Rudolf Reinhardt, S. 262.

166 Vgl. *Hadding*, in: Soergel, Bürgerliches Gesetzbuch, § 705 Rn. 46.

167 *Habersack*, in: Die Mitgliedschaft, S. 98, 101; *Lutter*, Theorie der Mitgliedschaft – Prolegomena zu einem Allgemeinen Teil des Korporationsrechts, in: AcP 180 (1980) S. 101 f.; *K. Schmidt*, in: Gesellschaftsrecht, § 19 I 3 b (S. 550).

wird daher gesprochen, soweit sie *„jedem Mitglied als „seine Mitgliedschaft", also als „sein gutes (also: subjektives) Recht" zusteht"*.[168]

Nach *Habersack* handelt es sich bei der Mitgliedschaft um ein subjektives Recht sui generis, das die mit der Stellung als Mitglied kraft Gesetzes bzw. kraft der Verbandsverfassung verbundenen Teilhabe- und Schutzrechte ebenso wie die einer Mitgliedschaft immanenten Förderungs- und Loyalitätspflichten zu einer rechtlichen Einheit zusammenführe. Die Mitgliedschaft sei insoweit nicht mit den bekannten Grundtypen des subjektiven Rechts (Sachen-, Immaterial-, Forderungs- und Gestaltungsrechten) vergleichbar. Ihr fehle es an der den Sachen- und Immaterialgüterrechten eigenen Zuweisung eines außerhalb ihrer selbst liegenden Gegenstands im herkömmlichen Sinne, weil die Teilhabe am Verband weder ein körperlicher Gegenstand noch ein einem Geisteswerk oder der Erfindung vergleichbares Gut sei. Von den Forderungsrechten unterscheide sich die Mitgliedschaft bereits dadurch, dass sie durch die vermittelte Stellung im Verband keine von den übrigen Mitgliedern oder vom Verband zu erbringende Leistung darstelle, sondern im Rahmen der Vorgaben der Verbandsverfassung vom Mitglied selbst zu verwirklichen sei. So dominierten in der Mitgliedschaft die gestalterischen Elemente. Schließlich könne die Mitgliedschaft auch nicht als Gestaltungsrecht bezeichnet werden, weil ihr Charakter eine quantitativ, inhaltlich und zeitlich gänzlich unbestimmte Gesamtheit von Mitwirkungs- und Gestaltungsbefugnissen zusammen mit sonstigen mitgliedschaftlichen Elementen zu einer einheitlichen Position bündele.[169]

Die Mitgliedschaft als subjektives Recht wird als Recht mit personenrechtlichem und vermögensrechtlichem Doppelcharakter aufgefasst.[170] Nach Habersack hat die Mitgliedschaft personenrechtlichen Charakter, soweit sie die allgemeine, von der Ausübung der mitgliedschaftlichen Rechte im Einzelfall abstrahierende Befugnis verkörpert, an der Willensbildung eines eigenständigen, wenn auch auf einem Teil der Individualsphäre seiner Mitglieder basierenden Subjekts mitzuwirken und dessen „Leben" zu gestalten. Bei Verbänden mit vermögensmäßiger Berechtigung der Mitglieder trete zu dieser personenrechtlichen Seite ein vermögensrechtliches Element, das sich in einem Recht auf „Entwidmung" des Vermögensbeitrags sowie der Erträge und damit auf Aktualisierung der in der Mitgliedschaft verkörperten, auf Auszahlung des

---

168 *K. Schmidt*, in: Die Vereinsmitgliedschaft als Grundlage von Schadenersatzansprüchen, JZ 1991, S. 157 f.

169 *Habersack*, in: Die Mitgliedschaft, S. 99.

170 Vgl. beispielsweise *Flume*, in: Die Personengesellschaft, § 9 S. 127; *Habersack*, in: Die Mitgliedschaft, S. 98 ff. und Wiedemann, in: Übertragung, S. 39.

Auseinandersetzungsguthabens sowie des anteiligen Jahresgewinns gerichteten Stammrechte manifestiere. Ebenso wie die ihnen entsprechenden, auf Teilhabe und Schutz gerichteten Stammrechte gingen diese vermögensrechtlichen Stammrechte als unselbständige Bestandteile in der Mitgliedschaft auf. Auch diese seien also mit der Mitgliedschaft identisch und infolge dessen untrennbar mit ihr verbunden. Die personen- und vermögensrechtlichen Seiten der Mitgliedschaft seien nicht von einander trennbar und gingen vielmehr als wesentliche Bestandteile einer einheitlichen Rechtsposition ineinander über.[171]

Gegen den subjektiv-rechtlichen Charakter der Mitgliedschaft wird zum einen eingewendet, dass die Mitgliedschaft wegen der erheblichen Pflichten, welche sie ihren Mitgliedern auferlegt, insgesamt kein subjektives Recht sein könne. Auch lasse sich der komplexe Rechts- und Pflichtengehalt einer Mitgliedschaft nicht zu einem einzigen subjektiven Gesamtrecht verdichten. Die Zusammenfassung subjektiver Rechte und Pflichten zu einem „*einheitlichen Pflichtrecht*" sei insgesamt schwer vorstellbar.[172] Darüber hinaus wendet sich vor allem *Hadding* gegen die von der herrschenden Meinung angenommene „*Doppelnatur*" der Mitgliedschaft als subjektivem Recht und Rechtsverhältnis mit dem Argument, dass das geltende Recht zwischen dem einzelnen subjektiven Recht und dem Rechtsverhältnis, aus dem die einzelnen subjektiven Rechte und Rechtspflichten hervorgehen, streng unterscheide. Die Stellung des einzelnen Gesellschafters als Partner des Gesellschaftsverhältnisses, dem Rechtsverhältnis zur offenen Handelsgesellschaft oder zur Kommanditgesellschaft und zu den anderen Gesellschaftern, könne deshalb nicht zugleich ein subjektives Recht sein.[173]

Demgegenüber sieht die überwiegende Auffassung keinen Widerspruch darin, die Mitgliedschaft gleichzeitig als Rechtsverhältnis und subjektives Recht zu verstehen, weil es das Wesen eines subjektiven Rechts sei, dass es ausschließlich im Rechtsverhältnis existiert und dessen berechtigende Seite beschreibt.[174] Mit dem Einheitsbegriff Mitgliedschaft würden verschiedene Dinge benannt, weshalb die vermeintliche Widersprüchlichkeit der Auffassung rein terminologische

---

171 *Habersack*, in: Die Mitgliedschaft, S. 101.

172 *Beuthien*, Zur Mitgliedschaft als Grundbegriff des Gesellschaftsrechts, in: Festschrift für Herbert Wiedemann, S. 757 f.

173 *Hadding*, Die Mitgliedschaft in der handelsrechtlichen Personengesellschaft – Ein subjektives Recht? in: Festschrift für Rudolf Reinhardt, S. 259 ff.; ähnlich auch *Beuthien*, a.a.O., S. 757 f.

174 *Habersack*, in: Die Mitgliedschaft, S. 98.

Gründe habe.[175] Aus der Mitgliedschaft resultierten sowohl das mitgliedschaftliche Rechtsverhältnis als auch die subjektiv-rechtliche Position des Mitglieds. Ebenso stehe es der Einordnung als subjektives Recht nicht entgegen, dass mit der Mitgliedschaft Verpflichtungen verbunden seien. Auch die Mitgliedschaft in einer juristischen Person sei mit einem Rechtsverhältnis zwischen dem Mitglied und der juristischen Person verbunden, das nicht nur Rechte, sondern auch Verpflichtungen des Mitglieds zum Inhalt haben könne.[176] Gleiches gelte im Übrigen für das Eigentum.[177]

(iii) Mitgliedschaft als Rechtsgegenstand

Schließlich wird die Mitgliedschaft im Hinblick auf ihre Übertragbarkeit auch als Rechtsgegenstand bezeichnet.[178] *K. Schmidt* stellt dazu fest, dass erst die Anerkennung als Rechtsgegenstand die Mitgliedschaft als taugliches Objekt von Verfügungen, von Vollstreckungsmaßnahmen und – wo dies zugelassen ist – als ein vererbliches Gut erscheinen lassen.[179] *Beuthien* wendet sich hiergegen mit dem Argument, dass die Mitgliedschaft kein Rechtsgegenstand sei, weil sie auch Pflichten enthalte.[180]

(iv) Stellungnahme

Sämtliche Literaturmeinungen betrachten die Mitgliedschaft in einer Personengesellschaft entweder als ein Rechtsverhältnis oder als Stellung in einem (pflichthaltigen) Rechtsverhältnis. Obgleich es *Beuthien* für problematisch hält, dass die Mitgliedschaft *„sowohl als subjektives Recht als auch als Rechtsverhältnis oder sowohl als subjektives Recht als auch als Stellung im Rechtsverhältnis oder sogar als alles drei"*[181] begriffen wird, sind die tatsächlichen Differenzen zwischen den Auffassungen gering.

---

175 *K. Schmidt*, in: Die Vereinsmitgliedschaft als Grundlage von Schadenersatzansprüchen, JZ 1991, S. 157, 158.

176 *Flume*, in: Die Personengesellschaft, § 9, S. 127.

177 *Habersack*, in: Die Mitgliedschaft, S. 98.

178 Wohl h.M., vgl. etwa *K. Schmidt*, in: Gesellschaftsrecht, § 19 IV 1 (S. 563); *Habersack*, in: Die Mitgliedschaft, S. 14; *Lutter*, Theorie der Mitgliedschaft – Prolegomena zu einem Allgemeinen Teil des Korporationsrechts, in: AcP 180 (1980), S. 84 ff.

179 *K. Schmidt*, in: Gesellschaftsrecht, § 19 IV 1 (S. 563).

180 *Beuthien*, Zur Mitgliedschaft als Grundbegriff des Gesellschaftsrechts, in: Festschrift für Herbert Wiedemann, S. 754, 767.

181 *Beuthien* in: Zur Mitgliedschaft als Grundbegriff des Gesellschaftsrechts, in: Festschrift für Herbert Wiedemann, S. 757.

Da sich aus der Sonderrechtsbeziehung zwischen den Mitgliedern und der Gesellschaft sowie zwischen den Mitgesellschaftern eine Fülle von Rechtsbeziehungen ergeben, entspricht die Mitgliedschaft der Definition des Rechtsverhältnisses als *„Inbegriff von Berechtigungen und Verpflichtungen, die zu einem Organismus und Gefüge miteinander verbunden sind und dessen einzelne Elemente subjektive Rechte, Befugnisse, Pflichten und Gebundenheiten manigfaltiger Art sind"*.[182]

Wie die meisten Rechtsverhältnisse besteht die Mitgliedschaft nicht nur aus einer einzigen Beziehung, sondern aus einem Konglomerat einander zugeordneter Rechtsbeziehungen. Die Stellung des einzelnen Gesellschafters in diesem Gefüge von Einzelbeziehungen macht somit seine Stellung in dem Rechtsverhältnis Mitgliedschaft aus.[183] Ob man die Mitgliedschaft selbst als Rechtsverhältnis betrachtet oder – aus Sicht des jeweiligen Gesellschafters – als Stellung des Gesellschafters in diesem Rechtsverhältnis, ist deshalb kein sachlicher Unterschied, sondern nur eine Frage der jeweiligen Perspektive.

Auch die Klarstellung, die *Beuthien* im Hinblick auf die in der Mitgliedschaft enthaltenen Pflichten vornimmt, indem er die Stellung des Gesellschafters als *„Stellung im pflichthaltigen Rechtsverhältnis"* bezeichnet, stellt nur scheinbar einen Gegensatz zu den übrigen Auffassungen dar. Es liegt in der Natur eines Rechtsverhältnisses und dürfte daher die Regel sein, dass es – neben mindestens einem Recht – auch Pflichten enthält.

Die in der Literatur vorgebrachten Auffassungen divergieren auch nur scheinbar, wenn und soweit es um die Frage geht, ob die Mitgliedschaft (auch) ein Rechtsgegenstand ist. Während *Lutter* in besonderer Weise die Vergegenständlichung des Rechtsverhältnisses der Mitgliedschaft hervorhebt und auch *K. Schmidt* und *Habersack* die Mitgliedschaft als Rechtsgegenstand bezeichnen,[184] argumentiert *Beuthien*, dass die Mitgliedschaft wegen der in ihr enthaltenen Pflichten kein Rechtsgegenstand sei.[185] Dass die Mitgliedschaft als Rechtsverhältnis auch Pflichten enthält, erkennen indes auch die Vertreter, die die Gegenständlichkeit der Mitgliedschaft bejahen. Die gegensätzlichen Auffassungen dürften daher in einem unterschiedlichen Verständnis des Begriffes Rechtsgegenstand

182 *Larenz/Wolf*, Allgemeiner Teil des Bürgerlichen Rechts, § 13 Rn. 5 (S. 227).

183 Weitergehend zum Begriff des Rechtsverhältnisses vgl. *Larenz/Wolf*, Allgemeiner Teil des Bürgerlichen Rechts, § 13 Rn. 1 ff. (S. 225 ff.).

184 *K. Schmidt*, in: Gesellschaftsrecht, § 19 IV 1 (S. 563); *Habersack*, in: Die Mitgliedschaft S. 104.

185 *Beuthien*, Zur Mitgliedschaft als Grundbegriff des Gesellschaftsrechts, in: Festschrift für Herbert Wiedemann, S. 754, 767.

begründet sein und erscheinen nicht als Ausdruck einer tieferen dogmatischen Auseinandersetzung.

Der Begriff Rechtsgegenstand wird in einem zweifachen Sinn gebraucht. Zum einen kann er den Gegenstand eines Herrschafts- oder Nutzungsrechts bezeichnen. Als Objekte von Rechten und damit als Rechtsobjekte im engeren Sinne werden solche Gegenstände auch als Rechtsgegenstände erster Ordnung bezeichnet.[186] Daneben wird Rechtsgegenstand auch als Bezeichnung für Objekte verwendet, über die ein Rechtssubjekt durch Rechtsgeschäft verfügen kann. Solche Verfügungsobjekte werden auch Rechtsgegenstände zweiter Ordnung genannt.[187] Zu den Rechtsgegenständen zweiter Ordnung gehören sämtliche Rechte und Rechtsverhältnisse, über die verfügt werden kann, wie etwa Forderungen, die abgetreten werden können, oder Vertragsverhältnisse, die ebenfalls übertragen werden können.[188]

In gesetzlichen Bestimmungen, zum Beispiel in § 185 Abs. 1 BGB oder § 816 BGB, wird Gegenstand (im Sinne eines Rechtsgegenstandes) terminologisch zumeist für Objekte einer rechtsgeschäftlichen Verfügung verwendet. In § 90 BGB wird Gegenstand dagegen als Oberbegriff für Sachen und Rechte gebraucht. Derweil betonen diejenigen, die die Mitgliedschaft als Rechtsgegenstand bezeichnen, damit deren Charakter als Verfügungsobjekt und gebrauchen den Begriff Rechtsgegenstand im Sinne der vorstehenden Definition als Rechtsgegenstand zweiter Ordnung. So spricht *K. Schmidt* etwa davon, dass erst die Anerkennung als Rechtsgegenstand die Mitgliedschaft als taugliches Objekt von Verfügungen erscheinen lasse.[189] Wenn *Beuthien* ausführt, die Mitgliedschaft sei kein Rechtsgegenstand, geht er offenbar von einem Verständnis der Mitgliedschaft als Rechtsgegenstand erster Ordnung aus. Denn auch er ist der Auffassung, dass

---

186 Vgl. hierzu *Larenz/Wolf*, Allgemeiner Teil des Bürgerlichen Rechts, 8. Auflage, § 20 Rn. 1 (S. 383).

187 *Larenz/Wolf*, Allgemeiner Teil des Bürgerlichen Rechts, 8. Auflage, § 20 Rn. 1 (S. 383).

188 Nach wohl überwiegender Meinung können auch Rechtsverhältnisse Gegenstände von Verfügungen sein. Unter Verfügung wird nach dem Bundesgerichtshof ein Rechtsgeschäft verstanden, das unmittelbar darauf gerichtet ist, auf ein bestehendes Recht einzuwirken, es zu verändern, zu übertragen oder aufzuheben, BGHZ 75, 221, 226 = NJW 1980, 175; BGHZ 101, 24 = NJW 1987, 3177; *Hadding* (in: Soergel, Bürgerliches Gesetzbuch, § 719 Rn. 14) ist deshalb der Auffassung, dass lediglich über Rechte, nicht jedoch über Rechtsverhältnisse, verfügt werden könne. Der Bundesgerichthof hat dagegen in BGHZ 44, 229, 231 = NJW 1966, 499, 500 auch die Übertragbarkeit eines ganzen Schuldverhältnisses anerkannt.

189 *K. Schmidt*, in: Gesellschaftsrecht, § 19 IV 1 (S. 563).

über die Mitgliedschaft insgesamt verfügt werden kann.[190] Damit versteht letztlich auch *Beuthien* sie als ein Verfügungsobjekt und damit als Rechtsgegenstand zweiter Ordnung.

Hinsichtlich der Rechtsnatur der Mitgliedschaft sind bedeutsame Unterschiede der Literaturauffassungen somit lediglich in der Frage der Anerkennung ihres subjektiv-rechtlichen Charakters auszumachen, nicht aber hinsichtlich ihrer Eignung als Verfügungsobjekt.[191]

(2) Rechtsprechung des Bundesgerichtshofes

Der Bundesgerichtshof hat zur Rechtsnatur der Mitgliedschaft in einer Personengesellschaft bislang noch nicht ausdrücklich Stellung genommen. Seit der grundsätzlichen Anerkennung der Übertragbarkeit eines Gesellschaftsanteils an einer Personengesellschaft durch das Reichsgericht im Jahr 1944[192] haben sich aber zunächst das Reichsgericht und später dann der Bundesgerichtshof in einigen Entscheidungen, die sich vornehmlich mit Fragen der Rechtsnachfolge kraft gesellschaftsrechtlicher Nachfolgeklausel und der Übertragung von Personengesellschaftsanteilen befassen, angelegentlich zu dieser Thematik geäußert.

Eine Betrachtung der insoweit relevanten Rechtsprechung des Bundesgerichtshofs lässt eine Entwicklung im Verständnis der Mitgliedschaft in einer Personengesellschaft von einem schlichten Schuldverhältnis hin zu einem komplexen, einheitlich übertragbaren Rechtsverhältnis erkennen, in dem sich sowohl sämtliche Vermögens- und Verwaltungsrechte als auch die mit dem Mitgliedschaft verbundenen Verpflichtungen vereinigen.[193]

In den frühen Entscheidungen zur Anteilsübertragung wird die Gesellschaft noch als schlichtes Schuldverhältnis aufgefasst, das die Grundlage für die „*Mitgliedschaft*" im Sinne einer Beteiligung an dem Schuldverhältnis liefert und zu dem die unmittelbare Berechtigung der Gesellschafter am gemeinschaftlichen Vermögen tritt. So bezeichnete der Zweite Zivilsenat des Bundesgerichtshofes im Jahr 1954 im Zusammenhang mit der Anerkennung der Übertragung des Anteils an einer Personengesellschaft und anlässlich der Frage nach den Rechtsfolgen

---

190 *Beuthien*, Zur Mitgliedschaft als Grundbegriff des Gesellschaftsrecht, in: Festschrift für Herbert Wiedemann, S. 758.

191 Eine Ausnahme bildet *Hadding*, der annimmt, dass eine Verfügung nur über ein einzelnes Recht möglich ist und daraus schließt, dass es eine wirksame Verfügung über eine Vertragsposition im geltenden Recht nicht gibt. Vgl. hierzu näher Darstellung auf Seite 76.

192 RG DNotZ 1944, 195 ff.

193 Ausführlich hierzu *Habersack*, in: Die Mitgliedschaft, S. 38 f.

der Übertragung eines Gesellschaftsanteils an einer Kommanditgesellschaft, die ohne die dazu erforderliche Zustimmung der übrigen Gesellschafter vorgenommen wurde, die übrigen Gesellschafter als „*Vertragspartner*". Wegen des aus dem Gesellschaftsvertrag erwachsenden Vertrauensverhältnisses und wegen der besonderen vertraglichen Bindung der Gesellschafter untereinander könne diesen nicht ohne weiteres an Stelle des bisherigen Gesellschafters ein Dritter als Vertragspartner aufgezwungen werden.[194] Der Senat führte in dieser Entscheidung weiter aus, dass die Abtretung des Gesellschaftsanteils einen „*Eingriff in ein bestehendes Vertragsverhältnis, nämlich eine Änderung dieses Vertragsverhältnisses*" darstelle, welche der Zustimmung der Vertragspartner bedürfe, wenn hierzu nicht schon im Gesellschaftsvertrag eine allgemeine Zustimmung oder eine Zustimmung für besondere Fälle erteilt worden sei.[195]

Unter Bezugnahme auf dieses Urteil bestätigte der Zweite Zivilsenat in einer Entscheidung aus dem Jahr 1965, dass sich ein Mitgliederwechsel in einer Personenhandelsgesellschaft auch in der Weise vollziehen könne, dass ein Gesellschafter seinen Gesellschaftsanteil (mit Zustimmung der übrigen Gesellschafter) an einen Dritten abtritt, mit der Folge, dass dieser wie bei jeder Abtretung (derivativer) Rechtsnachfolger des Veräußerers wird. Der Senat berief sich zur Begründung seinerzeit darauf, dass im Schrifttum anerkannt sei, dass nicht nur die Abtretung einzelner Forderungen, „*sondern auch die Übertragung eines ganzen Schuldverhältnisses in der Weise rechtlich möglich und zulässig (ist), daß der Erwerber als neue Vertragspartei an die Stelle des bisherigen Vertragspartners tritt.*"[196]

In späteren Entscheidungen des Bundesgerichtshofes wird der Gesellschaftsanteil mit der „*Gesamtheit der Rechte und Pflichten*" des Gesellschafters gleichgesetzt, in der die Berechtigung in Bezug auf das Gesellschaftsvermögen aufgeht. Ihren Anfang findet diese Rechtsprechung im Jahr 1972. Im Zusammenhang mit dem Fall einer Übertragung eines Kommanditanteils führt der Zweite Zivilsenat damals aus, der Erwerber des Gesellschaftsanteils setze das Gesellschaftsverhältnis fort und rücke in die Rechtsstellung des bisherigen Gesellschafters ein. Hieraus ergebe sich, dass im Interesse der Rechtssicherheit und -klarheit auch alle Rechte und Pflichten des bisherigen Gesellschafters, die im Gesellschaftsvertrag ihre Grundlagen haben, grundsätzlich dem neuen Gesellschafter zustehen müssen.[197]

---

194 BGHZ 13, 179, 184.
195 BGHZ 13, 179, 184.
196 BGHZ 44, 229, 231 = NJW 1966, 499, 500.
197 BGH NJW 1973, 328.

Drei Jahre später bezeichnet derselbe Senat das Mitgliedschaftsrecht im Zusammenhang mit einer offenen Handelsgesellschaft als den *„Inbegriff aller Rechtsbeziehungen eines Gesellschafters zur Gesellschaft, zu deren Vermögen und zum Mitgesellschafter“* und spricht in seiner Entscheidung des Weiteren von sämtlichen *„zur Mitgliedschaft gehörenden Rechten, Pflichten, Ansprüchen und Schulden“*.[198]

In einer Entscheidung aus dem Jahr 1977 ist von der *„Mitgliedschaft“* in einer Kommanditgesellschaft die Rede. Die Mitgliedschaftsrechte werden in diesem Zusammenhang als *„Bündel“* von Rechten und Pflichten bezeichnet.[199]

Schließlich führt der Zweite Zivilsenat in seiner Entscheidung vom 29. Juni 1981,[200] deren wesentliche Kernaussagen eingangs dieser Arbeit zitiert wurden, aus, der Gesellschafter einer Personengesellschaft könne seinen Gesellschaftsanteil, den er sogleich als „die Mitgliedschaft“ bezeichnet, mit Zustimmung der übrigen Gesellschafter auf einen Mitgesellschafter oder auf eine dritte Person durch *„Verfügungsgeschäft“* mit der Wirkung übertragen, dass der Erwerber, wenn nichts anderes geregelt ist, ohne weiteres in die Rechtsstellung eintritt, die bis dahin der Veräußerer innehatte.

Demnach ist also der Gesellschaftsanteil im Sinne der fortentwickelten Rechtsprechung des Bundesgerichtshofes ein einheitlicher Gegenstand, der nicht nur sämtliche Vermögens- und Verwaltungsrechte, sondern auch die mit der Gesellschafterstellung verbundenen Verpflichtungen in sich vereint, unter diesem Blickwinkel als Mitgliedschaft bezeichnet wird und als solche auf einen Erwerber übergehen kann.

Ulmer hat offenbar angenommen, der Entscheidung des Zweiten Zivilsenats vom 29. Juni 1981 sei zu entnehmen, dass der Senat mit der Möglichkeit der Veräußerung des Gesellschaftsanteils diesen als ein *„selbständiger Verfügung fähiges Recht“* und damit letztlich als ein subjektives Recht anerkannt hat.[201]

Ob die Anerkennung der Mitgliedschaft in einer Personengesellschaft als subjektives Recht durch die höchstrichterliche Rechtsprechung aus der genannten Entscheidung tatsächlich abgeleitet werden kann, erscheint jedoch fraglich. Die Annahme des Senats, die Mitgliedschaft werde durch Verfügungsgeschäft

198 In BGHZ 65, 79, 82 = NJW 1975, 1774, 1775.

199 BGHZ 68, 225, 232 = NJW 1977, 1339.

200 BGHZ 81, 82, 84.

201 Jedenfalls zitiert *Ulmer* (in: Gesellschaft bürgerlichen Rechts, § 719 Rn. 22) die genannte Entscheidung als Teil der herrschenden Meinung, welche die Veräußerung des Gesellschaftsanteils als Rechtsgeschäft über ein selbständiger Verfügung fähiges Recht betrachte.

übertragen, lässt vielmehr auch die Möglichkeit einer Übertragung durch Vertragsübernahme zu, die nach wohl überwiegender Ansicht ebenfalls eine Verfügung ist.[202]

Für die Annahme, dass der Bundesgerichtshof im Sinne von *Ulmer* von einer Übertragung der Mitgliedschaft als subjektives Recht ausgeht, spricht zunächst die Bezeichnung des Übertragungsvorgangs als Abtretung. Die in § 398 BGB geregelte Abtretung ist ein Vertrag zwischen dem bisherigen Gläubiger und dem neuen Gläubiger, durch den der bisherige Gläubiger eine Forderung oder – gemäß §§ 398 i.V.m. 413 BGB – ein anderes Recht auf den neuen Gläubiger überträgt. Die Verwendung des Begriffs der Abtretung könnte damit Rückschlüsse auf die Betrachtung des Verfügungsobjekts zulassen, nach dem sich die Übertragungsart zu bestimmen hat.

Gegen diese Annahme spricht jedoch, dass der Bundesgerichtshof die Übertragung eines Gesellschaftsanteils bereits in zwei früheren Entscheidungen aus den Jahren 1954[203] und 1965[204] als Abtretung bezeichnet hat. In diesen beiden Entscheidungen des Zweiten Senats weisen die weiteren Ausführungen aber deutlich auf ein Verständnis der Mitgliedschaft als reines Vertrags- bzw. Schuldverhältnis hin. In der älteren Entscheidung ist von den Mitgesellschaftern des Veräußerers einer Kommanditbeteiligung als „*Vertragspartner*" die Rede und von der Abtretung eines Gesellschaftsanteils als „*Eingriff in ein bestehendes Vertragsverhältnis*". In der bereits erwähnten Entscheidung aus dem Jahr 1965 führt der Senat unter Berufung auf seine frühere Rechtsprechung aus, er habe bereits entschieden, dass sich ein Mitgliederwechsel auch in der Weise vollziehen könne, dass ein Gesellschafter seinen Gesellschaftsanteil (mit Zustimmung der übrigen Gesellschafter) an einen Dritten abtritt mit der Folge, dass dieser wie bei jeder Abtretung (derivativer) Rechtsnachfolger des Veräußerers wird. Er bezieht sich im Folgenden darauf, dass im Schrifttum anerkannt sei, dass nicht nur die Abtretung einzelner Forderungen, sondern auch die „*Übertragung eines ganzen*

202 Vgl. etwa BGH NJW 85, 2528; *Larenz/Wolf*, Allgemeiner Teil des Bürgerlichen Rechts, § 13 III 3 (S. 268); *Nörr*, Sukzessionen, § 17 III 2 (S. 253 f.); ebenso *Busche*, in: Staudinger, Kommentar zum BGB, Einleitung vor § 398 Rn. 198 und *Habersack*, in: Die Mitgliedschaft, S. 40 Fn. 63; a.A: *Hadding*, Die Mitgliedschaft in handelsrechtlichen Personengesellschaften – Ein subjektives Recht? in: Festschrift für Rudolf Reinhardt, S. 259 ff.

203 BGHZ 13, 179, 186.

204 BGHZ 44, 229, 231.

Schuldverhältnisses in der Weise rechtlich möglich und zulässig sei, dass der Erwerber als neue Vertragspartei an die Stelle des bisherigen Vertragspartners tritt.“[205]

Eine Abtretung im Sinne der §§ 398, 413 BGB und damit im Sinne einer Verfügung über das subjektive Recht Mitgliedschaft dürfte in diesen beiden Entscheidungen daher nicht gemeint gewesen sein. Denn nach den Bestimmungen der §§ 398, 413 BGB werden nur Forderungen und Rechte mittels Abtretung übertragen, nicht dagegen ganze Schuld- oder Rechtsverhältnisse. Es ist zwar möglich, dass eine Rechtsposition zugleich ein subjektives Recht und ein Rechtsverhältnis ist. Die Übertragung einer Rechtsposition hat aber entweder durch Abtretung oder durch Vertragsübernahme zu erfolgen.

Vor diesem Hintergrund liegt es nicht fern anzunehmen, dass der Bundesgerichtshof die Bezeichnung des Übertragungsvorgangs als „*Abtretung*“ – in Anlehnung an die Übertragung von Anteilen an Kapitalgesellschaften untechnisch und lediglich als Synonym für die Übertragung eines Anteils verwandt hat, ohne hierdurch zugleich den subjektiv-rechtlichen Charakter der Mitgliedschaft bejahen zu wollen.[206]

Eine Gesamtschau der genannten Rechtsprechung spricht jedenfalls eher dafür, dass zumindest die Rechtsprechung des für Gesellschaftsrecht zuständigen Zweiten Zivilsenats auf der Annahme beruht, die Mitgliedschaft in einer Personengesellschaft sei zwar ein der Verfügung zugänglicher einheitlicher Gegenstand, nicht aber notwendiger Weise ein subjektives Recht.[207]

bb) Zur Rechtsnatur der Anteilsübertragung

Der Bundesgerichtshof hat sich bislang nicht ausdrücklich zur Frage der Rechtsnatur der Übertragung von Personenhandelsgesellschaftsanteilen geäußert. Die Analyse der Rechtsprechung des Zweiten Zivilsenats zur Rechtsnatur des Anteils an einer Personenhandelsgesellschaft legt aber, ebenso wie der nachfolgend zitierte Auszug aus einer Entscheidung des Zweiten Zivilsenats, aus den vorstehend auf Seite 68 ff. dargelegten Erwägungen nahe, dass er – trotz der darin enthaltenen Verwendung des Begriffs Abtretung – von einer Übertragung der

---

205 Offenbar geht auch *K. Schmidt* davon aus, dass der Bundesgerichtshof in den beiden genannten Entscheidungen von der Übertragung der Mitgliedschaft durch Vertragsübernahme ausgeht. In der Kommentierung zu § 741 BGB verweist er im Münchener Kommentar zur Vertragsübernahme auf die Entscheidung BGHZ 44, 229, 231.

206 Vgl. *Beuthin*, Zur Mitgliedschaft als Grundbegriff des Gesellschaftsrechts, in: Festschrift für Herbert Wiedemann, S. 760, zur Unbeachtlichkeit einer unschädlichen Falschbezeichnung im Hinblick auf die Abtretung von Mitgliedschaften.

207 So auch *Habersack*, in: Die Mitgliedschaft, S. 40.

Mitgliedschaft als Rechtsverhältnis vom Veräußerer auf den Erwerber ausgeht, was dort wie folgt zum Ausdruck kommt:

> „(...) *Ein solcher Mitgliederwechsel kann sich, wie der erkennende Senat bereits entschieden hat (vgl. BGHZ 13, 187 = NJW 54, 1155), auch in der Weise vollziehen, daß ein Gesellschafter seinen Gesellschaftsanteil (mit Zustimmung der übrigen Gesellschafter) an einen Dritten abtritt, mit der Folge, daß dieser wie bei jeder Abtretung (derivativer) Rechtsnachfolger des Veräußerers wird (...). Denn wie im Schrifttum anerkannt ist (...), ist nicht nur die Abtretung einzelner Forderungen, sondern auch die Übertragung eines ganzen Schuldverhältnisses in der Weise rechtlich möglich und zulässig daß der Erwerber als neue Vertragspartei an die Stelle des bisherigen Vertragspartners tritt.*"[208]

In der Rechtsliteratur werden – abhängig von der jeweiligen Auffassung zur Rechtsnatur der Mitgliedschaft, die die Rechtsnatur der Anteilsübertragung bestimmt[209] – unterschiedliche Auffassungen zur Übertragungsart der Mitgliedschaft vertreten.

(1) Übertragung als subjektives Recht

Obgleich die Mitgliedschaft in einer Personengesellschaft in der Literatur zumeist jedenfalls auch als Stellung in einem Rechtsverhältnis bzw. als Rechtsverhältnis betrachtet wird, geht die wohl herrschende Ansicht davon aus, dass der subjektiv-rechtliche Charakter der Mitgliedschaft für den Übertragungsvorgang in den Vordergrund tritt, so dass die Mitgliedschaft nicht als Rechtsverhältnis oder als Stellung in einem Rechtsverhältnis, sondern als subjektives Recht und damit durch Abtretung nach den §§ 398, 413 BGB übertragen wird.

Die Regelung des § 413 BGB, wonach die Vorschriften über die Übertragung von Forderungen auch auf die Übertragung anderer Rechte grundsätzlich entsprechend Anwendung finden, stellt klar, dass auch andere Rechte als Forderungen grundsätzlich durch Abtretung übertragbar sind. Für die Übertragung von subjektiven Rechten fehlt es aber an einer gesetzlich vorgesehenen einheitlichen Übertragungsdoktrin.[210] Das Gesetz geht von der Vorstellung eines für sich stehenden selbständigen subjektiven Rechts aus.[211] Nicht gesetzlich geregelt ist daher das Schicksal der Rechte und Pflichte, die mit einem zu übertragenden subjektiven Recht verbunden sind. Für die Bestimmung der Reichweite der

---

208 BGHZ 44, 229, 231 = NJW 1966, 499, 500; Hervorhebung durch die Verfasserin.

209 Siehe oben unter § 3 III b aa) (S. 56 ff.).

210 *Scheyhing*, in: Sukzessionen, § 14 I 2., S. 230.

211 *Scheyhing*, in: Sukzessionen, § 14 II, S. 232.

Rechtsnachfolge des Erwerbers der Mitgliedschaft in einer Personengesellschaft ist aber gerade dieses von entscheidender Bedeutung.

Ob mit der Übertragung eines Rechts auch die mit ihm verbundenen Rechte und Pflichten vom Zedenten auf den Zessionar übergehen, richtet sich nach allgemeiner Meinung nach der Beschaffenheit des subjektiven Rechts und seinem Verhältnis zu den anderen mit ihm verbundenen Rechte und Pflichten. Sind die in einer Rechtsstellung des Berechtigten enthaltenen Befugnisse und Belastungen mit dem Recht funktionsbedingt so eng verbunden, dass sie keine eigenständige Bedeutung haben und mit ihm eine untrennbare Einheit bilden, geht die Rechtsstellung des Berechtigten mit der Übertragung des Rechts grundsätzlich ihrem ganzen Inhalt nach auf den Rechtsnachfolger über.[212]

So gehen beispielsweise mit dem Eigentum auch die auf der Sache ruhenden öffentlichen Lasten und die ggf. mit dem Eigentum an dieser Sache verbundenen Beschränkungen auf den Eigentümer über, ohne dass es der Zustimmung der an der Übertragung nicht beteiligten Partei des Rechtsverhältnisses oder einer gesonderten Abrede zwischen Erwerber und Veräußerer bedarf.[213]

Das subjektive Recht ist daher nach Habersack ein grundsätzlich vollkommener, der Übertragung und Belastung zugänglicher Verfügungsgegenstand, der auch die Stellung des Berechtigten als Partei der mit dem Recht verbundenen Rechtsverhältnisse verkörpert, mit der Folge, dass die Verfügung über das Recht zugleich eine Verfügung über die mit dem Recht verbundenen Rechtsverhältnisse bewirkt.[214]

Für die Übertragung der Mitgliedschaft bedeutet dies, dass mit der Anerkennung ihres subjektiv-rechtlichen Charakters die mitgliedschaftlichen Rechtsverhältnisse in den Hintergrund treten. Die Stellung innerhalb der mitgliedschaftlichen Rechtsverhältnisse wird vielmehr im subjektiven Recht der Mitgliedschaft selbst verkörpert und damit vergegenständlicht.[215] Zum Übergang des mitgliedschaftlichen Rechtsverhältnisses auf den Erwerber der Mitgliedschaft bedarf es daher neben der Abtretung der Mitgliedschaft keiner gesonderten Verfügung.[216] Der Übergang dieses Rechtsverhältnisses vollzieht sich vielmehr automatisch und zugleich mit der Übertragung des subjektiven Rechts der Mitgliedschaft.

---

212 *Larenz/Wolf*, Allgemeiner Teil des Bürgerlichen Rechts, 8. Auflage, § 13 III 1.

213 *Larenz/Wolf*, Allgemeiner Teil des Bürgerlichen Rechts, § 13 III 2.

214 *Habersack*, in: Die Mitgliedschaft S. 104 ff., 106.

215 *Habersack*, in: Die Mitgliedschaft S. 106.

216 A.A. *Hadding*, Verfügung über Mitgliedschaftsrechte, in: Festschrift für Ernst Steindorff, S. 31, 39.

(2) Übertragung des Rechtsverhältnisses bzw. der Stellung im Rechtsverhältnis

Die Vertreter der Literatur, welche die Mitgliedschaft in einer Personengesellschaft ausschließlich als Rechtsverhältnis bzw. als Stellung in einem Rechtsverhältnis, nicht dagegen auch als subjektives Recht verstehen, nehmen an, dass die Mitgliedschaft entweder durch Verfügung[217] oder durch rein schuldrechtlich wirkende Vereinbarung[218] auf den Erwerber übergeht.

(i) Verfügung über das Rechtsverhältnis bzw. die Stellung im Rechtsverhältnis

Die mittlerweile wohl herrschende Meinung geht davon aus, dass nicht nur über Rechte, sondern auch über ganze Schuld- und Rechtsverhältnisse (dinglich) verfügt werden kann.[219] Zwar kennt das Gesetz mit der Abtretung und der Schuldübernahme lediglich Rechtsgeschäfte, durch die entweder die Stellung als Gläubiger oder als Schuldner einzelner Forderungen auf eine andere Person übertragen wird, nicht aber die Übertragung eines ganzen Schuldverhältnisses.[220] Wegen des praktischen Bedürfnisses, die Gesamtheit der aus einem Schuldverhältnis fließenden Rechte und Pflichten in einem einheitlichen Akt zu übertragen, hat sich im Wege der Rechtsfortbildung aber der mittlerweile allgemein anerkannte Grundsatz herausgebildet, dass die rechtsgeschäftliche Übertragung eines ganzen Schuldverhältnisses zulässig ist.[221] Bezeichnet wird

---

217 So *Beuthien*, Zur Mitgliedschaft als Grundbegriff des Gesellschaftsrechts, in: Festschrift für Herbert Wiedemann, S. 759 ff. *Lutter*, Theorie der Mitgliedschaft – Prolegomena zu einem Allgemeinen Teil des Korporationsrechts, in: AcP 180 (1980), S. 101 ff.

218 So *Hadding*, in: Soergel, Bürgerliches Gesetzbuch, § 719 Rn. 14.

219 Vgl. etwa BGH NJW 85, 2528; *Larenz/Wolf*, Allgemeiner Teil des Bürgerlichen Rechts, 8. Auflage, § 13 III 3 (S. 268); *Nörr*, Sukzessionen, § 17 III 2 (S. 253 f.); ebenso *Busche*, in: Staudinger, Kommentar zum BGB, Einleitung vor § 398 Rn. 198.

220 Dies dürfte daran liegen, *„dass die Gesetzesverfasser im Schuldverhältnis in erster Linie die Summe der dem einen oder dem anderen zustehenden Einzelforderungen, sowie die Summe der gegen ihn gerichteten Verbindlichkeiten gesehen haben"*. *Busche*, in: Staudinger, Kommentar zum BGB, Einleitung zu § 398 f., Rn. 201 m.w.N. Mittlerweile hat sich aber die Sichtweise durchgesetzt, dass das Schuldverhältnis die Gesamtheit der Rechtsbeziehungen zwischen Gläubiger und Schuldner ist. Das Schuldverhältnis wird daher auch als *„Organismus"* oder *„komplexe Einheit"* bezeichnet, vgl. etwa *Grüneberg*, in: Palandt, BGB, Einleitung vor § 241 m.w.N.

221 Vgl. etwa BGH NJW 85, 2528; *Larenz/Wolf*, Allgemeiner Teil des Bürgerlichen Rechts, § 13 III 3 (S. 268); *Nörr*, Sukzessionen, § 17 III 2 (S. 253 f.); ebenso *Busche*, in: Staudinger, Kommentar zum BGB, Einleitung vor § 398 Rn. 198.

der entsprechende Vertrag als *„rechtsgeschäftlicher Übernahmevertrag"* oder als dinglich wirkende *„Vertragsübernahme"*.[222]

Beuthien nimmt diesbezüglich an, dass sich die Mitgliedschaft, da sie weder ein subjektives Recht noch ein Rechtsgegenstand sei, nicht wie eine Forderung oder wie ein anderes Recht abtreten lasse. Als Stellung in einem Rechtsverhältnis stelle sie aber einen einheitlichen Verfügungsgegenstand dar, der grundsätzlich veräußerbar sei, weil nicht nur über Rechte verfügt werden könne, eine Verfügung vielmehr auch auf ein Rechtsverhältnis einwirken könne. In Betracht komme als Übertragungsakt *„eine Vertrags(stellungs)übernahme durch gesamtwirkenden Verfügungsvertrag"*.[223] In derselben Veröffentlichung führt *Beuthien* weiter aus, die Übertragung der Mitgliedschaft werde grundsätzlich bei allen Vereinigungen durch eine *„der Vertragsübernahme gleichende verfügungsvertragliche Mitgliedschaftsübernahme"* übertragen. Dieser Übertragungsvertrag stelle sich, je nach Blickwinkel, entweder als verfügungsvertragliche Mitgliedschaftsveräußerung oder als verfügungsvertragliche Mitgliedschaftsübernahme dar.

Auch die Veräußerung von GmbH-Geschäftsanteilen und Aktien sei in diesem Sinne zu begreifen. Mitgliedschaften würden mithin nicht abgetreten, sondern arteigen veräußert. Nach *Beuthien* handelt es sich um eine unschädliche Falschbezeichnung (*falsa demonstratio non nocet*), wenn die Beteiligten von der Abtretung der Mitgliedschaft sprechen.[224]

Lutter, der die Vergegenständlichung sämtlicher aktueller und potenzieller Rechte und Pflichten des Mitglieds im betreffenden Verband zu einer Einheit hervorhebt, enthält sich einer Aussage zur rechtlichen Konstruktion der Anteilsübertragung, betont aber, dass Rechte und Pflichten des Gesellschafters als Einheit in ihrer vergegenständlichten Form vom ausscheidenden Gesellschafter auf den Erwerber übergehen, der mit dem derivativen Erwerb der Mitgliedschaft in die rechtliche Sonderverbindung zwischen der Kooperation bzw. den Gesellschaftern und dem Veräußerer mit allen Rechten und Pflichten eintrete.[225]

Tatsächliche Unterschiede zwischen der Übertragung der Mitgliedschaft durch (dinglich wirkende) Vertragsübernahme und der Übertragung durch rechtsgeschäftlichen Verfügungsvertrag gibt es – ungeachtet der Formulierung

---

222 *Larenz/Wolf*, Allgemeiner Teil des Bürgerlichen Rechts, § 13 III 3 (S. 237 f.).

223 *Beuthien*, Zur Mitgliedschaft als Grundbegriff des Gesellschaftsrechts, in: Festschrift für Herbert Wiedemann, S. 758.

224 *Beuthien*, Zur Mitgliedschaft als Grundbegriff des Gesellschaftsrechts, in: Festschrift für Herbert Wiedemann, S. 760.

225 *Lutter*, Theorie der Mitgliedschaft – Prolegomena zu einem Allgemeinen Teil des Korporationsrechts, in: AcP 180 (1980), S. 98 ff.

von *Beuthien*, wonach die verfügungsvertragliche Mitgliedschaftsübernahme der Vertragsübernahme „*gleiche*", was darauf hindeutet, dass es rechtskonstruktive Unterschiede zwischen diesen beiden Übertragungsarten gibt – nicht. Die Vertreter beider Auffassungen gehen davon aus, dass über das Rechtsverhältnis Mitgliedschaft verfügt wird, so dass die Unterscheidung zwischen den scheinbar voneinander abweichenden Auffassungen letztlich rein begrifflicher Natur sein dürfte. Angesichts der Komplexität der Mitgliedschaft, die nach der herrschenden Meinung über ein reines Vertragsverhältnis hinausgeht, scheint es allerdings treffender, den Übertragungsvorgang als rechtsgeschäftlichen Übernahmevertrag zu bezeichnen.[226]

Im Ergebnis entspricht dies auch der von *Lutter* beschriebenen Übertragung der Mitgliedschaft als vergegenständlichtes Rechtsverhältnis. Dass *Lutter* die Betonung auf die Vergegenständlichung der Mitgliedschaft legt, dürfte aus der von ihm empfundenen Notwendigkeit herrühren, die Eigenschaft des Rechtsverhältnisses Mitgliedschaft als einheitliches Objekt rechtsgeschäftlicher Verfügung zu begründen.

(ii) Übertragung durch rein schuldrechtlich wirkende Vertragsübernahme

Unter Verfügung wird zwar ein Rechtsgeschäft verstanden, das unmittelbar darauf gerichtet ist, auf ein bestehendes Recht einzuwirken, es zu verändern, zu übertragen oder aufzuheben.[227] Wie bereits beschrieben, dürfte mittlerweile aber die Auffassung herrschend sein, die annimmt, dass neben Rechten auch Rechtsverhältnisse Gegenstand einer Verfügung sein können.[228] Hiergegen wendet sich *Hadding*, der weiterhin annimmt, dass eine Verfügung nach dem im BGB zugrunde gelegten Begriff nur über ein einzelnes Recht möglich sei und daraus

226 Von *Larenz*, (in: *Larenz/Wolf*, Allgemeiner Teil des Bürgerlichen Rechts, § 13 III 3 (S. 237 f.)) wird der Begriff des rechtsgeschäftlichen Übernahmevertrages synonym für die Vertragsübernahme gebraucht.

227 BGHZ 1, 304; 75, 226.

228 Vgl. *Larenz/Wolf*, Allgemeiner Teil des Bürgerlichen Rechts, § 23 IV 1 (S. 411 ff.); *Beuthien*, Zur Mitgliedschaft als Grundbegriff des Gesellschaftsrecht, in: Festschrift für Herbert Wiedemann, S. 758; ebenso BGHZ 68, 225, 31 und BGHZ 81, 82 (jeweils zur Übertragung von Gesellschaftsanteilen); *Nörr* (in: Sukzessionen, § 17 III 2) spricht von dem Vertragsverhältnis als unvollkommenem Verfügungsgegenstand, weil zwar die Übertragung eines Vertrages möglich sei, nach geltendem Recht (im Gegensatz zum Gesellschaftsanteil) aber weder die Bestellung eines Nießbrauchs an ihm noch seine Verpfändung möglich sei; dagegen bezieht *Hadding* den Verfügungsbegriff nur auf das einzelne subjektive Recht (in: Soergel, Bürgerliches Gesetzbuch, § 719 Rn. 14).

schließt, dass es eine wirksame Verfügung über eine Vertragsposition im geltenden Recht nicht gebe.[229] Dementsprechend ist die Vertragsübernahme nach *Hadding* lediglich eine rechtsgeschäftliche Nachfolge in die Stellung als Beteiligter eines Schuldverhältnisses durch Vertrag im Sinne von § 311 Abs. 1 BGB.[230]

(3) Stellungnahme

Wie zuvor im Rahmen der Stellungnahme zu den verschiedenen Auffassungen im Hinblick auf die Rechtsnatur der Mitgliedschaft dargelegt wurde, beschränkt sich die Auseinandersetzung zwischen den Literaturmeinungen letztlich auf die Frage der Anerkennung des subjektiv-rechtlichen Charakters der Mitgliedschaft. Dieser Disput setzt sich bei der Frage der rechtlichen Konstruktion des Übertragungsvorganges fort. Auch zur Rechtsnatur des Übertragungsvorgangs werden vornehmlich zwei Auffassungen vertreten: Während die herrschende Meinung annimmt, die Mitgliedschaft werde als ein der Verfügung zugängliches Recht durch Abtretung übertragen, geht die Gegenauffassung von einer Übertragung der Mitgliedschaft durch Vertragsübernahme bzw. durch rechtsgeschäftlichen Verfügungsvertrag aus.

Obgleich die geschilderten Auffassungen infolge ihrer voneinander abweichenden Meinungen zur Rechtsnatur der Mitgliedschaft auch von unterschiedlichen Übertragungsarten ausgehen, unterscheiden sich die Auffassungen, die von einer Übertragung der Mitgliedschaft durch Verfügung über die Mitgliedschaft ausgehen, im Ergebnis nur in der Wahl der Verfügungsobjekte. Während es bei der herrschenden Lehre das subjektive Recht Mitgliedschaft ist, mit dem zugleich über das mit ihm verbundene Rechtsverhältnis bzw. über die Stellung des Gesellschafters in diesem Rechtsverhältnis verfügt wird, ist nach der Gegenauffassung die Mitgliedschaft als Rechtsverhältnis (nachfolgend auch „mitgliedschaftliches Rechtsverhältnis“) bzw. die Stellung in diesem (pflichthaltigen) Rechtsverhältnis selbst unmittelbar Gegenstand der Verfügung.[231] Nach beiden Auffassungen wird – mittelbar oder unmittelbar – letztlich das mitgliedschaftliche Rechtsverhältnis bzw. die Stellung des Gesellschafters in dem mitgliedschaftlichen Rechtsverhältnis auf den Erwerber übertragen.

---

229 *Hadding*, in: Soergel, Bürgerliches Gesetzbuch, § 719 Rn. 14.

230 *Hadding*, Verfügung über Mitgliedschaftsrechte, in: Festschrift für Ernst Steindorff, S. 39.

231 Vgl. hierzu vorstehend § 3 III 2 b bb) (S. 70 ff.).

3. Rechtsfolgen der Anteilsübertragung

Infolge der Anteilsübertragung wird der Erwerber Rechtsnachfolger des Veräußerers.

Die Vertreter der Auffassung, dass die Mitgliedschaft durch Verfügung über das mitgliedschaftliche Rechtsverhältnis bzw. über die Stellung in diesem Rechtsverhältnis übertragen wird, folgern dies aus dem Wesen der Vertragsübernahme, welche auch als rechtsgeschäftlicher Verfügungsvertrag bezeichnet wird. Die Vertragsübernahme wird als ein Rechtsgeschäft eigener Art betrachtet, durch das ein Rechtsverhältnis mittels rechtsgeschäftlichen (nach herrschender Meinung dinglich wirkenden) Übernahmevertrags auf eine andere Person übergeleitet werden kann. Dogmatisch handelt es sich bei diesem Rechtsgeschäft nicht um eine Addierung von Forderungsabtretung und Schuldübernahme, sondern um ein einheitliches Rechtsgeschäft[232] mit dem Inhalt der Verfügung über das Schuldverhältnis als Ganzes,[233] das wegen der in den §§ 414, 415 BGB anerkannten Interessen der verbleibenden Partei, die sich ihrer Rechte gegen den Ausscheidenden begeben soll, deren Mitwirkung als Vertragspartei oder zumindest deren Zustimmung bedarf.[234]

Aus Sicht des eintretenden Vertragsteils ist die Vertragsübernahme eine Nachfolge in zweifacher Hinsicht. Zum einen tritt er in die Gläubigerstellung des ausscheidenden Teils ein, zum anderen folgt er dem Rechtsvorgänger in die Schuldnerstellung, die aus gegenwärtigen und zukünftigen Verpflichtungen und Obliegenheiten besteht, nach.[235] Auch ohne besondere Vereinbarung gehen mit dem Rechtsverhältnis all diejenigen Befugnisse und Belastungen auf den Rechtsnachfolger über, die mit dem Rechtsverhältnis verbunden sind.

Für die Vertreter, die annehmen, die Mitgliedschaft werde als subjektives Recht durch Abtretung übertragen, folgt die Rechtsnachfolge des Erwerbers in die mit dem Rechtsverhältnis verbundenen Befugnisse und Belastungen aus der mit der Verfügung über das subjektive Recht einhergehenden Verfügung über das mitgliedschaftliche Rechtsverhältnis.

---

232 BGHZ 96, 302, 307 f., = NJW 1986, 918; Esser/Schmidt, Schuldrecht, Allgemeiner Teil 2, § 37 IV 2 a (S. 324 f.).

233 *Nörr*, in: Sukzessionen, § 17 III 1 (S. 186 f.); *Busche*, in: Staudinger, Kommentar zum BGB, Einleitung zu § 398 f. Rn. 201.

234 *Roth*, in: Münchener Kommentar zum BGB, § 398 Rn. 4; *Larenz*, in: Lehrbuch des Schuldrechts, Band I, Allgemeiner Teil, § 35 III (S. 618).

235 *Nörr*, in: Sukzessionen, § 17 III 1 (S. 186 f.).

a. Gegenstand der Rechtsnachfolge

Welche Rechte und Pflichten im Einzelnen von der Rechtsnachfolge des Erwerbers der Mitgliedschaft in die Rechtsstellung des Veräußerers erfasst werden, hängt davon ab, ob und inwieweit die Rechte und Pflichten des Veräußerers mit dem mitgliedschaftlichen Rechtsverhältnis verbunden sind, welches – je nach Auffassung – als unmittelbares oder mittelbares Verfügungsobjekt auf den Erwerber übertragen wird.

aa) Das mitgliedschaftliche Rechtsverhältnis

Das mitgliedschaftliche Rechtsverhältnis, in dem der Gesellschafter als Partei steht, entsteht durch Abschluss des Gesellschaftsvertrages, durch Eintritt in die Gesellschaft oder durch derivativen Erwerb der Mitgliedschaft. Es gestaltet die Beziehungen der Gesellschafter zur Gesellschaft und zu ihren Mitgesellschaftern und bringt verschiedene Rechte und Pflichten der Gesellschafter hervor. Abgesehen von wenigen zwingenden Vorschriften und ungeschriebenen Grundsätzen des Gesellschaftsrechts wird das mitgliedschaftliche Rechtsverhältnis in erster Linie durch den Inhalt des Gesellschaftsvertrags einschließlich seiner ergänzenden Auslegung nach § 157 BGB bestimmt.[236]

Der Vorrang des Gesellschaftsvertrages vor dem Gesetzesrecht ist in § 109 HGB festgelegt, der über die Verweisung in § 161 Abs. 2 HGB auch für die Kommanditgesellschaft gilt.[237] Die für das Personengesellschaftsrecht charakteristische Privatautonomie gilt für die Regelungen des gesamten mitgliedschaftlichen Rechtsverhältnisses.[238] Dies gibt den Gesellschaftern die Möglichkeit, ihr Verhältnis zueinander den besonderen Verhältnissen und Interessen des konkreten Zusammenschlusses anzupassen.

So kann der Gesellschaftsvertrag die gesetzlichen Bestimmungen in vielfacher Weise ergänzen und ändern, zum Beispiel zusätzliche Organe schaffen und deren Zusammensetzung und Kompetenzen regeln, besondere Rechte und Pflichten der Gesellschafter begründen und allgemeine Regeln für die Gesellschafter und ihr Handeln festlegen. Auf diese Weise ist es möglich, die Gesellschaft strukturell auf ihren Gesellschaftszweck, auf die Besonderheiten ihres Gesellschafterkreises und auf die Bedürfnisse einzelner oder mehrerer Gesellschafter zuzuschneiden.

---

236 *Schäfer*, in: Staub, Großkomm. zum HGB, § 105 Rn. 204.

237 *Enzinger*, in: Münchener Kommentar zum HGB, § 109 Rn. 1 unter Verweisung auf die Denkschrift zu dem Entwurf eines Handelsgesetzbuches, S. 82.

238 Hierzu grundlegend *Westermann*, in: Vertragsfreiheit und Typengesetzlichkeit im Recht der Personengesellschaften, S. 21 ff.

Im Gegensatz zu den gesetzlichen Regelungen des Innenverhältnisses sind die gesetzlichen Regelungen, die das Außenverhältnis der Gesellschafter und der Gesellschaft zu Dritten betreffen, in der Regel zwingend.[239]

bb) Mitgliedschaftliche Rechte und Pflichten

Die Rechte und Pflichten, welche aus der Mitgliedschaft hervorgehen, werden als mitgliedschaftliche Rechte und, sofern diese mit der Mitgliedschaft untrennbar verbunden sind, als mitgliedschaftliche Pflichten bezeichnet.[240] Obgleich die Ausgestaltung der durch die Mitgliedschaft in der Personenhandelsgesellschaft verkörperten Rechte und Pflichten der einzelnen Gesellschafter untereinander gesetzlich nicht vorgegeben ist, gibt es eine Reihe von charakteristischen Rechten und Pflichten, die der Mitgliedschaft ihr besonderes Erscheinungsbild verleihen. Diese lassen sich in zweifacher Hinsicht unterscheiden:

Zunächst kann zwischen Sozialsphäre und Individualsphäre unterschieden werden. Diese Unterscheidung stellt auf die jeweiligen Gläubiger- und Schuldnerbeziehungen ab. Unter der Sozialsphäre wird dabei die Beziehung zwischen dem Gesellschafter und der Gesellschaft verstanden. Als Individualsphäre wird die Beziehung des Gesellschafters zu seinen Mitgesellschaftern bezeichnet.[241] In der Sozialsphäre bestehen aus der Perspektive der Gesellschaft Sozialansprüche und Sozialverbindlichkeiten, die mit den Mitgliedschaftsrechten und -pflichten der Gesellschafter korrespondieren.[242]

An den jeweiligen Gegenstand der Rechte und Pflichten knüpft dagegen die Differenzierung zwischen Vermögensrechten bzw. -pflichten und Verwaltungsrechten bzw. -pflichten an.

(1) Verwaltungsrechte und -pflichten

Bei den gemäß § 717 Satz 1 BGB unübertragbaren Verwaltungsrechten handelt es sich um das Stimmrecht in Geschäftsführungs-, Grundlagen- und sonstigen Angelegenheiten (§ 119 HGB), das Recht auf Mitwirkung bei der Handelsregisteranmeldung (§ 108 Abs. 1 HGB), das Recht zur Geschäftsführung und Vertretung (§§ 114 Abs. 1, 125 Abs. 1 HGB), das Widerspruchsrecht in Bezug auf

239 Wie etwa die Regelungen der §§ 123, 125a, 128, 130a HGB.

240 *K. Schmidt*, in: Gesellschaftsrecht, § 19 III 3 (S. 557).

241 *Ulmer*, in: Gesellschaft bürgerlichen Rechts, § 705 Rn. 186.

242 Abweichend von diesem herkömmlichen Verständnis, werden in dem Urteil des Bundesgerichtshofes vom 9. Februar 2009, II ZR 231/07 (DStR 2009, 984 f.) mit Sozialverbindlichkeiten Ansprüche der Gesellschaft gegen den Gesellschafter bezeichnet.

Geschäftsführungshandlungen von Mitgesellschaftern (§ 115 Abs. 1 HGB), das Informations- und Kontrollrecht (§ 118 Abs. 1 HGB), das Recht auf Rechenschaftslegung (§ 120 HGB) und das Liquidationsrecht (§ 146 Abs. 1 HGB). Darüber hinaus gehören zu den Verwaltungsrechten die Klagebefugnis der einzelnen Gesellschafter in Bezug auf Sozialansprüche (im Wege der sog. actio pro socio), das Kündigungsrecht nach § 132 HGB und die auf Auflösung gerichtete Gestaltungsklage nach § 133 HGB.[243]

Den Verwaltungsrechten stehen entsprechende vertraglich übernommene oder aus der Treuepflicht folgende Pflichten der Gesellschafter gegenüber. Dabei handelt es sich namentlich um die Pflicht zur Geschäftsführung und Vertretung, die Pflicht zur Rechnungslegung, sowie die Pflicht, diejenigen Rechte auszuüben, deren Wahrnehmung im Interesse der Gesellschaft geboten ist. Aus der Treuepflicht als umfassender, die Ausübung der verschiedenen Mitgliedschaftsrechte prägender Mitgliedschaftspflicht kann sich im Einzelfall auch eine Pflicht zur Zustimmung oder zur Mitwirkung bei Gestaltungsklagen ergeben.[244]

Für Kommanditisten sieht das Gesetz im Hinblick auf einzelne dieser Rechte und Pflichten im Grundsatz Abweichungen von den für die persönlich haftenden Gesellschafter geltenden Bestimmungen vor. So sind Kommanditisten nach § 164 HGB von der Geschäftsführung ausgeschlossen und zur Vertretung der Gesellschaft nicht ermächtigt (§ 170 HGB).[245] Auch die Kontrollrechte sind im Vergleich zu den Rechten, die von der Geschäftsführung ausgeschlossenen persönlich haftenden Gesellschaftern zustehen, eingeschränkt (§ 166 HGB). Eine Besserstellung enthält hingegen § 165 HGB. Danach unterliegen die Kommanditisten – vorbehaltlich abweichender gesellschaftsvertraglicher Regelungen – keinem gesetzlichen Wettbewerbsverbot.

243 *Schäfer*, in: Staub, Großkomm. zum HGB, § 105 Rn. 219.

244 *Ulmer*, in: Gesellschaft bürgerlichen Rechts, § 705 BGB Rn. 194; *Schäfer*, in: Staub, Großkomm. zum HGB, § 105 Rn. 220.

245 Diese Bestimmung ist allerdings nicht zwingend, so dass der Gesellschaftsvertrag von dieser gesetzlichen Kompetenzverteilung abweichen und dem Kommanditisten Geschäftsführungsrechte verleihen kann (vgl. etwa *Hopt*, in: Baumbach/Hopt, HGB, § 164 Rn. 6 f.; *Joost/Strohn*, in: Ebenroth/Boujong/Joost/Strohn, Handelsgesetzbuch, § 164 Rn. 19 ff.). Soll der Kommanditist die Gesellschaft auch vertreten dürfen, kann ihm nach den §§ 48 ff. HGB Prokura erteilt werden (vgl. BGH WM 1972, 615).

(2) Vermögensrechte und -pflichten

Bei den – von der Mitgliedschaft zumeist trennbaren – Vermögensrechten steht der Gewinnanspruch der Gesellschafter im Vordergrund. In der Regel wird die Verteilung des Gewinns der Personenhandelsgesellschaft an die einzelnen Gesellschafter im Gesellschaftsvertrag abweichend von den gesetzlichen Regelungen bestimmt. Bei Kommanditgesellschaften sind gesellschaftsvertragliche Bestimmungen zur Gewinn- (und Verlust-)verteilung nahezu durchweg anzutreffen. Dies ist auf die wenig praktikablen Kriterien zurückzuführen, welche das Gesetz in § 168 Abs. 3 HGB vorsieht.[246] Anders als bei der offenen Handelsgesellschaft, bei der vorbehaltlich abweichender gesellschaftsvertraglicher Regelungen eine Verteilung nach Köpfen erfolgt (§ 121 Abs. 3 HGB), erklärt § 168 Abs. 3 HGB für die Verteilung von Gewinnen und Verlusten der Kommanditgesellschaft nämlich ein *„angemessenes Verhältnis der Anteile als bedungen"*.

Ein weiteres wesentliches Vermögensrecht stellt das Entnahmerecht dar. Nach § 122 Abs. 1 HGB ist der Gesellschafter berechtigt, *„aus der Gesellschaftskasse Geld bis zum Betrage von vier vom Hundert seines für das letzte Geschäftsjahr festgestellten Kapitalanteils zu seinen Lasten zu erheben und, soweit es nicht zum offenbaren Schaden der Gesellschaft gereicht, auch die Auszahlung seines den bezeichneten Betrag übersteigenden Anteils am Gewinn des letzten Jahres zu verlangen."* Um den Interessen der Gesellschafter an einer angemessenen Ausschüttung, den gegebenenfalls unterschiedlichen Entnahmebedürfnissen von Gesellschaftern und den Interessen der Gesellschaft an einer Thesaurierung der Gewinne Rechnung zu tragen, ist auch das Entnahmerecht häufig Gegenstand gesellschaftsvertraglicher Regelungen.[247]

Für Kommanditisten gilt § 122 Abs. 1 HGB – anders als für den persönlich haftenden Gesellschafter der Kommanditgesellschaft – nicht. Der Kommanditist hat also kein gewinnunabhängiges Entnahmerecht. Er ist aber berechtigt, den ihm zukommenden Gewinn grundsätzlich vollständig zu entnehmen.[248] Entsprechend dem für das Innenverhältnis geltenden Grundsatz der Privatautonomie kann der Gesellschaftsvertrag aber auch den Kommanditisten ein

---

246 *Grunewald*, in: Münchener Kommentar zum HGB, § 168 Rn. 7.

247 *Priester*, in: Münchener Kommentar zum HGB, § 122 Rn. 49. Nach BGH DB 1973, 1447, 1448 finden sich derartige Bestimmungen in *„nahezu allen wohlüberlegten Gesellschaftsverträgen"*. *Barz* (Die vertragliche Entnahmeregelung bei oHG und KG, in: Festschrift für Alexander Knur, S. 25, 26) betrachtet die Bestimmungen zum Entnahmerecht als einen der wirtschaftlichen Kernpunkte des Gesellschaftsvertrages.

248 *Hopt*, in: Baumbach/Hopt, HGB, § 169 Rn. 2.

gewinnunabhängiges Entnahmerecht einräumen oder das Entnahmerecht, etwa zur Deckung des Kapitalbedarfs der Gesellschaft, beschränken.[249]

Ein weiteres zentrales Vermögensrecht ist der Anspruch auf das Auseinandersetzungsguthaben gemäß § 155 HGB. Dabei handelt es sich um einen künftigen Anspruch, der erst mit Auflösung der Gesellschaft entsteht. Scheidet ein Gesellschafter aus der Gesellschaft aus, hat er, sofern das Ausscheiden nicht auf der Grundlage einer Übertragung des Gesellschaftsanteils erfolgt, an Stelle des Anspruchs auf das Auseinandersetzungsguthaben gemäß § 105 HGB (gegebenenfalls über § 161 Abs. 2 HGB) i.V.m. § 738 BGB einen Abfindungsanspruch in entsprechender Höhe.

Schließlich bestehen mit dem Anspruch auf Aufwendungsersatz aus § 110 HGB gegen die Gesellschaft und dem hierzu subsidiären Ausgleichsanspruch gegen die Mitgesellschafter als Gesamtschuldner aus § 426 BGB bei Inanspruchnahme eines Gesellschafters aus § 128 HGB weitere aus der Mitgliedschaft resultierende Vermögensrechte.[250]

Bei den Vermögenspflichten der Gesellschafter steht die Leistung gesellschaftsvertraglich vereinbarter Beiträge sowie etwaiger Nachschüsse (§§ 706, 735, 739 BGB) im Mittelpunkt. Daneben zählen zu den Vermögenspflichten Schadensersatzpflichten gegenüber der Gesellschaft und den Mitgesellschaftern aus der Verletzung von Mitgliedschaftspflichten sowie – bei Verletzung des Wettbewerbsverbotes des § 112 HGB – alternativ die Pflicht zur Gewinnherausgabe nach Maßgabe des § 113 HGB und gegebenenfalls die Pflicht zur Herausgabe von Gegenständen, die der geschäftsführende Gesellschafter aus der Geschäftsführung erlangt hat.[251]

(3) Drittansprüche

Grundsätzlich nicht zu den Mitgliedschaftsrechten und -pflichten zählen diejenigen Rechtsverhältnisse, die sich aus den Rechtsgeschäften der Gesellschaft ergeben, welche diese zur Verwirklichung ihres Gesellschaftszweckes mit Dritten oder auch mit ihren Gesellschaftern eingeht.

Treffen Rechte und Pflichten aus derartigen Geschäften einen Gesellschafter, so steht er der Gesellschaft in diesem Fall nicht als Gesellschafter, sondern wie ein Dritter gegenüber. Allerdings überlagert die Gesellschaftsbeziehung das außergesellschaftsrechtliche Rechtsverhältnis zwischen Gesellschaft und

---

249 BGH WM 79, 803.

250 *Schäfer*, in: Staub, Großkomm. zum HGB, § 105 Rn. 221.

251 *Schäfer*, a.a.O., Rn. 222.

Gesellschafter. Der Gesellschafter kann zwar seine „Drittgläubigerforderung“ wie ein Dritter auch unmittelbar gegen Mitgesellschafter geltend machen, im Innenverhältnis zu seinen Mitgesellschaftern muss er sich dann aber etwa den auf ihn entfallenden Verlustanteil anrechnen lassen.[252]

b. Übergehende Rechte und Pflichten

Mit der Mitgliedschaft gehen zwingend und automatisch (also auch ohne ausdrückliche Vereinbarung) diejenigen Rechte und Pflichten des Veräußerers auf den Erwerber über, die funktionsbedingt so eng mit dem subjektiven Recht Mitgliedschaft bzw. mit dem mitgliedschaftlichen Rechtsverhältnis zu einer rechtlichen Einheit verbunden sind, dass sie keine eigenständige Bedeutung mehr entfalten können und infolge dessen von dem subjektiven Recht bzw. von dem Rechtsverhältnis nicht zu trennen sind. Eine von der Übertragung der Mitgliedschaft abweichende Übertragung dieser Rechte und Pflichten scheidet daher aus.

aa) Verwaltungsrechte und -pflichten

Untrennbar mit der Mitgliedschaft verbunden sind zunächst die Verwaltungs- und Mitspracherechte des Veräußerers.[253] Dies verdeutlicht der aus § 717 Satz 1 BGB abgeleitete Grundsatz vollständigen Eintritts des Erwerbers in die Rechtsstellung des Veräußerers, das sogenannte Abspaltungsverbot.[254]

Wegen dieses Abspaltungsverbots können die Verwaltungsrechte weder an Nichtgesellschafter abgetreten werden, noch können sie ohne Zustimmung der Mitgesellschafter Nichtgesellschaftern zur Ausübung überlassen werden.[255] Auch die Verwaltungspflichten sind grundsätzlich persönlich durch die aus ihnen verpflichteten Gesellschafter zu erfüllen.[256]

---

252 Vgl. BGH NJW 1983, 749; *Habersack*, in: Staub, Großkomm. zum HGB, § 128 Rn. 13; *Ulmer*, in: Gesellschaft bürgerlichen Rechts, § 705 Rn. 203.

253 Nach *Ulmer* (in: Gesellschaft bürgerlichen Rechts, § 705 Rn. 195) besteht die Besonderheit der Verwaltungs- oder Mitsprachrechte in ihrer höchstpersönlichen Natur. Damit dürfte jedoch nicht gemeint sein, dass sie generell an die Person des durch sie berechtigten Gesellschafters gebunden sind (denn auch *Ulmer* geht von einem Übergang der Verwaltungsrechte im Falle der Übertragung der Mitgliedschaft aus), sondern dass ihre Ausübung nicht Dritten überlassen werden kann, vielmehr durch den Gesellschafter selbst zu erfolgen habe.

254 *K. Schmidt*, in: Münchener Kommentar zum HGB, § 105 Rn. 195.

255 *Ulmer*, in: Gesellschaft bürgerlichen Rechts, § 717 Rn. 17.

256 *Ulmer*, in: Münchener Kommentar zum BGB, § 719 Rn. 195.

Für die Rechtsstellung des Erwerbers einer Mitgliedschaft folgt aus dem Abspaltungsverbot, dass dieser im Hinblick auf sämtliche Verwaltungsrechte und -pflichten grundsätzlich zwingend Rechtsnachfolger des Veräußerers wird.[257] Die betroffenen Rechte und Pflichten gehen auf den Erwerber mit dem konkreten Inhalt über, den sie durch gesetzliche Vorgaben und gesellschaftsvertragliche Vereinbarung gefunden haben.

bb) Vermögensrechte und -pflichten

Gleiches gilt für die Vermögensrechte und -pflichten, die mit der Mitgliedschaft untrennbar verbunden sind.[258] Auch hinsichtlich solcher Vermögensrechte und -pflichten wird der Erwerber der Mitgliedschaft zwingend, und ohne dass es einer besonderen Vereinbarung zwischen Veräußerer und Erwerber bedarf, Rechtsnachfolger des Veräußerers.

Anders als dies von der Rechtsprechung und einigen Vertretern der Literatur dargestellt wird, wenn von dem „*Grundsatz vollständigen Eintritts in die Rechtsstellung des Veräußerers*“[259] oder von dem Eintritt des Erwerbers in „*die Rechtsstellung (...), die bis dahin der Veräußerer innehatte*“,[260] gesprochen wird, gehen aber nicht per se sämtliche Rechte und Pflichten des Gesellschafters auf den Erwerber über.

Zu den Rechten und Pflichten, die der Veräußerer bis zur Übertragung des Gesellschaftsanteils innehatte, können nämlich auch Rechte und Pflichten gehören, die sich von der Mitgliedschaft verselbständigt haben und infolge dessen von ihr getrennt werden können. Dies zeigt bereits § 717 Satz 2 HGB, der bestimmte Vermögensrechte und -pflichten von dem Abspaltungsverbot ausnimmt und eine gesonderte Übertragung dieser Rechte und Pflichten für zulässig erklärt. Kennzeichnend für die in § 717 Satz 2 BGB genannten Vermögensrechte, bei denen es sich namentlich um Ansprüche aus Geschäftsführung sowie um Ansprüche auf den Gewinnanteil und um Ansprüche handelt, die dem Gesellschafter im Fall der Auseinandersetzung zustehen, ist, dass diese jeweils obligatorische Ansprüche gegen die Gesellschaft sind, die sich nach ihrer Konkretisierung von der Mitgliedschaft gelöst und die Qualität selbständiger Forderungen angenommen

257 *Piehler/Schulte*, in: Münchener Handbuch des Gesellschaftsrechts, Band 2, § 35 Rn. 16.

258 Vgl. Darstellung bei *A. Teichmann*, Übergang von Sozialansprüchen und Sozialverbindlichkeiten in der Personengesellschaft, in: NJW 1966, 2336, 2338.

259 So etwa *Masuch*, in : Sudhoff, Personengesellschaften, § 18 III 3 c aa), Rn. 50 (S. 324); vgl. aber auch *Ulmer*, in: Gesellschaft bürgerlichen Rechts, § 719 Rn. 40 m.w.N.

260 BGHZ 81, 82, = NJW 1981, 2747.

haben.[261] Nach der Vorstellung des Gesetzgebers sind diese Ansprüche trotz ihres gesellschaftsvertraglichen Ursprungs von der Mitgliedschaft unabhängig und selbständig. Ein Ausschluss der Übertragbarkeit dieser Ansprüche wird daher für nicht gerechtfertigt gehalten.[262]

Ebenso können den Veräußerer Rechte und Pflichten treffen, die zwar (gegebenenfalls mittelbar) aus der Gesellschafterstellung folgen, jedoch nicht ausschließlich auf dem Gesellschaftsverhältnis[263] beruhen, sondern an zusätzliche individuelle Merkmale des Gesellschafters anknüpfen, wie etwa Ansprüche der Gesellschaft infolge von Treuepflichtverletzungen des Gesellschafters oder Verletzungen eines Wettbewerbsverbots nach den §§ 112, 113 HGB.[264]

Von einer Übertragung der Mitgliedschaft werden die zuletzt genannten Rechte und Pflichten ebenso wenig automatisch erfasst, wie dies bei Vermögensrechten und -pflichten der Fall ist, die von der Mitgliedschaft getrennt werden können, ohne dass diese Trennung das Funktionieren der Gesellschaft beeinträchtigen oder unmöglich machen würde.

Zwingend und automatisch gehen daher nur die Rechte und Pflichten auf den Erwerber über, die sowohl ihre Grundlage in dem mitgliedschaftlichen Rechtsverhältnis haben als auch mit der Mitgliedschaft untrennbar verbunden sind.

(1) Freie Übertragbarkeit von Sozialverbindlichkeiten

Einigkeit besteht in Literatur und Rechtsprechung insoweit darüber, dass Veräußerer und Erwerber das Schicksal bereits entstandener Ansprüche des Veräußerers gegen die Gesellschaft (also von Sozialverbindlichkeiten) frei und abweichend von der Anteilsübertragung vereinbaren können.[265] Nur wenn es an einer entsprechenden Vereinbarung fehlt, wird davon ausgegangen, dass diese Ansprüche im Zweifel auf den Erwerber mit übergehen.[266]

---

261 *Ulmer*, in: Gesellschaft bürgerlichen Rechts, § 717 Rn. 14, 30.

262 Mot II S. 613 ff. (zu § 644 E I).

263 D.h. dem Rechtsverhältnis zwischen den Gesellschaftern untereinander sowie zwischen der Gesellschaft und dem einzelnen Gesellschafter.

264 Vgl. *Ulmer*, in: Gesellschaft bürgerlichen Rechts, § 719 Rn. 45; *Reiff/Nannt*, Die Anteilsübertragung in der Personengesellschaft – Dogmatische Grundlagen, Voraussetzungen und Rechtsfolgen, in: DStR 2009, 2376 ff.

265 Vgl. etwa BGHZ 45, 221, 222 = NJW 1966, 1307; ebenso *Ulmer*, in: Gesellschaft bürgerlichen Rechts, § 719 Rn. 43.

266 So *Ulmer*, in: Gesellschaft bürgerlichen Rechts, § 719 Rn. 43.

(2) Freie Übertragbarkeit von Sozialansprüchen

Die ganz überwiegende Meinung in Rechtsprechung und Literatur nimmt ebenso an, dass die bereits konkretisierten vermögensrechtlichen Verbindlichkeiten des Gesellschafters gegenüber der Gesellschaft, also die vermögensrechtlichen Sozialansprüche, grundsätzlich übertragbar und auch von der Mitgliedschaft trennbar sind.[267] Streitig ist allerdings, welche Anforderungen an die Zustimmung der Gesellschaft als Gläubigerin dieser Verbindlichkeiten zu deren Übertragung zu stellen sind und welche Rechtsfolgen das Nichtvorliegen einer erforderlichen Zustimmung hat.

Dass auch die Verbindlichkeiten der Gesellschafter gegenüber der Gesellschaft zur Disposition von Veräußerer und Erwerber stehen, begründet der Bundesgerichtshof damit, dass schutzwürdige Interessen der Mitgesellschafter nicht berührt werden, wenn diese der Übertragung der Mitgliedschaft vorbehaltlos zugestimmt haben. Dies gelte auch dann, wenn die Zustimmung im Voraus im Gesellschaftsvertrag erfolgt sei. Die Gesellschafter hätten es in der Hand, über die Zustimmung erst nach Kenntnis der Person des Erwerbers und des Inhalts des Abtretungsvertrages zu entscheiden oder ihre Zustimmung von vornherein an Bedingungen zu knüpfen, die sie in ihrem Interesse für notwendig hielten.[268]

Sofern es an einer gesonderten Vereinbarung über das Schicksal der Sozialansprüche und -verbindlichkeiten fehlt, gehen nach Ansicht des Bundesgerichtshofes grundsätzlich sämtliche Verpflichtungen und Ansprüche auf den Erwerber der Mitgliedschaft über.[269] Allerdings soll dies nur für solche Ansprüche und Verbindlichkeiten gelten, die zum Zeitpunkt der Vereinbarung der Anteilsübertragung aus dem Rechenwerk der Gesellschaft ersichtlich sind. Dass nicht aus dem Rechenwerk ersichtliche Ansprüche und Verbindlichkeiten danach beim Veräußerer verbleiben, begründete der Senat damit, dass sich der Erwerber andernfalls beim Abschluss des Vertrags kein klares Bild von den ihn erwartenden Folgen der Abtretung verschaffen könne. Wären von dem Übergang auch solche Verbindlichkeiten erfasst, die nicht aus dem Rechenwerk der Gesellschaft ersichtlich sind, könne sich der Erwerber durch Einsicht in die Bücher der Gesellschaft nicht gegen die Belastung mit derartigen Verbindlichkeiten schützen. Der Veräußerer könne sich dagegen unerkennbar durch eigennützige und unrechtmäßige Maßnahmen bereichern, ohne der Gesellschaft gegenüber – wegen

---

267 *Ulmer* in: Gesellschaft bürgerlichen Rechts, § 719 Rn. 44 ff., *Schäfer*, in: Staub, Großkomm. zum HGB, § 105 Rn. 310 f., m.w.N.

268 BGHZ 45, 221, 223 = NJW 1966, 1307, 1309.

269 A.a.O.

der bald darauf erfolgenden Abtretung – dafür einstehen zu müssen. Ein solcher Vertragsinhalt, der dem Veräußerer diese Möglichkeiten gibt und dem Erwerber solche Risiken auferlegt, könne aber nicht gewollt sein.[270]

In Fortführung dieser Entscheidung ergänzte der Bundesgerichtshof 1972[271] in einer Entscheidung zur Übertragung eines Kommanditanteils, dass in dem Fall, in dem ein Gesellschafter seinen Gesellschaftsanteil mit Zustimmung der übrigen Gesellschafter veräußert, im Zweifel alle auf dem Gesellschaftsverhältnis beruhenden Geldansprüche auf den Erwerber übergehen, und zwar auch, soweit sie auf dem Privatkonto verbucht sind und die Entnahme gestattet ist. Auch hier geht die Begründung des Bundesgerichtshofes dahin, dass die Beantwortung der Frage, wer nach der Übertragung des Anteils Träger der in der Person des Veräußerers entstandenen Ansprüche ist, die Feststellung im Einzelfall erfordere, *„was die Vertragsparteien erklärtermaßen gewollt haben"*. Weiter führt der Bundesgerichtshof aus, der Erwerber des Gesellschaftsanteils setze das Gesellschaftsverhältnis fort und rücke in die Rechtsstellung des bisherigen Gesellschafters ein. Hieraus ergebe sich, dass im Interesse der Rechtssicherheit und -klarheit auch alle Rechte und Pflichten des bisherigen Gesellschafters, die im Gesellschaftsvertrag ihre Grundlagen haben, grundsätzlich dem neuen Gesellschafter zustehen müssten. Etwas anderes könne nur dann gelten, wenn der Gesellschaftsvertrag oder – im Rahmen des rechtlich Zulässigen – der Übertragungsvertrag abweichende Bestimmungen enthalten oder sich aus den Umständen bestimmte Ausnahmen ergäben.[272]

Die Rechtsprechung des Bundesgerichthofes zur freien Übertragbarkeit von Sozialansprüchen ist in der Literatur auf breite Kritik gestoßen. Die Kritiker weisen darauf hin, dass bereits entstandene vermögensrechtliche Verbindlichkeiten der Gesellschafter gegenüber der Gesellschaft zwar grundsätzlich durch einen Außenstehenden übernommen werden können, weil sich derartige Verbindlichkeiten, obgleich sie ihrer Definition nach aus dem Gesellschaftsverhältnis entstammen, mit ihrer Konkretisierung aus dem Mitgliedschaftsverbund gelöst und verselbständigt haben. Der schuldbefreiende Übergang von Verbindlichkeiten des Veräußerers gegenüber der Gesellschaft bedürfe jedoch nach § 415 BGB der Genehmigung durch die Gesellschaft als Gläubigerin der Sozialansprüche.[273] Diese sei aber – anders als vom Bundesgerichtshof angenommen – in einer im

270 BGHZ 45, 221, 223 = NJW 1966, 1307, 1309.

271 BGH NJW 1973, 328.

272 BGH NJW 1973, 328.

273 Vgl. etwa *Ulmer*, in: Gesellschaft bürgerlichen Rechts, § 719 Rn. 44 oder *Schäfer*, in: Staub, Großkomm. zum HGB, § 105 Rn. 310.

Gesellschaftsvertrag enthaltenen Zustimmung der Mitgesellschafter zur Veräußerung des Gesellschaftsanteils grundsätzlich nicht zu sehen. Eine Zustimmung der Gesellschaft im Wege der Einwilligung vor Übertragung der Mitgliedschaft sei – ebenso wie eine pauschale nachträgliche Genehmigung der Übertragung ohne Kenntnis der Einzelheiten des Übertragungsvertrages – in der Regel lediglich als Einverständnis zum Übergang der an die Mitgliedschaft gebundenen Rechte und Pflichten zu verstehen, weil die Gesellschafter nur den ansonsten versperrten Weg für diese Übertragung öffnen, nicht aber eine Entscheidung hinsichtlich der von der Mitgliedschaft trennbaren Einzelansprüche der Gesellschafter treffen wollten.[274]

Insoweit wird angenommen, es bestehe ein zweifaches Mitwirkungserfordernis der Gesellschafter. Die Zustimmung der Mitgesellschafter sei zum einen für die Anteilsübertragung, zum anderen für die Befreiung des Veräußerers als bisherigem Schuldner der Sozialansprüche der Gesellschaft, mithin für die Übertragung der Sozialansprüche der Gesellschaft auf den Erwerber, erforderlich.[275]

Der Zustimmung durch die Gesellschaft bedürfen nach dieser Literaturmeinung auch solche Vereinbarungen, nach denen der Erwerber gerade nicht für die auf der Mitgliedschaft beruhenden Sozialansprüche, wie zum Beispiel für rückständige Einlagen oder für die Rückzahlung unzulässiger Entnahmen, haften soll. Auch derartige Vereinbarungen seien wegen des mit dem Anteilsübergang grundsätzlich verbundenen Eintritts des Erwerbers in die Rechtsstellung des Veräußerers nur mit Zustimmung der Mitgesellschafter wirksam.[276]

---

274 *A. Teichmann*, Übergang von Sozialansprüchen und Sozialverbindlichkeiten in der Personengesellschaft, in: NJW 1966, 2336, 2339, 2340.

275 *Reiff/Nannt,* Die Anteilsübertragung in der Personengesellschaft, in: DStR 2009, 2376, 2379.

276 Vgl. *Ulmer*, in: Gesellschaft bürgerlichen Rechts, § 719 Rn. 44; ebenso *Schäfer*, in: Staub, Großkomm. zum HGB, § 105 Rn. 310. Dagegen nimmt *Hadding* (in: Soergel, Bürgerliches Gesetzbuch, § 719 Rn. 19) an, durch Zustimmung zur Vertragsübernahme werde dem Erfordernis der Schuldübernahme in der Regel genügt, weshalb auch die bestehenden Verbindlichkeiten des bisherigen Gesellschafters aus dem Gesellschaftsverhältnis auf den Erwerber übergingen, wenn sich dem Einverständnis mit der Übertragung der Mitgliedschaft auch eine Zustimmung zur „Enthaftung" des Ausgeschiedenen entnehmen lässt. Warum eine im Gesellschaftsvertrag allgemein angeordnete Übertragbarkeit der Mitgliedschaft nicht ausreichen solle, sei nicht ersichtlich. Das Einverständnis der anderen Gesellschafter mit der Übertragung werde in der Regel aber dahin auszulegen sein, dass der Erwerber neben dem bisherigen Gesellschafter für die bis dahin begründeten Sozialansprüche im Sinne eines Schuldbeitritts haften soll.

Die Anteilsveräußerung führe daher im Regelfall zur gesamtschuldnerischen Haftung von Veräußerer und Erwerber für bestehende gesellschaftsvertragliche Verbindlichkeiten des Veräußerers. Abweichende Vereinbarungen zwischen den Beteiligten haben nach dieser Auffassung ohne die erforderliche Zustimmung der Mitgesellschafter lediglich Wirkungen für das Innenverhältnis zwischen Veräußerer und Erwerber.[277]

(3) Stellungnahme zur Übertragung von Sozialansprüchen

Maßgeblich dafür, ob der Erwerber mit der Übernahme des Anteils auch ohne besondere Vereinbarung eine Verbindlichkeit des Veräußerers gegenüber der Gesellschaft übernimmt, ist in erster Linie das Näheverhältnis zwischen dieser Verbindlichkeit und dem mitgliedschaftlichen Rechtsverhältnis. Ist die Verbindlichkeit mit dem mitgliedschaftlichen Rechtsverhältnis derart eng verbunden, dass das mitgliedschaftliche Rechtsverhältnis seine Zweckbestimmung durch eine Trennung von ihr nicht mehr erfüllen könnte, geht die Verbindlichkeit stets mit der Mitgliedschaft auf den Erwerber über.[278]

Ob dagegen ein Übergang von selbständig übertragbaren, von der Mitgliedschaft trennbaren Verbindlichkeiten des Gesellschafters gegenüber der Gesellschaft auf den Erwerber stattfindet, ist im konkreten Fall nach allgemeinen Regeln zu beurteilen. Eine vom Veräußerer abgeleitete Verpflichtung des Erwerbers im Hinblick auf die Verbindlichkeiten, die in der Person des Veräußerers entstanden sind, kann ausschließlich durch eine Schuldübernahme begründet werden (hierzu nachfolgend unter (i)). Daneben kann sich eine solche Verpflichtung aber auch originär in der Person des Erwerbers ergeben und zwar aus einem Schuldbeitritt (hierzu nachfolgend unter (ii)) oder infolge der Übernahme der gesellschaftsvertraglichen Rechtsstellung des Veräußerers durch den Erwerber (hierzu nachfolgend unter (iii)).

(i) Schuldübernahme

Die Schuldübernahme ist eine Verfügung über eine schuldrechtliche Forderung und damit „*Spiegelbild der Abtretung*“. Sie setzt neben der dahingehenden

277 *Ulmer*, in: Gesellschaft bürgerlichen Rechts, § 719 Rn. 45; *Flume*, Die Rechtsnachfolge in die Mitgliedschaft in einer Personengesellschaft durch Übertragung der Mitgliedschaft, in: Festschrift für Karl Larenz zum 70. Geburtstag, S. 769, 778; ebenso *Reiff/Nannt*, Die Anteilsübertragung in der Personengesellschaft, in: DStR 2009, 2376, 2379.

278 Vgl. *Larenz/Wolf*, Allgemeiner Teil des Bürgerlichen Rechts, § 13 Rn. 44 (S. 236).

Vereinbarung voraus, dass die Schuld keine höchstpersönliche ist. Darüber hinaus muss die Schuld selbst sukzessionsfähig, also vom zugrunde liegenden Schuldverhältnis abtrennbar sein.[279] Voraussetzung einer Übernahme der bereits entstandenen und infolge dessen übertragbaren Verbindlichkeiten des Veräußerers ist entweder eine entsprechende Vereinbarung zwischen Übernehmer und Gläubiger oder eine Vereinbarung zwischen Veräußerer bzw. Schuldner und Übernehmer mit Zustimmung des Gläubigers. Den ersten Fall regelt § 414 BGB, den zweiten § 415 BGB.

Durch den Übernahmevertrag verfügen Schuldner und Übernehmer als Nichtberechtigte im Sinne von § 185 BGB über die Verpflichtung des Übernehmers mit dem Inhalt der ursprünglichen Schuld.[280] Die Wirksamkeit des Schuldübernahmevertrages ist gemäß § 415 Abs. 1 Satz 1 BGB von der Genehmigung des Gläubigers, in diesem Falle der Gesellschaft, abhängig. Rechtstechnisch handelt es sich bei der Genehmigung um eine nachträgliche Zustimmung zu einer Verfügung von Nichtberechtigten im Sinne von § 185 Abs. 2 BGB.[281]

Verweigert die Gesellschaft als Gläubigerin ihre Zustimmung zu einer zwischen Veräußerer und Erwerber vereinbarten Übertragung der Verbindlichkeiten des Veräußerers gegenüber der Gesellschaft auf den Erwerber, gilt die Schuldübernahme als nicht erfolgt. Die Fremdverfügung ist dann endgültig unwirksam.[282]

Ob es im Fall der Verweigerung der Zustimmung überhaupt zu einer Anteilsübertragung kommt, hängt von der Ausgestaltung der Vereinbarung zwischen Veräußerer und Erwerber ab. Steht die Übertragung etwa unter der ausdrücklichen oder zumindest durch Auslegung feststellbaren Bedingung einer schuldbefreienden Übernahme von Verbindlichkeiten durch den Erwerber, führt die Verweigerung der Zustimmung der Gesellschaft zu dieser Schuldübernahme zum Scheitern der gesamten Anteilsübertragung. Ergibt die Auslegung der Vereinbarung zwischen Veräußerer und Erwerber hingegen, dass die Übertragung des Gesellschaftsanteils unabhängig von der Wirksamkeit einer vereinbarten Schuldübernahme durch den Erwerber erfolgen soll, verbleiben bereits entstandene gesondert übertragbare Verbindlichkeiten nach allgemeinen Regeln auch dann beim Veräußerer, wenn sie aus dem Gesellschaftsverhältnis entstammen. Der Veräußerer bleibt ungeachtet der Übertragung der Mitgliedschaft auf den

279 *Rieble*, in: Staudinger, Kommentar zum BGB, § 414 Rn. 38.
280 *Möschel*, in: Münchener Kommentar zum BGB, § 415 Rn. 1.
281 *Möschel*, in: Münchener Kommentar zum BGB, § 415 Rn. 7.
282 So bereits RGZ 139, 118, 127; ebenso BGHZ 13, 179, 187 = NJW 1954, 1155; *Rieble*, in: Staudinger, Kommentar zum BGB, § 415 Rn. 78.

Erwerber zur Erfüllung seiner Verbindlichkeiten gegenüber der Gesellschaft verpflichtet.

Ulmer wirft darüber hinaus die Frage auf, *„ob und inwieweit bei Schuldübernahme durch den Erwerber auch der Veräußerer verpflichtet bleibt“*.[283] Dies erweckt den Eindruck, der Veräußerer könne über seine Verbindlichkeiten gegenüber der Gesellschaft verfügen und zugleich aus ihnen verpflichtet bleiben. In eine ähnliche Richtung gehen die Ausführungen von *Reiff/Nannt*, die – im Zusammenhang mit einer Entscheidung des Zweiten Zivilsenats des Bundesgerichtshofes aus dem Februar 2009 zum Übergang bereits bestehender Sozialansprüche[284] – vertreten, dass der Erwerber auch in Ansehung der bereits entstandenen, von der Mitgliedschaft unabhängigen Verbindlichkeiten gegenüber der Gesellschaft Rechtsnachfolger des Veräußerers werde, letzterer aber trotz der Rechtsnachfolge gegenüber der Gesellschaft zur Erfüllung der Verbindlichkeiten verpflichtet bleibe.

In dem der genannten Entscheidung des Bundesgerichtshofes zugrunde liegenden Fall sah der Gesellschaftsvertrag einer Gesellschaft bürgerlichen Rechts eine Bestimmung vor, wonach der neue Gesellschafter *„mit der Abtretung (...) in alle in der Gesellschaft begründeten Rechte und Pflichten seines Rechtsvorgängers“* eintritt. Der Senat hat hierzu ausgeführt, dass die Gesellschafter damit nicht nur, wie dies nach der früheren Rechtsprechung des Senats bereits ausreichend gewesen sei, vorbehaltlos ihre Zustimmung zu der Übertragung des Gesellschaftsanteils erklärt, sondern darüber hinaus auch – wie es von Kritikern der Senatsrechtsprechung gefordert werde – dem schuldbefreienden Übergang der Sozialansprüche zugestimmt hätten.[285] Eintritt könne im Zusammenhang mit der Benennung des Veräußerers als Rechtsvorgänger nichts anderes bedeuten, als dass der Erwerber an die Stelle des Veräußerers tritt.[286]

Dieser Entscheidung des Zweiten Zivilsenats sind *Reiff/Nannt* mit dem Argument entgegengetreten, die zitierte gesellschaftsvertragliche Regelung enthalte

---

283 *Ulmer*, in: Gesellschaft bürgerlichen Rechts, § 719 Rn. 42.

284 BGH DStR 2009, 984, 986.

285 Abweichend von dem herkömmlichen Verständnis, wonach unter Sozialverbindlichkeiten Verbindlichkeiten der Gesellschaft gegenüber Gesellschaftern verstanden werden, bezeichnet der Senat in dieser Entscheidung Verbindlichkeiten der Gesellschafter gegenüber der Gesellschaft als Sozialverbindlichkeiten. Dem herkömmlichen Verständnis folgend wird hier aber weiterhin der Begriff Sozialanspruch zur Bezeichnung von Verbindlichkeiten des Gesellschafters gegenüber der Gesellschaft gebraucht.

286 BGH DStR 2009, 984, 986.

lediglich die Regelung der Rechtsnachfolge des neuen Gesellschafters, nicht dagegen eine Bestimmung zur haftungsrechtlichen Stellung des Veräußerers. Dementsprechend könne auch nicht von einem schuldbefreienden Übergang der Sozialansprüche auf den Erwerber ausgegangen werden. Gegen die Begründung des Senats, die gewählte gesellschaftsvertragliche Formulierung könne nur so verstanden werden, dass der Erwerber an die Stelle des Veräußerers tritt, ziehen *Reiff/Nannt* die Regelung des § 613a Abs. 1 und 2 BGB heran und führen aus, dass auch nach dem Wortlaut dieser Bestimmung der neue Betriebsinhaber (unter bestimmten Umständen) in die Rechte und Pflichten aus dem Arbeitsverhältnis zwischen dem bisherigen Betriebsinhaber und den Arbeitnehmern „*eintritt*". Hiermit sei aber keine unmittelbare Regelung der Forthaftung des Rechtsvorgängers für Verbindlichkeiten aus dem Arbeitsverhältnis verbunden. Die Haftung des ehemaligen Betriebsinhabers werde nämlich gerade nicht in § 613a Abs. 1 Satz 1 BGB normiert, sondern in § 613a Abs. 2 BGB. Diese Vorschrift enthalte wiederum eine dem § 16 Abs. 2 GmbHG vergleichbare Bestimmung, wonach Rechtsvorgänger und Rechtsnachfolger grundsätzlich gesamtschuldnerisch für rückständige Leistungen haften. Dies zeige, dass die Formulierung „*in Rechte und Pflichten eintreten*" keineswegs pauschal zugleich als Regelung der Enthaftung des Rechtsvorgängers gedeutet werden könne.[287]

Diese Ansicht verkennt allerdings, dass die in § 613a BGB geregelte Schuldübernahme – ebenso wie die in § 414 BGB, wonach „*eine Schuld von einem Dritten (...) in der Weise übernommen werden kann, dass der Dritte an die Stelle des bisherigen Schuldners tritt*" – sehr wohl etwas mit der Enthaftung des Rechtsvorgängers zu tun hat.

Durch die Schuldübernahme wird der Übernehmer Schuldner der Forderung, während die Verpflichtung des bisherigen Schuldners entfällt. Dies ist nicht nur bei der vertraglich vereinbarten Schuldübernahme im Sinne der §§ 414, 415 BGB der Fall, sondern auch bei der von *Reiff/Nannt* herangezogenen Regelung des § 613a Abs. 1 BGB. Auch hier tritt der Erwerber im Zeitpunkt des Betriebsübergangs in die Rechte und Pflichten aus dem Arbeitsverhältnis ein. Er übernimmt die Rechtsstellung des bisherigen Arbeitgebers und wird damit Schuldner der in der Vergangenheit entstandenen, vom Betriebsveräußerer nicht oder nicht vollständig erfüllten Ansprüche der übernommenen Arbeitnehmer.[288] Die Bezeichnung als „Eintritt" in Rechte und Pflichten eines Rechtsvorgängers

287 *Reiff/Nannt*, Die Anteilsübertragung in der Personengesellschaft, in: DStR 2009, 2376, 2381.

288 *Müller-Glöge*, in: Münchener Kommentar zum BGB, § 613a BGB Rn. 161.

ist daher in aller Regel als Schuldübernahme zu qualifizieren. Ist die Schuld aber erst einmal wirksam (im Fall des § 415 BGB mit Zustimmung des Gläubigers) auf einen Rechtsnachfolger übergegangen, bedarf nicht die Enthaftung, sondern die Forthaftung des Rechtsvorgängers eines besonderen Rechtsgrundes. Einen solchen stellt die gesetzliche Anordnung in § 613a Abs. 2 BGB dar.

Von *Reiff/Nannt* werden zur Begründung der Gesamthaftung von Veräußerer und Erwerber neben § 613a BGB auch die weiteren Fälle gesetzlicher Vertragsübernahmen nach § 566 BGB (Eintritt des Erwerbers in die sich aus dem Mietverhältnis ergebenden Rechte und Pflichten des Vermieters) und § 95 VVG (Eintritt des Erwerbers einer versicherten Sache in die sich aus dem Versicherungsverhältnis ergebenden Rechte und Pflichten des Versicherungsnehmers) herangezogen. Auch diese gesetzlich geregelten Vertragsübernahmen sind jedoch nicht mit der – mit Zustimmung des Gläubigers – vorgenommenen Schuldübernahme zu vergleichen, weil sie sich typischer Weise dadurch auszeichnen, dass sie die Mitwirkung der verbleibenden Vertragspartei an der Auswechslung der anderen Vertragspartei gerade nicht voraussetzen und damit als Ausnahmevorschriften einem Grundprinzip der Privatrechtsordnung, nämlich der Freiheit in der Wahl des Vertragspartners, zuwider laufen.

Nachdem sich die verbleibende Vertragspartei in diesen Fällen gegen den Übergang des Vertrags auf und die Übernahme der durch diesen Vertrag begründeten Pflichten durch einen neuen Schuldner nicht zur Wehr setzen kann, bedarf es zu ihrer Absicherung einer gesetzlich angeordneten Nachhaftung des ehemaligen Schuldners. Eine analoge Anwendung dieser gesetzlichen Sicherungsmechanismen auf Konstellationen, in denen der Gläubiger den Übergang der Verbindlichkeiten seines bisherigen Schuldners auf einen anderen Schuldner durch Verweigerung der hierfür erforderlichen Zustimmung verhindern kann, ist daher in keiner Weise erforderlich und kommt letztlich nicht in Frage.[289]

Auch kann § 16 Abs. 2 GmbHG nicht zur Begründung einer gesamtschuldnerischen Haftung von bisherigem und neuem Gesellschafter herangezogen werden. Anders als bei den Personenhandelsgesellschaften, bei denen die Anteilsübertragung grundsätzlich der Zustimmung sämtlicher Gesellschafter bedarf, sind Geschäftsanteile einer GmbH vorbehaltlich abweichender gesellschaftsvertraglicher Regelungen frei übertragbar.[290] Folglich ist dieser Fall mit den beschriebenen Fällen gesetzlich angeordneter Vertragsübernahmen vergleichbar. Auch

289 Vgl. hierzu auch *Nörr*, in: Sukzessionen, § 20 I (S. 201); siehe auch BGHZ 83, 251 zur Frage der entsprechenden Anwendung des § 571 BGB auf das Patentrecht.

290 § 15 Abs. 1 GmbHG enthält den Grundsatz der freien Übertragbarkeit, § 15 Abs. 5 lässt gesellschaftsvertragliche Erschwerungen der Übertragung zu.

hier kann die Gesellschaft, wenn im Gesellschaftsvertrag keine Vinkulierung vorgesehen ist, die Auswechslung ihrer Gesellschafter – d.h. im Hinblick auf Sozialansprüche: ihrer Schuldner – nicht verhindern und bedarf infolgedessen eines besonderen gesetzlich angeordneten Schutzes.

Nach alledem kommt es für den Übergang einer Verbindlichkeit, wie vom Bundesgerichtshof verschiedentlich betont worden ist, in erster Linie darauf an, welche Vereinbarung Veräußerer und Erwerber im Hinblick auf diese Verbindlichkeit getroffenen haben. Da eine Vereinbarung zur Übernahme von Verbindlichkeiten grundsätzlich der Zustimmung des Gläubigers bedarf (§ 415 Abs. 1 BGB), hängt das Gelingen der vereinbarten Übertragung der Verbindlichkeit davon ab, ob die Gesellschaft als Gläubigerin der Übertragung zustimmt. Ist dies der Fall, geht die Verbindlichkeit auf den Erwerber über. Der Veräußerer wird hierdurch von seiner Schuld befreit.[291]

Wie bereits erwähnt, geht die herrschende Meinung in der Literatur davon aus, dass neben dem Veräußerer auch der Erwerber der Mitgliedschaft auf Erfüllung der gesellschaftsvertraglichen Verbindlichkeiten in Anspruch genommen werden kann, selbst wenn die Gesellschaft ihre Zustimmung zur Übernahme dieser Verbindlichkeiten verweigert hat. Dies folge aus dem mit der Übertragung der Mitgliedschaft einhergehenden Eintritt des Erwerbers in die Rechtsstellung des Veräußerers. Die Anteilsveräußerung führe daher im Regelfall zur gesamtschuldnerischen Haftung von Veräußerer und Erwerber für bestehende gesellschaftsvertragliche Verbindlichkeiten des Veräußerers.[292]

Dem ist entgegenzuhalten, dass sich im Falle des Scheiterns der vertraglich vereinbarten Übernahme von Verbindlichkeiten des Veräußerers die gesamtschuldnerische Haftung von Veräußerer und Erwerber der Mitgliedschaft für bereits konkretisierte, selbständig übertragbare Ansprüche der Gesellschaft nur noch aus einem Schuldbeitritt des Erwerbers oder aus einer unmittelbaren gesellschaftsvertraglichen Verpflichtung des Erwerbers, nicht jedoch aus der (gescheiterten) vereinbarten Schuldübernahme ergeben kann. Die Verweigerung der Genehmigung der Gesellschaft zur Übernahme der Verbindlichkeiten durch den Erwerber führt, entsprechend der Regelung des § 415 Abs. 3 BGB, im Zweifel nur zu der Verpflichtung des Erwerbers gegenüber dem Veräußerer, die Gesellschaft rechtzeitig zu befriedigen. § 329 BGB bestimmt, dass ein solches

291 Vgl. etwa *Möschel*, in: Münchener Kommentar zum BGB, § 414 Rn. 7.

292 *Ulmer*, in: Gesellschaft bürgerlichen Rechts, § 719 Rn. 44; ebenso *Schäfer*, in: Staub, Großkomm. zum HGB, § 105 Rn. 310, unter Berufung auf *A. Teichmann*, Übergang von Sozialansprüchen und Sozialverbindlichkeiten in der Personengesellschaft, in: NJW 1966, 2336, 2339 f.

Versprechen im Zweifel als Erfüllungsübernahme und damit gerade nicht als Schuldbeitritt aufzufassen ist.[293] Nach der Auslegungsregel der §§ 329, 415 Abs. 3 BGB „*soll nicht etwa der Gläubiger als Rosine nur die Mithaftung des Dritten picken können.*“[294]

Der Gläubiger – hier die Gesellschaft – erwirbt, wenn er seine Zustimmung zur Schuldübernahme verweigert, nach dieser (widerleglichen) Vermutung daher keinen unmittelbaren Anspruch gegen den Erwerber.

(ii) Schuldbeitritt

Ein Anspruch der Gesellschaft gegen den Erwerber der Mitgliedschaft kann sich trotz Verweigerung der Zustimmung zur Übernahme dieser Verbindlichkeiten des Veräußerers gegenüber der Gesellschaft aber aus einem Schuldbeitritt des Erwerbers ergeben. Ein rechtsgeschäftlich begründeter Schuldbeitritt kann sowohl durch Vertrag zwischen dem Beitretenden und dem Gläubiger als auch durch Vertrag zwischen dem (Alt)Schuldner und dem Beitretenden zustande kommen. Im Unterschied zur befreienden Schuldübernahme hat der Schuldbeitritt keinen Verfügungscharakter. Durch ihn wird vielmehr lediglich eine zusätzliche Verpflichtung des Beitretenden geschaffen, nicht aber auf die Forderung des Gläubigers gegen den ursprünglichen Schuldner eingewirkt.[295] Ein „Eintritt“ des Erwerbers in die Rechtsstellung des Veräußerers im Sinne einer Rechtsnachfolge, wie dies von der herrschenden Lehre zur Begründung der Gesamtschuldnerschaft zwischen Veräußerer und Erwerber herangezogen wird,[296] findet in dieser Konstellation gerade nicht statt.

Ob ein Schuldbeitritt oder eine bloße Erfüllungsübernahme, also eine nur das Innenverhältnis zwischen Schuldner und Übernehmer betreffende Vereinbarung gewollt ist, ist durch Auslegung zu ermitteln. Wichtigster Anhaltspunkt ist die Bewertung des Sicherungsinteresses des Gläubigers und des Übernahmeinteresses von Schuldner oder Drittem durch die jeweiligen Beteiligten. Besteht danach ein Parteiwille zur Vereinbarung eines Schuldbeitritts, ist die Gesellschaft berechtigt, neben dem Veräußerer auch den Erwerber auf Erfüllung in Anspruch zu nehmen, selbst wenn die schuldbefreiende Übernahme der Verbindlichkeiten

293 *Grüneberg*, in: Palandt, BGB, § 329 Rn. 5.

294 *Rieble*, in: Staudinger, Kommentar zum BGB, § 414 Rn. 26.

295 *Möschel*, in: Münchener Kommentar zum BGB, Vor. § 414 Rn. 12.

296 *Ulmer*, in: Gesellschaft bürgerlichen Rechts, § 719 Rn. 44; ebenso *Schäfer*, in: Staub, Großkomm. zum HGB, § 105 Rn. 310, unter Berufung auf *A. Teichmann*, Übergang von Sozialansprüchen und Sozialverbindlichkeiten in der Personengesellschaft, in: NJW 1966, 2336, 2339 f.

durch den Erwerber mangels Zustimmung der Gesellschaft oder aus anderem Anlass scheitert. Im Zweifel wird ein Schuldbeitritt aber wohl nicht gewollt sein.

(iii) Originäre Entstehung von Verbindlichkeiten gegenüber der Gesellschaft

Die zu einer gesamtschuldnerischen Haftung von Veräußerer und Erwerber für bestehende gesellschaftsvertragliche Verbindlichkeiten führende Verpflichtung des Erwerbers kann sich schließlich auch unmittelbar aus dem Gesellschaftsvertrag ergeben.

Zwar übernimmt der Erwerber bei einer Anteilsübertragung nach der hier vertretenen Ansicht dann nicht die bereits bestehenden gesellschaftsvertraglichen Verbindlichkeiten des Veräußerers, die sich von der Mitgliedschaft lösen und unabhängig von ihr übertragen lassen, wenn die Gesellschaft ihre Zustimmung zu einer zwischen Veräußerer und Erwerber vereinbarten Übertragung dieser Verbindlichkeiten verweigert hat.

Während ein derivativer Erwerb dieser Verbindlichkeiten vom Veräußerer mangels Zustimmung der Gesellschaft daher ausscheidet, können den Erwerber derartige Verpflichtungen aber auch originär, und zwar aufgrund des Erwerbs der Gesellschafterstellung treffen. Mit diesem tritt der Erwerber in den Gesellschaftsvertrag in seiner bestehenden Form ein und wird infolge dessen stets durch sämtliche gesellschaftsvertraglich bestimmten Rechte und Pflichten berechtigt und verpflichtet, die für den von ihm übernommenen Gesellschaftsanteil gelten, solange es sich bei diesen nicht um höchstpersönliche handelt.

Vermögensrechtliche Sozialansprüche, die der Gesellschaft, etwa aus rückständigen Geldeinlagen oder wieder aufgelebten Einlageverpflichtungen, zustehen, werden grundsätzlich nach den hierüber im Gesellschaftsvertrag getroffenen Vereinbarungen, zum Beispiel über einen bestimmten Leistungszeitpunkt, über die Notwendigkeit eines Gesellschafterbeschlusses oder über das Erfordernis eines Einzahlungsverlangens der Geschäftsführer, fällig. Enthält der Gesellschaftsvertrag dazu keine gesonderte Regelung, tritt die Fälligkeit der Einlageforderung nach § 271 Abs. 1 BGB sofort mit Abschluss des Vertrages ein. Im Falle zu Unrecht zurückgezahlter, nicht als unberechtigte Entnahmen zu qualifizierender Einlagen ist weitere Voraussetzung für die Fälligkeit der Einlageforderung deren Einforderung durch die Geschäftsführer.[297]

Bestehen in Bezug auf den erworbenen Gesellschaftsanteil noch derartige Ansprüche der Gesellschaft, trifft die gesellschaftsvertraglich vorgesehene

297 *Schäfer*, in: Staub, Großkomm. zum HGB, § 111 Rn. 10.

Leistungspflicht mit Wirksamwerden der Anteilsübertragung den neuen Gesellschafter. Weil diese vermögensrechtlichen Ansprüche nach ihrer Konkretisierung grundsätzlich von der Mitgliedschaft trennbar sind, bleibt daneben auch der Veräußerer aus dem vor der Anteilsübertragung entstandenen Anspruch der Gesellschaft verpflichtet. Veräußerer und Erwerber sind, da mit Fälligkeit des Anspruchs der Gesellschaft gegen den Erwerber der Mitgliedschaft sowohl dieser als auch der Veräußerer gegenüber der Gesellschaft zu derselben Leistung verpflichtet sind, die Gesellschaft die geschuldete Leistung jedoch nur einmal zu fordern berechtigt ist, in diesem Fall Gesamtschuldner (§ 426 BGB). Die Gesellschaft kann daher ab Entstehen der Verbindlichkeit in der Person des Erwerbers der Mitgliedschaft nach Belieben Veräußerer und Erwerber ganz oder teilweise auf Erfüllung in Anspruch nehmen.[298]

Anders ist die Sachlage bei vermögensrechtlichen Sozialansprüchen gegenüber dem Veräußerer der Mitgliedschaft, die nicht alleine an die Gesellschafterstellung anknüpfen, sondern vom Vorliegen weiterer Voraussetzungen in der Person des Veräußerers abhängen. Dies mag etwa bei Schadensersatzansprüchen der Gesellschaft gegen den Anteilsveräußerer wegen Verletzung einer Geschäftsführerpflicht, einer gesellschafterlichen Treuepflicht, bei Verstößen gegen ein Wettbewerbsverbot[299] oder bei unberechtigten Entnahmen[300] der Fall sein. Weil derartige Sozialansprüche – in der Regel – nicht gesellschaftsvertraglich verankert sind und den Anteilserwerber daher nicht originär treffen, wird dieser aus derartigen Sozialansprüchen nur dann verpflichtet, wenn ein besonderer Verpflichtungsgrund, wie eine Schuldübernahme oder ein Schulbeitritt, vorliegt.

cc) Höchstpersönliche Rechte und Pflichten

Nicht übertragbar sind schließlich höchstpersönliche Rechte und Pflichten des Veräußerers. Das Bestehen derartiger Rechte und Pflichten liegt in der gegenüber Kapitalgesellschaften besonderen Ausrichtung der Personenhandelsgesellschaften auf ihre Mitglieder begründet, welche sich häufig in besonderen gesellschaftsvertraglichen Strukturen und in konkreten Ausgestaltungen der Rechte der einzelnen Gesellschafter widerspiegelt. Sind bestimmten Gesellschaftern

---

298 Vgl. zu den Wirkungen der Gesamtschuld statt aller *Noack*, in: Staudinger, Komm. zum BGB, § 421 Rn. 110 ff.

299 Vgl. *Schäfer*, in: Staub, Großkomm. zum HGB, § 105 Rn. 310 Fn. 918.

300 Entnahmen sind dann objektiv unbefugt, wenn sie weder im Gesellschaftsvertrag zugelassen noch durch Gesellschafterbeschluss gedeckt sind und der Gesellschafter keinen materiellrechtlichen Anspruch gegen die Gesellschaft auf das entnommene Geld hat, *Schäfer*, in: Staub, Großkomm. zum HGB, § 111 Rn. 16.

besondere Verwaltungsrechte, wie zum Beispiel ein Mehrstimmrecht oder ein Recht zur Bestellung eines Beirats- oder Aufsichtsratsmitgliedes, oder besondere Vermögensrechte, etwa ein nicht durch entsprechende Beitragsleistungen abgedeckter höherer Gewinnanteil,[301] eingeräumt worden, stellt sich jeweils die Frage, ob es sich bei dem betreffenden Recht um ein höchstpersönliches Recht handelt. Ob ein Recht dergestalt mit der Person des Veräußerers verbunden ist, dass es unübertragbar wird, ist durch Auslegung des Gesellschaftsvertrages im Einzelfall zu entscheiden. Etwaige mit der Mitgliedschaft verbundene höchstpersönliche Rechte des Veräußerers sind ihrer Natur nach und in Übereinstimmung mit dem Rechtsgedanken des § 399 1. Alt BGB vom Übergang auf den Erwerber ausgeschlossen[302] und erlöschen infolge dessen bei einer Übertragung der Mitgliedschaft.[303] Entsprechendes gilt für höchstpersönliche Pflichten des Veräußerers, sofern sie nicht in dessen Person fortbestehen.

c. *Zusammenfassung*

Mit der Verfügung über die Mitgliedschaft in einer Personenhandelsgesellschaft wird stets zugleich auch über die Rechte und Pflichten verfügt, die mit ihr untrennbar verbunden sind. Diese gehen, ohne dass es einer gesonderten Verfügung über sie bedarf, zusammen mit der Mitgliedschaft auf den Erwerber über. Ausgenommen von diesem Grundsatz sind solche Rechte und Pflichten, die höchstpersönlichen Charakter haben.

Bei denjenigen Ansprüchen und Verbindlichkeiten des Veräußerers, die zwar dem mitgliedschaftlichen Rechtsverhältnis entstammen, sich aber von der Mitgliedschaft derart verselbständigt haben, dass sie isoliert an einen Dritten übertragen werden können, ist dagegen wie folgt zu differenzieren:

Über die Ansprüche des Veräußerers gegenüber der Gesellschaft (die Sozialverbindlichkeiten) können Veräußerer und Erwerber frei verfügen. Es unterliegt ihrer Entscheidung, ob diese Ansprüche bei dem Veräußerer verbleiben oder auf den Erwerber übergehen sollen. Haben Veräußerer und Erwerber hierzu keine ausdrückliche Bestimmung getroffen, ist im Zweifel von einem Übergang (auch) dieser Ansprüche auf den Erwerber auszugehen, weil in der Regel eine Separierung vom Anteil nicht gewünscht sein dürfte und nicht sachgerecht erscheint.

---

301 *Ulmer*, in: Gesellschaft bürgerlichen Rechts, § 719 Rn. 41.

302 *Habersack*, in: Die Mitgliedschaft, S. 107; ebenso *Ulmer*, in: Gesellschaft bürgerlichen Rechts, § 719 Rn. 41.

303 *Schäfer*, in: Staub, Großkomm. zum HGB, § 105 Rn. 306 m.w.N.

Ebenso können Veräußerer und Erwerber Vereinbarungen darüber schließen, ob von der Mitgliedschaft abtrennbare Verbindlichkeiten des Veräußerers gegenüber der Gesellschaft (die Sozialansprüche) auf den Erwerber übergehen oder bei dem Veräußerer verbleiben sollen. Die Übernahme derartiger Verbindlichkeiten durch den Erwerber bedarf nach § 415 BGB zu ihrer Wirksamkeit aber der Zustimmung des Gläubigers, also der Gesellschaft. Erfolgt diese nicht, scheitert die Übernahme der Verbindlichkeiten; sie verbleiben mithin beim Veräußerer der Mitgliedschaft. Der Erwerber ist in diesem Fall im Zweifel nur gegenüber seinem Vertragspartner, dem Veräußerer, nicht aber gegenüber der Gesellschaft zur Erfüllung verpflichtet.

Für die Begründung eines Anspruchs der Gesellschaft gegen den Erwerber der Mitgliedschaft auf Grund solcher Verbindlichkeiten bedarf es nach Verweigerung der Zustimmung zu ihrer Übernahme durch die Gesellschaft eines anderen Verpflichtungsgrundes. Ein derartiger Verpflichtungsgrund mag in der Vereinbarung eines Schuldbeitritts zwischen Veräußerer und Erwerber liegen. Ein Verpflichtungsgrund kann zudem – sofern es sich um gesellschaftsvertraglich vorgesehene Ansprüche der Gesellschaft, wie rückständige Beitragsverpflichtungen, handelt – auch in einer originären Verpflichtung des Erwerbers als Folge des Erwerbs der Gesellschafterstellung und des damit verbundenen Eintritts in die gesellschaftsvertraglich vorgesehenen Rechte und Pflichten des Veräußerers liegen. In diesen Fällen kann sich die Gesellschaft sowohl an den Veräußerer als auch an den Erwerber halten, die insoweit gesamtschuldnerisch verpflichtet sind. Fehlt es an einem derartigen Verpflichtungsgrund, bleibt der Veräußerer hingegen alleiniger Schuldner der Verbindlichkeiten gegenüber der Gesellschaft.

IV. Gesellschafterhaftung bei der Anteilsübertragung

Weil der historische Gesetzgeber von BGB und HGB die Möglichkeit einer Übertragung von Beteiligungen an Personenhandelsgesellschaften nicht in Erwägung gezogen hat, sind auch die Bestimmungen des HGB, die sich mit den Auswirkungen von Veränderungen des Gesellschafterbestandes von offener Handelsgesellschaft und Kommanditgesellschaft auf die Haftung der Gesellschafter gegenüber den Gesellschaftsgläubigern befassen, lediglich für den Ein- und Austritt von Gesellschaftern, nicht aber für den Fall der Übertragung von Gesellschaftsanteilen konzipiert. Wie vorstehend dargestellt, kann die Anteilsübertragung daher mit Rechtsfolgen verbunden sein, die maßgeblich von dem gesetzlich vorgesehenen

Fall des Ein- und Austritts abweichen.[304] Obgleich eine Anwendung der gesetzlichen Bestimmungen auf die Anteilsübertragung somit nicht selbstverständlich ist, wird sie von der ganz überwiegenden Meinung angenommen. Nicht in allen Fällen führt dies aber zu sachgerechten Ergebnissen.

1. Anwendbarkeit der gesetzlichen Bestimmungen

Bei den gesetzlich geregelten Haftungsfolgen von Änderungen im Gesellschafterbestand sind zum einen die Vorschriften zur Publizität des Gesellschafterkreises und zum anderen die Bestimmungen zur Haftung neu in die Gesellschaft eintretender Gesellschafter und zur Nachhaftung ausgeschiedener (oder in Folge der Umwandlung ihrer Beteiligung als solche zu behandelnder) Gesellschafter von besonderer Bedeutung.

a. Anwendung der Bestimmungen zur Publizität des Gesellschafterkreises

Die Vorschriften, die die Verpflichtung zur Anmeldung von Änderungen im Gesellschafterbestand betreffen, werden auf die Anteilsübertragung entsprechend angewandt.[305] Dies gilt namentlich für die Eintragungs- und Bekanntmachungspflichten im Hinblick auf Veränderungen im Gesellschafterbestand, welche sich für die offene Handelsgesellschaft aus den §§ 107 und 143 Abs. 3 HGB und für die Kommanditgesellschaft aus § 162 Abs. 1 und Abs. 3 HGB ergeben.

Abweichend von dem gesetzlich vorgesehenen Fall des kombinierten Ein- und Austritts, bei dem die Mitgliedschaft des ausscheidenden Gesellschafters erlischt, während der neu in die Gesellschaft Eintretende originär eine neue Mitgliedschaft erwirbt, bleibt die Identität der Mitgliedschaft bei der Übertragung des Gesellschaftsanteils gewahrt.[306] Es besteht daher über die Eintragung des bloßen Wechsels von Gesellschaftern hinaus das Bedürfnis, die besondere, von der gesetzlich geregelten Konstruktion abweichende Gestaltung des Gesellschafterwechsels im Handelsregister zu dokumentieren. Dies gilt für die Übertragung von Anteilen an einer offenen Handelsgesellschaft in gleicher Weise wie für die

304 Vgl. zu den Folgen für die Stellung des an einem kombinierten Ein- und Austritt beteiligten Gesellschafters im Innenverhältnis zur Gesellschaft und den Mitgesellschaftern unter § 3 II 2 (S. 43 ff.).

305 Vgl. statt aller *Langhein*, in: Münchener Kommentar zum HGB, § 107 Rn. 9; *Grunewald*, in: Münchener Kommentar zum HGB, § 162 Rn. 15.

306 *Schilling*, in: Staub, Großkomm. zum HGB, § 173 Rn. 7.

Übertragung von Anteilen an einer Kommanditgesellschaft.[307] Zum Zwecke der Kennzeichnung der Übertragung von Gesellschaftsanteilen ist die Eintragung des neuen Gesellschafters daher mit einem sog. Rechtsnachfolgevermerk zu versehen, der verdeutlicht, dass kein weiterer Gesellschafter in die Gesellschaft eingetreten, sondern der Gesellschaftsanteil übertragen worden ist.[308] Dies geschieht durch den formellen Hinweis im Register auf einen Eintritt *„im Wege der Sonderrechtsnachfolge"* oder *„im Wege der Rechtsnachfolge"*.[309] Die gesetzlichen Bestimmungen zur Publizität des Gesellschafterkreises werden für die Übertragung von Gesellschaftsanteilen insoweit durch Lückenausfüllung ergänzt.[310]

b. Anwendung gesetzlicher Haftungsbestimmungen

Die maßgeblichen gesetzlichen Haftungsbestimmungen sind nach überwiegender Ansicht ebenfalls auf die Übertragung von Gesellschaftsanteilen an offenen Handels- und Kommanditgesellschaften entsprechend anwendbar.[311]

aa) Generelle Anwendbarkeit

Dies gilt zunächst für die Regelungen zur Haftung eintretender Gesellschafter. Zwar besteht Einigkeit darüber, dass als *„Eintritt"* in dem in den §§ 130, 173 HGB gebrauchten technischen Sinne die Aufnahme eines neuen Gesellschafters unter Begründung eines neuen Anteils zu verstehen ist. Dies geschieht grundsätzlich durch Vertragsschluss mit den vorhandenen Gesellschaftern, so dass der rechtsgeschäftliche Erwerb eines bereits vorhandenen Anteils – ebenso wie der Erwerb infolge einer Universalsukzession – kein Eintritt in diesem strengen Sinne

---

307 Allerdings mit dem Unterschied, dass hierfür bei der offenen Handelsgesellschaft kein haftungsrechtliches Bedürfnis besteht, siehe hierzu nachfolgend unter § 3 IV 1 b aa) (S. 109 f).

308 Vgl. etwa OLG Köln ZIP 2004, 505, 507 m.w.N.; OLG Zweibrücken RPfleger 2002, 156.

309 Vgl. etwa *Müther*, in: Das Handelsregister in der Praxis, S. 251 Rn. 26; *K. Schmidt* (in: Gesellschaftsrecht § 45 III 3 b (S. 1325) hat vorgeschlagen, den Nachfolgezusatz dadurch zu ersetzen, dass eine *„Anteilsübertragung"* eingetragen wird.

310 Zur herrschenden Meinung vgl. nur *Martens*, in: Schlegelberger, HGB, § 162 Rn. 17, 19.

311 *Wiedemann* (in: Gesellschaftsrecht, Band II, S. 434) hält es allerdings für zweifelhaft, ob die Haftungsvorschriften für neu eintretende Mitglieder nach den §§ 130, 173 HGB auch auf die Anteilsübertragung angewandt werden müssten. Dies sei sachlich nicht veranlasst, weil ein Nachfolgevermerk im Handelsregister den Gläubigern keine Erhöhung des Eigenkapitals signalisiere.

ist. Aus Sinn und Zweck der Bestimmung, nämlich zu gewährleisten, dass jeder Gesellschafter für sämtliche Gesellschaftsschulden haftet, die vor der Erlangung seiner Gesellschafterstellung begründet wurden und während der Gesellschaftszugehörigkeit begründet werden, wird aber abgeleitet, dass jeder Beitritt eines neuen (unbeschränkt oder beschränkt haftenden) Gesellschafters zum Gesellschafterkreis als *„Eintritt“* im Sinne der genannten Haftungsnormen anzusehen ist.[312]

Ganz überwiegend wird deshalb davon ausgegangen, dass vom Eintrittsbegriff der §§ 130, 173 HGB sowohl der rechtsgeschäftliche Anteilserwerb durch Einzelrechtsnachfolge als auch die Gesamtrechtsnachfolge im Erbfall oder infolge einer Umwandlung erfasst werden. Auch für die Vermögensübertragung im Wege der Verschmelzung und für die Vermögensübertragung auf einen übernehmenden oder neuen Rechtsträger, durch die dieser Rechtsträger im Wege der Gesamtrechtsnachfolge gemäß den §§ 20 Abs. 1 Nr. 1, 36, 176 Abs. 3, 178 Abs. 2, 180 Abs. 2, 186, 188 Abs. 2 UmwG neuer Gesellschafter wird, gelten demnach die §§ 130, 173 HGB. Entsprechendes wird für den Fall der partiellen Gesamtrechtsnachfolge nach den §§ 125, 20, 36, 177, 179, 176 Abs. 3, 184 Abs. 2, 189 Abs. 2 UmwG angenommen, wenn der Gesellschafter einen Teil seines Vermögens, zu dem der Gesellschaftsanteil gehört, im Wege der Aufspaltung, Abspaltung, Ausgliederung oder Teil-Vermögensübertragung einem übernehmenden oder neuen Rechtsträger überlässt. Auch in diesen Fällen der Anteilsübertragung soll sichergestellt werden, dass jeder Gesellschafter, unabhängig davon, wann er der Gesellschaft beigetreten ist, für sämtliche Gesellschaftsschulden einheitlich haftet, ohne dass es auf den Unterschied zwischen Altverbindlichkeiten und Neuverbindlichkeiten ankommt.[313] Gleiches gilt für die Anwendung von § 160

---

312 *K. Schmidt* (in: Münchener Kommentar zum HGB, § 130 Rn. 14 bzw. § 173 Rn. 5) ist deshalb der Auffassung, der Begriff des Eintritts sei auf die von diesen Bestimmungen bezweckte Haftungsfolge hin abzugrenzen, nicht dagegen umgekehrt die Haftungsfolge auf den korrekten Begriff des Eintritts zu begrenzen. Der Gesetzgeber von 1897 habe den engeren Begriff des Eintritts gewählt, weil er die Anteilsübertragung und die Anteilsumwandlung (§ 160 Abs. 3 HGB) noch nicht gekannt habe und die Haftung bei Nachfolge von Todes wegen (§ 177 HGB) nur für regelungsbedürftig hielt, wenn der Erblasser unbeschränkt hafte (§ 139 HGB). In diesem Sinne auch OLG Rostock NJW-RR 2002, 244, 245.

313 Vgl. *K. Schmidt*, in: Münchener Kommentar zum HGB, § 130 Rn. 1; ebenso *Honsell/Harrer*, Die Haftung für Altschulden nach §§ 28 und 30 HGB bei arglistiger Täuschung, in: ZIP 1983, 263; *Hasenkamp*, Die akzessorische Haftung ausscheidender und eintretender Gesellschafter bürgerlichen Rechts, in: DB 2002, 2636 und *Schilling*, in: Staub, Großkomm. zum HGB, § 173 Rn. 2.

Abs. 1 HGB auf die Anteilsübertragung, d.h. für die zeitliche Begrenzung der Nachhaftung ausgeschiedener Gesellschafter auf 5 Jahre.[314]

Demgegenüber ist umstritten, ob auch § 176 Abs. 2 HGB, der die unbeschränkte Haftung nicht im Handelsregister eingetragener Kommanditisten anordnet, auf die Anteilsübertragung anzuwenden ist.[315] Vom Bundesgerichtshof wird dies bejaht. Sinn und Zweck des § 176 Abs. 2 HGB sei es, *„dass unterschiedslos ohne Rücksicht auf interne Erklärungen haftet, wer mitverantwortlich in den Kreis der Gesellschafter eingetreten ist und auf wessen Rechnung das Gesellschaftsunternehmen fortan betrieben wird“*.[316] Neben dem Vertrauensschutz hat der Bundesgerichtshof einen weiteren Zweck von § 176 Abs. 2 HGB darin gesehen, die beschränkte Haftung von Gesellschaftern einer Handelsgesellschaft generell von einer entsprechenden Publizität abhängig zu machen. Zwar sei dem Gesetzgeber des HGB die Möglichkeit der Übertragung einer Beteiligung an Personenhandelsgesellschaften unbekannt gewesen. Man sei vielmehr davon ausgegangen, dass sich hinter der kaufmännisch gedachten Übertragung juristisch die Konstruktion eines Austritts des Altgesellschafters und eines hiervon zu trennenden Eintritts des Neugesellschafters verberge. Über den unmittelbaren Anwendungsfall des § 176 Abs. 2 HGB hinaus sei die Vorschrift aber auch auf den vom Gesetzgeber nicht gekannten und deshalb nicht berücksichtigten Beteiligungserwerb anzuwenden.

Dies galt nach der früheren Rechtsprechung des Bundesgerichtshofes unabhängig davon, ob der Anteilserwerb auf einer rechtsgeschäftlichen Übertragung[317] oder auf erbrechtlicher Rechtsnachfolge[318] beruht. Allerdings wurde dem Erben einer Kommanditbeteiligung eine *„Schonfrist“* zugebilligt, innerhalb derer die Eintragung des Sonderrechtsnachfolgevermerks im Handelsregister herbeigeführt sein muss, um die unbeschränkte Haftung zu vermeiden.[319]

Mittlerweile ist der Bundesgerichtshof von dieser Auffassung abgerückt, soweit es um die Rechtsnachfolge durch Vererbung geht, und der herrschenden

---

314 *Habersack*, in: Staub, Großkomm. zum HGB, § 160 Rn. 13 ff.; *Wiedemann* (in: Gesellschaftsrecht, Band II, S. 434) begründet die entsprechende Anwendung der Nachhaftungsregelung der §§ 159, 160, 161 Abs. 2 HGB damit, dass sich niemand den mit seiner Mitgliedschaft verbundenen Lasten (Beitragspflichten und Haftung) durch den bloßen Austritt aus der Gemeinschaft entziehen könne.

315 So BGH NJW 1983, 2258, 2259.

316 BGH NJW 1982, 883, 884.

317 Vgl. hierzu BGH NJW 1983, 2258.

318 Vgl. hierzu BGHZ 82, 209, 211 = NJW 1982, 883; BGHZ 66, 98 = NJW 1976, 848.

319 BGHZ 66, 98, 100 = NJW 1976, 848.

Meinung in der Literatur beigetreten.[320] Diese verneint generell eine Anwendung des § 176 HGB auf jegliche Fälle des Anteilserwerbs, sei es durch Einzel- oder Gesamtrechtsnachfolge[321] und begründet dies damit, dass der Rechtsverkehr des Schutzes vor nicht öffentlich bekannt gemachten Haftungsbeschränkungen ebenso wenig bedürfe, wie die Haftung zur Herbeiführung von Klarheit über die Höhe der einzelnen Beteiligungen und des gesamten Kommanditkapitals notwendig sei. Denn bereits vor der Übertragung sei die Kommanditbeteiligung in das Handelsregister eingetragen und damit öffentlich bekannt gemacht. Diese Eintragung habe Klarheit über das Kommanditkapital und seine Verteilung auf die einzelnen Kommanditisten geschaffen. Nicht eingetragen sei lediglich der Kommanditistenwechsel. Der Scheintatbestand des Eintritts eines weiteren Gesellschafters ohne eingetragene Haftungsbeschränkung entstehe in dieser Konstellation somit gar nicht erst.[322]

Auch hinsichtlich der rechtsgeschäftlichen Übertragung eines Kommanditanteils hat sich der Bundesgerichtshof mit den Bedenken der Rechtsliteratur auseinandergesetzt, seine Rechtsprechung insoweit jedoch letztlich aufrechterhalten.[323]

bb) Haftung des persönlich haftenden Gesellschafters

Für die Haftung der an einer Anteilsübertragung beteiligten Gesellschafter offener Handelsgesellschaften und persönlich haftender Gesellschafter von Kommanditgesellschaften ergeben sich damit nach allgemeiner Ansicht keine von dem gesetzlich geregelten Fall eines kombinierten Ein- und Austritts abweichenden Rechtsfolgen. Der neue Gesellschafter haftet auch in dieser Konstellation für die Altverbindlichkeiten entsprechend der gesetzlichen Anordnung in § 130

---

320 BGHZ 108, 197 = NJW 1989, 3152.

321 Vgl. etwa *K. Schmidt*, Anwendungsgrenzen des § 176 II HGB, in: ZHR 144 (1980), 192; *K. Schmidt*, in: Schlegelberger, HGB, § 176 Rn. 20 ff.; *Huber*, Besprechung der Entscheidungen BGHZ 81, 82 und BGH WM 1983, 651 zu Eintragungsfehlern bei der Abtretung von Kommanditanteilen, in: ZGR 1984, 146, 160; *Strohn*, in: Ebenroth/Boujong/Joost/Strohn, Handelsgesetzbuch, § 176 Rn. 25; *Crezelius*, Zur Stellung des § 176 HGB im Handelsrecht und Gesellschaftsrecht, in: BB 1983, 12; *Eckert*, Rechtsfolgen des Kommanditistenwechsels in: ZHR 147 (1983), 572.

322 *Schilling*, in: Staub, Großkomm. zum HGB, § 176 Rn. 15; ebenso *K. Schmidt*, in: Schlegelberger, HGB, § 176 Rn. 18, 19, 25; *Reuter*, Neuere Rechtsprechung zum Personengesellschaftsrecht – Teil 2, in: JZ 1986, 72, 76.

323 BGH NJW 1983, 2258, 2259.

HGB.[324] Ebenso besteht die unbeschränkte Haftung des Veräußerers für Verbindlichkeiten der Gesellschaft, die bis zur Übertragung des Gesellschaftsanteils begründet wurden, nach einhelliger Meinung bis zum Eintritt der Enthaftung nach § 160 HGB fort.[325]

cc) Haftung des Kommanditisten

Auch der Erwerber eines Kommanditanteils haftet wegen der entsprechenden Anwendung des § 173 HGB zunächst wie ein eintretender Kommanditist nach Maßgabe der §§ 171 und 172 HGB für die vor dem Wirksamwerden der Anteilsübertragung begründeten Verbindlichkeiten der Kommanditgesellschaft. Der Veräußerer des Kommanditanteils haftet konsequenter Weise für dieselben Verbindlichkeiten bis zu seiner Enthaftung nach den §§ 160, 161 Abs. 2 HGB fort. Allerdings findet bei der Übertragung des Kommanditanteils keine Verdopplung der Haftsumme statt, wie dies bei einem zeitgleich erfolgenden kombinierten Ein- und Austritt von neuem und altem Kommanditisten der Fall ist, weil in diesem Fall keine neue Mitgliedschaft entsteht.[326] Die bereits bestehende Mitgliedschaft geht vielmehr unverändert auf den Erwerber über. Unberührt bleibt daher auch die in Ansehung der übertragenen Mitgliedschaft gesellschaftsvertraglich vereinbarte und im Handelsregister eingetragene Höhe der Haftsumme. Dies wird im Handelsregister durch den Rechtsnachfolgevermerk klargestellt.

Für die haftungsrechtlichen Folgen der an der Anteilsübertragung beteiligten Personen ist die Dokumentation der Rechtsnachfolge bei der Übertragung von Kommanditanteilen von besonderer Bedeutung. Der Zweck der Eintragung eines Sonderrechtsnachfolgevermerks in das Handelsregister liegt in diesen Fällen vor allem in der Kennzeichnung der sich aus der Übertragung ergebenden Rechtsnachfolge in den Kommanditanteil und dient der notwendigen Abgrenzung von dem im Gesetz normierten (gleichzeitigen) Austritt eines alten sowie Eintritt eines neuen Kommanditisten. Nur durch diesen Vermerk kann im Handelsregister deutlich gemacht werden, ob – mit unterschiedlichen Haftungskonsequenzen – zeitgleich mit dem Ausscheiden eines Kommanditisten ein neuer Kommanditist mit einer zusätzlichen Haftsumme eingetreten ist oder ob sich lediglich die Person des Gesellschafters in Bezug auf einen unverändert bestehenden Kommanditanteil verändert hat. Allein aus

---

324 Vgl. etwa *von Gerkan*, in: Röhricht/Graf von Westphalen, § 130 Rn. 3; *Hillmann*, in: Ebenroth/Boujong/Joost/Strohn, HGB, § 130 Rn. 5, 7.

325 *K. Schmidt*, in: Münchener Kommentar zum HGB, § 160 Rn. 24.

326 Vgl. hierzu bereits Darstellung unter § 3 II 3 (S. 44 ff.).

dem Rechtsnachfolgevermerk können die Gläubiger zuverlässig ersehen, wie sich die Haftungslage im Außenverhältnis gestaltet.[327]

Ab Vollzug der Übertragung sind die Haftungsschicksale von Veräußerer und Erwerber (bis zu einer Enthaftung des Veräußerers nach § 160 HGB) im Fall der Anteilsübertragung miteinander verbunden. Sowohl der Ausschluss der persönlichen Haftung des Veräußerers als auch des Erwerbers hängen fortan von der Leistung der gesellschaftsvertraglich vereinbarten Einlage im Hinblick auf den übertragenen Kommanditanteil in Höhe der für diesen maßgeblichen Haftsumme ab. Während bei einem Gesellschafterwechsel durch kombinierten Ein- und Austritt jeder der daran beteiligten Kommanditisten für die Deckung der für seinen Kommanditanteil im Handelsregister eingetragenen Haftsumme durch Einlageleistung allein verantwortlich ist, ist die persönliche Haftung der beiden an der Übertragung des Kommanditanteils beteiligten Personen durch die Rechtsnachfolge des Erwerbers in die gesellschaftsvertragliche Rechtsstellung des Veräußerers derart verknüpft, dass der Ausschluss der persönlichen Haftung beider von der Deckung einer einzigen Haftsumme abhängt.

Da die gesetzlichen Bestimmungen des Handelsgesetzbuchs zum Gesellschafterwechsel von einem kombinierten Ein- und Austritt ausgehen, enthalten sie konsequenter Weise keine Regelungen im Hinblick auf die haftungsrechtlichen Folgen einer Einlageleistung sowie einer ggf. erfolgenden Rückgewähr der Einlage nach Übertragung eines Kommanditanteils für den Erwerber und den Veräußerer. Diese Problematik besteht bei einem kombinierten Ein- und Austritt naturgemäß nicht, weil es dort um zwei unabhängig voneinander bestehende Mitgliedschaften geht, während bei der Anteilsübertragung lediglich eine Mitgliedschaft besteht, die in ihrer konkreten Gestalt vom Veräußerer auf den Erwerber übergeht.

Weil die gesetzlichen Regelungen zur Bestimmung der Haftungsfolgen eines Kommanditistenwechsels folglich dann nicht zu sachgemäßen Ergebnissen führen, wenn es um die Frage geht, welchem der an der Anteilsübertragung beteiligten Gesellschafter die haftungsbefreiende Wirkung der Einlageleistung zugute kommt, wird zur Lösung dieser Fälle auf die – jedenfalls im Innenverhältnis zur Gesellschaft und den Mitgesellschaftern – mit der Anteilsübertragung einhergehende Rechtsnachfolge abgestellt.

---

327 Siehe *K. Schmidt*, in: Münchener Kommentar zum HGB, § 173 Rn. 26 f.

(1) Heranziehung von Grundsätzen der Rechtsnachfolge

Wie bereits dargestellt, handelt es sich sowohl bei der Pflicht zur Einlageleistung als auch bei der Einlageleistung selbst um gesellschaftsinterne Vorgänge. Einzig infolge der gesetzlichen Anordnungen in § 171 Abs. 1 und § 172 Abs. 4 HGB entfalten diese gesellschaftsinternen Rechtsakte unmittelbare Wirkung auf das Außenverhältnis der Gesellschafter zu den Gesellschaftsgläubigern.[328] Durch die Rechtsnachfolge des Erwerbers in die mit der übertragenen Mitgliedschaft untrennbar verbundenen Rechte und Pflichten sind Erwerber und Veräußerer auch im Hinblick auf die Haftung gegenüber den Gesellschaftsgläubigern rechtlich miteinander verbunden. Weil sich die Haftungssituation der beiden fortan an dem Schicksal der hinsichtlich des übertragenen Kommanditanteils vereinbarten Pflichteinlage und der Höhe der für diesen Kommanditanteil maßgeblichen Haftsumme bemisst, ist wie folgt zu differenzieren:

Als (eingetragener) Rechtsnachfolger des Veräußerers ist der Erwerber berechtigt, sich auf den mit der Einlageleistung verbundenen Haftungsausschluss des § 171 Abs. 1, Hs. 2 HGB auch dann zu berufen, wenn die Einlage nicht durch ihn selbst, sondern bereits vor dem Wirksamwerden der Anteilsübertragung durch den Veräußerer erbracht und im Vermögen der Gesellschaft belassen worden ist. Die durch den Veräußerer mit haftungsbefreiender Wirkung geleistete Einlage wirkt nach Übertragung der Mitgliedschaft auch zugunsten des Veräußerers fort, der in entsprechender Anwendung der §§ 171, 172 HGB bis zum Eintritt des Enthaftungstatbestandes nach § 160 Abs. 1, 161 Abs. 2 HGB forthaftet und dessen Haftungsausschluss gemäß § 171 Abs. 1, Hs. 2 HGB während dieser Zeit ebenfalls von der Leistung der Einlage in Höhe der für den übertragenen Kommanditanteil maßgeblichen Haftsumme abhängig ist.[329]

Ebenso kommt eine haftungsbefreiende Leistung des Veräußerers nach Übertragung des Kommanditanteils dem Erwerber zugute, wenn diese Leistung nach § 267 BGB zur Erfüllung der Einlageschuld des Erwerbers bestimmt ist oder wenn sie jedenfalls dazu dienen soll, die eigene Haftung des Veräußerers

328 Vgl. hierzu bereits Darstellung unter § 2 II 2 b) (S. 25).

329 RG DNotZ 1944, 195, 199; BGHZ 81, 82, 85 = NJW 1981, 2747; *Huber*, in: Vermögensanteil, S. 399; *Schilling*, in: Staub, Großkomm. zum HGB, § 173 Rn. 6; *K. Schmidt*, Kommanditistenwechsel und Nachfolgevermerk – Bemerkungen zum Urteil des Bundesgerichtshofes vom 29.6.1981, GmbHR 1981, 256; *ders.* in: Münchener Kommentar zum HGB, § 173 Rn. 30 f. Ob die von dem Veräußerer eingezahlte Einlage noch vorhanden ist, das von ihm auf den Erwerber umzubuchende Kapitalkonto also noch eine Deckung aufweist, ist für die Haftungsfrage nach BGHZ 81, 82, 85 (= NJW 1981, 2747) ohne Bedeutung.

auszuschließen.[330] In letzterem Fall ergibt sich die Haftungsbefreiung des Erwerbers aus dem Wesen der Rechtsnachfolge, nach dem der Rechtsnachfolger grundsätzlich nicht weitergehend haften kann, als sein Rechtsvorgänger.[331]

Nachdem der Veräußerer eines Kommanditanteils bis zum Eintreten der Enthaftung nach § 160 HGB unter das Haftungsregime der §§ 171, 172 Abs. 4 HGB gestellt bleibt, unterliegt er auch der fortbestehenden Haftung aus dem Kommanditanteil, wenn dessen Haftsumme entgegen den §§ 167, 169, 171 Abs. 1, 172 Abs. 4 HGB nicht (mehr) gedeckt ist.

Dementsprechend haften sowohl der Erwerber und als auch der Veräußerer persönlich, wenn auch auf den Betrag der Haftsumme beschränkt, für die Verbindlichkeiten der Gesellschaft, soweit die Einlage im Zeitpunkt des Wirksamwerdens der Übertragung nicht bzw. nicht in einer für den Haftungsausschluss nach § 171 Abs. 1 HGB ausreichenden Höhe erbracht worden ist.[332] Leistet in dieser Konstellation der Erwerber die ausstehende Einlage mit für ihn haftungsbefreiender Wirkung, kommt letztere auch dem Veräußerer zugute.[333]

Die Abhängigkeit der Haftungssituationen von Veräußerer und Erwerber zeigt sich auch daran, dass die Haftung von Veräußerer und Erwerber nach herrschender Meinung wieder auflebt, wenn der Veräußerer von der Gesellschaft

---

330 Auch wenn für den ausgeschiedenen Kommanditisten kein Kapitalkonto mehr geführt wird, kann er sich nach wohl h.M. dennoch dadurch von seiner Haftung befreien, dass er der Gesellschaft einen Vermögenswert in Höhe der Haftsumme zuführt, vgl. etwa *K. Schmidt*, in: Münchener Kommentar zum HGB, §§ 171, 172 Rn. 43, *Strohn*, in: Ebenroth/Boujong/Joost/Strohn, Handelsgesetzbuch, § 171 Rn. 81 und *Horn*, in: Heymann, § 171 Rn. 25; ebenso BGH NJW 1963, 1873; a.A. *Schilling*, in: Staub, Großkomm. zum HGB, § 171 Rn. 16, der annimmt, der ausgeschiedene Kommanditist könne sich nur noch durch Zahlung an den Altgläubiger befreien. Siehe zum Ganzen auch *Michel*, Die Rechtsfolgen von Vermögensverschiebungen nach einer Kommanditanteilsübertragung, in: ZGR 1993, 118, 133 ff.

331 *Strohn*, in: Ebenroth/Boujong/Joost/Strohn, Handelsgesetzbuch, § 173 Rn. 14.

332 RG DNotZ 1944, 195, 199; BGHZ 81, 82, 85 = NJW 1981, 2747, 2748; *Huber*, in: Vermögensanteil, S. 400; *Hopt*, in: Baumbach/Hopt, HGB, § 173 Rn. 11; *K. Schmidt*, in: Münchner Kommentar zum HGB, § 173 Rn. 31; a.A. *Michel*, in: Die Kommanditanteilsübertragung auf einen Dritten, S. 84 ff., der lediglich eine Haftung des Anteilserwerbers annimmt.

333 Siehe etwa RG DNotZ 1944, 195, 199; OLG Rostock ZIP 2001, 1049; *K. Schmidt*, in: Schlegelberger, HGB, § 173 Rn. 32.

nach erfolgter Anteilsübertragung eine Leistung erhält, die als Rückzahlung der Einlage nach § 172 Abs. 4 HGB zu qualifizieren ist.[334]

Umstritten ist, welche Haftungsfolgen sich ergeben, wenn die Einlage nach dem Anteilserwerb mit der Wirkung des § 172 Abs. 4 HGB an den neuen Kommanditisten zurückbezahlt wird. Teilweise wird vertreten, nach erfolgter Anteilsübertragung schade dem ausgeschiedenen Kommanditisten eine spätere Auszahlung grundsätzlich nicht mehr. Die Kommanditistenhaftung lebe also weder durch eine Auszahlung an ihn noch durch eine Rückzahlung an den Erwerber des Kommanditanteils wieder auf. Begründet wird diese Annahme damit, dass die Finanzierungsverantwortung durch die Anteilsübertragung auf den neuen Kommanditisten übergegangen sei.[335]

Nach überwiegender Meinung lebt aber auch in diesem Fall neben der Haftung des neuen Kommanditisten die des Veräußerers nach § 172 Abs. 4 HGB wieder auf.[336] Früher wurde dies vor allem damit begründet, dass sich der Gläubiger nicht gegen seinen Willen einen neuen Schuldner aufdrängen zu lassen brauche.[337] Zunehmend wird auch darauf abgestellt, dass der Gesetzgeber die potentielle Kommanditistenhaftung als eine schützenswerte Gläubigerposition ausgestaltet habe.[338] Der Grund der Kommanditistenhaftung sei nicht ein Haftungsereignis, sondern eine Haftungslage, wonach jeder nach den §§ 171 Abs. 1, 172 Abs. 4 HGB haftende Kommanditist jederzeit dafür einstehen müsse, dass die Haftsumme durch seine Einlage im Gesellschaftsvermögen gedeckt, also eingezahlt und nicht zurückgezahlt ist. Bis zum Eintritt des Enthaftungstatbestandes treffe diese Einstandspflicht wegen des Fortbestehens der Haftungslage nach den §§ 160, 161 Abs. 2 HGB folglich auch den ausgeschiedenen Kommanditisten.

334 Vgl. etwa *Horn*, in: Heymann, § 172 Rn. 20; *Michel*, Die Rechtsfolgen von Vermögensverschiebungen nach einer Kommanditanteilsübertragung, in: ZGR 1993, 118, 126 ff.; a.A. *Scholz*, in: Westermann, Handbuch der Personengesellschaften II, Rn. 3056 (S. 1304).

335 *Hopt*, in: Baumbach/Hopt, HGB, § 173 Rn. 12; *Michel*, Die Rechtsfolgen von Vermögensverschiebungen nach einer Kommanditanteilsübertragung, in: ZGR 93, 118; früher *K. Schmidt*, in: Schlegelberger, HGB, § 173 Rn. 33.

336 RG DNotZ 1944, 195, 199; BGH NJW 1976, 751, 752; *K. Schmidt*, in: Gesellschaftsrecht, § 54 IV 3 (S. 1591) Fn. 102; *ders.*, in: Münchener Kommentar zum HGB, § 173 Rn. 33.

337 BGH NJW 1976, 751, 752; *Adel*, Kommanditistenwechsel und Haftung, in: DStR 1994, 1580, 1584.

338 *V. Olshausen*, Haftung beim Kommanditistenwechsel unter Lebenden, in: Festschrift für Knobbe-Keuk, S. 269; *K. Schmidt*, in: Münchener Kommentar zum HGB, § 173 Rn. 33.

Die Anteilsveräußerung führt danach zu einer Einstandspflicht von Veräußerer und Erwerber für die Deckung der für den übertragenen Kommanditanteil maßgeblichen Haftsumme. Maßgeblich für den Ausschluss, das Wiederaufleben und den Umfang der persönlichen Haftung von Veräußerer und Erwerber ist die Leistung und der Verbleib der im Hinblick auf den übertragenen Kommanditanteil vereinbarten Einlage im Gesellschaftsvermögen sowie die für diesen Anteil vereinbarte und im Handelsregister eingetragene Haftsumme.

(2) Haftung bei Fehlen eines Rechtsnachfolgevermerks

Fehlt es an einem die Rechtsnachfolge des Erwerbers kennzeichnenden Rechtsnachfolgevermerk, ergeben sich nach der Rechtsprechung des Bundesgerichtshofes und der mittlerweile wohl herrschenden Ansicht in der Literatur für den Erwerber der Mitgliedschaft keine Abweichungen von den im vorstehenden Abschnitt dargestellten Haftungsfolgen. Allein der Veräußerer wird mit den negativen Haftungsfolgen belastet.

So hat der Zweite Zivilsenat des Bundesgerichtshofes in einem Fall, in dem ein Kommanditanteil übertragen wurde, ohne dass ein entsprechender Rechtsnachfolgevermerk in das Handelsregister eingetragen worden ist, entschieden, dass der Erwerber eines Kommanditanteils den Gesellschaftsgläubigern, sofern die Haftsumme geleistet ist, auch dann nicht haftet, wenn im Handelsregister kein auf die Rechtsnachfolge hinweisender Vermerk eingetragen sei; in diesem Fall hafte der Rechtsvorgänger.[339] Begründet hat der Senat diese Entscheidung damit, dass die Haftung des früheren Kommanditisten in dieser Konstellation im Abtretungsfall wieder auflebe, weil mit der Übertragung der Rechtsposition auf den neuen Kommanditisten auf diesen auch das Recht übergegangen sei, sich auf die Einlageleistung seines Rechtsvorgängers und die Wirkung des § 171 Abs. 1 Hs. 2 HGB zu berufen, so dass die im Handelsregister weiter eingetragene Haftsumme des früheren Kommanditisten durch seine frühere Einlageleistung fortan nicht mehr gedeckt sei.[340] Es sei zwar richtig, dass das Gesetz den Wegfall der Haftungsfreiheit für diesen Fall nicht bestimmt habe. Dies erkläre sich aber ohne weiteres daraus, dass die Übertragung des Kommanditanteils im Wege der Sonderrechtsnachfolge bei Entstehung des HGB noch nicht anerkannt war. Nachdem aber nun nicht mehr zweifelhaft sei, dass die Mitgliedschaft in einer Personengesellschaft durch einfaches Verfügungsgeschäft übertragen werden kann, sei § 172 Abs. 4 HGB nach seinem Sinn und Zweck entsprechend

339 BGH NJW 1981, 2747.

340 BGH NJW 1981, 2747, 2748.

anzuwenden, wenn sich der Kommanditist seiner vermögenswerten Rechte in der Gesellschaft durch Abtretung begeben hat, so dass für ihn seine Einlage auch in diesem Fall – wie das Gesetz es formuliert – *„den Gläubigern als nicht (mehr) geleistet gilt“*.[341]

Eine nach Anteilsübertragung erfolgte Leistung der Gesellschaft an den Veräußerer im Sinne von § 172 Abs. 4 HGB ist – nicht anders als bei Eintragung eines Rechtsnachfolgevermerks im Handelsregister – auch bei Fehlen eines Rechtsnachfolgevermerks für den Erwerber haftungsbegründend. Auch dies wird aus dem Wesen der Rechtsnachfolge gefolgert.[342]

2. Zusammenfassung

Für den Umfang der persönlichen Haftung der als Veräußerer oder Erwerber an einem Wechsel von Gesellschaftern offener Handelsgesellschaften oder von Komplementären Beteiligten ist es ohne Belang, ob dieser Wechsel durch kombinierten Ein- und Austritt erfolgt oder Konsequenz einer Übertragung der Mitgliedschaft ist. In beiden Fällen haften Erwerber und Veräußerer (letzterer bis zum Eintritt einer Enthaftung gemäß § 160 HGB) unbeschränkt für die Verbindlichkeiten der Gesellschaft.

Von Bedeutung ist die rechtliche Konstruktion des Gesellschafterwechsels aber dann, wenn es um Kommanditanteile geht. Wegen der besonderen Struktur der Kommanditistenhaftung, die durch ein Wechselspiel von Einlageleistung und Haftungsbefreiung geprägt ist, hängen der Ausschluss der persönlichen Haftung von Veräußerer und Erwerber nach Übertragung der Mitgliedschaft davon ab, ob die für diese Mitgliedschaft vereinbarte Einlage mit haftungsbefreiender Wirkung – also in Höhe der Haftsumme – geleistet und im Gesellschaftsvermögen belassen wurde, sowie davon, ob sich beide oder ob sich nur einer der an der Anteilsübertragung Beteiligten auf diese Leistung berufen können. Dies ist gesetzlich nicht geregelt.

Zur Bestimmung des Umfangs und der Reichweite der Rechtsnachfolge des Erwerbers in die Rechtsstellung des Veräußerers ist es deshalb erforderlich, allgemeine Rechtsnachfolgegrundsätze heranzuziehen. Eine ordnungsgemäße Eintragung vorausgesetzt, führt die Rechtsnachfolge des Erwerbers in die gesellschaftsvertragliche Stellung des Veräußerers dazu, dass sich sowohl der Erwerber als auch der Veräußerer eines Kommanditanteils auf die haftungsbefreiende

341 So im Ergebnis auch RGZ 162, 264, 268; *Huber*, in: Vermögensanteil, S. 401 Rn. 16.

342 *Schilling*, in: Staub, Großkomm. zum HGB, § 173 Rn. 9; *Strohn*, in: Ebenroth/Boujong/Joost/Strohn, Handelsgesetzbuch, § 173 Rn. 15.

Wirkung der Einlageleistung berufen können, auch wenn diese durch die jeweils andere Partei des Übertragungsvertrags vorgenommen wurde. Spiegelbildlich hat eine Rückgewähr der Einlage das Wiederaufleben der persönlichen Haftung von Veräußerer und Erwerber zur Folge.[343] Gegenüber den Gesellschaftsgläubigern haften Veräußerer und Erwerber in diesem Fall gesamtschuldnerisch.

3. Die Frage nach dem Übergang der unbeschränkten Kommanditistenhaftung

Gesetzlich ebenfalls nicht geregelt sind die haftungsrechtlichen Folgen der Übertragung einer Kommanditbeteiligung für Veräußerer und Erwerber, wenn ersterer für bestimmte oder sämtliche Verbindlichkeiten, die vor dem Wirksamwerden der Anteilsübertragung begründet wurden, unbeschränkt haftet.

Haftet der seinen Kommanditanteil übertragende Gesellschafter nach § 176 Abs. 1 oder Abs. 2 HGB unbeschränkt, weil die Kommanditgesellschaft als solche oder der Gesellschafter noch nicht als Kommanditist im Handelsregister eingetragen sind, sind hiervon zunächst sämtliche Verbindlichkeiten der Kommanditgesellschaft erfasst. Die persönliche Haftung wird erst mit Eintragung der Kommanditgesellschaft bzw. des Eintritts des Kommanditisten und auch nur für nach der Eintragung begründete Gesellschaftsverbindlichkeiten betragsmäßig beschränkt. Für die Gesellschaftsverbindlichkeiten, die vor der Eintragung begründet wurden, haftet der Kommanditist dementsprechend (bis zum Eintritt des Enthaftungstatbestands nach § 160 HGB) unbeschränkt fort.[344]

Hiermit vergleichbar ist die Haftungssituation eines Gesellschafters, dessen Beteiligung als Gesellschafter einer offenen Handelsgesellschaft oder als Komplementär in eine Kommanditistenbeteiligung umgewandelt wird. Auch in diesem Fall haftet der Gesellschafter zunächst ausschließlich unbeschränkt für sämtliche Verbindlichkeiten der Gesellschaft. Nach Eintritt der Haftungsbeschränkung besteht die unbeschränkte Haftung des Kommanditisten für Verbindlichkeiten der Gesellschaft, die vor Umwandlung der Mitgliedschaft begründet wurden, fort und zwar ebenfalls bis zum Eintritt des Enthaftungstatbestandes des § 160 HGB.

Überträgt ein Kommanditist, der aus einem der beschriebenen Gründe für sämtliche, oder bestimmte Verbindlichkeiten der Kommanditgesellschaft unbeschränkt haftet, seine Mitgliedschaft, stellt sich für die Bestimmung des Umfangs

---

343 Allgem. Meinung, vgl. etwa *Frenz*, Rechtsnachfolge in Kommanditanteile, in: MittRhNotK 1988 Heft 1–2 S. 1.

344 Vgl. zu den Fallgruppen unbeschränkter Kommanditistenhaftung bereits § 2 II 2 c (S. 26 ff.).

der Haftung des Erwerbers die Frage, ob auch die unbeschränkte Haftung des Veräußerers von der Rechtsnachfolge des Erwerbers in die Rechtsstellung des Veräußerers erfasst wird.

Wäre dies der Fall, träfe den Erwerber eine unbeschränkte Haftung für sämtliche Verbindlichkeiten der Gesellschaft, für die der Veräußerer im Zeitpunkt der Übertragung der Mitgliedschaft unbeschränkt haftet. Unterläge die Haftung dagegen nicht der Rechtsnachfolge des Erwerbers in die Rechtsstellung des Veräußerers, dürfte der Erwerber selbst für solche Verbindlichkeiten, für die der Veräußerer unbeschränkt haftet, lediglich nach Maßgabe des § 173 HGB und damit gemäß den §§ 171, 172 HGB betragsmäßig beschränkt haften.

§ 4 Rechtsnachfolge in die Haftung des Veräußerers

Die Frage der Rechtsnachfolge des Erwerbers eines Kommanditanteils in die unbeschränkte Haftungsschuld seines Rechtsvorgängers war bislang noch nicht Gegenstand höchstrichterlicher Rechtsprechung.[345] Trotz des weitreichenden Haftungsrisikos, welches eine Rechtsnachfolge in die persönliche und gegebenenfalls unbeschränkte Haftung des Rechtsvorgängers für den Erwerber eines Kommanditanteils hätte, ist in der Literatur nur vereinzelt und im Zusammenhang mit unterschiedlichen Aspekten der Kommanditistenhaftung dazu Stellung genommen worden, ob der Erwerber eines Kommanditanteils in die Haftung des Veräußerers eintritt.

I. Meinungsbild zur Rechtsnachfolge in die Haftung

Wie bereits dargestellt,[346] hatte sich das Reichsgericht schon 1944 in der für die Anerkennung der Übertragbarkeit eines Anteils an einer Personengesellschaft wegweisenden Entscheidung ausführlich zu den Rechtsfolgen einer solchen Übertragung geäußert und im Hinblick auf die Haftung des neuen Kommanditisten ausgeführt:

> *„Auch gegenüber den Gesellschaftsgläubigern* ***tritt der neue Kommanditist in die Schuld und Haftung seines Rechtsvorgängers ein.*** *Wie er im Innenverhältnis nur neben die anderen Mitgesellschafter, nicht auch neben seinen Vorgänger, sondern an dessen Stelle tritt, trifft ihn auch nach außen haftungsmäßig eben die Haftung für die Verbindlichkeiten der Gesellschaft und bloß diese, die jenem obläge, wenn er nicht ausgeschieden wäre.“*[347]

Der Zweite Zivilsenat des Bundesgerichtshofes verwendete 1981 in einer Entscheidung, in der es ebenfalls um die Haftung des Erwerbers eines Kommanditanteils ging, eine ganz ähnliche Formulierung:

> *„Der Gesellschafter einer Personengesellschaft kann seinen Gesellschaftsanteil („die Mitgliedschaft") mit Zustimmung der übrigen Gesellschafter auf einen Mitgesellschafter oder auf eine dritte Person durch Verfügungsgeschäft mit der Wirkung übertragen, daß der Erwerber, wenn nichts anderes geregelt ist, ohne weiteres in die Rechtsstellung eintritt, die*

345 Zur Auseinandersetzung mit der diese Frage scheinbar (auch) behandelnden Rechtsprechung des Bundesgerichtshofs siehe nachfolgend unter § 4 II (S. 124 f.).

346 Unter § 1 I (S. 4).

347 RG DNotZ 1944, 195, 198; Hervorhebung durch Verfasserin.

bis dahin der Veräußerer innehatte. Für die KG bedeutet das unter anderem, daß mit der Abtretung eines Kommanditanteils der neue Kommanditist auch hinsichtlich der Einlageschuld gegenüber der Gesellschaft ***sowie hinsichtlich der Haftung gegenüber den Gesellschaftsgläubigern diejenige Rechtsposition übernimmt, die bis zur Abtretung der frühere Kommanditist innegehabt hatte****: Hatte dieser seine Einlage ganz oder teilweise noch nicht erbracht und haftete er deshalb den Gläubigern wegen des offenstehenden Betrages bis zur Höhe der eingetragenen Haftsumme, so haftet nun der neue Kommanditist den Gläubigern mit seinem Privatvermögen in gleicher Weise; hatte der frühere Kommanditist dagegen seine Einlage voll erbracht und damit jede weitere Haftung ausgeschlossen (§ 171 Abs. 1 Halbs. 2 HGB), so kommt auch eine unmittelbare Haftung des neuen Kommanditisten nicht mehr in Betracht. Das alles entspricht den Haftungsregeln des Gesetzes (§§ 171, 172 HGB) und den Grundsätzen einer jeden Rechtsnachfolge.“*[348]

Frenz und *Scholz* haben sich – jeweils unter Bezugnahme auf eine dieser Entscheidungen – mit den Rechtsfolgen der Übertragung eines Kommanditanteils für die persönliche Haftung des Erwerbers auseinandergesetzt. Zur Erinnerung:[349]

Frenz hält es vor dem Hintergrund der Rechtsprechung des Bundesgerichtshofs, wonach der Neugesellschafter auch bezüglich der Haftung die gleiche Rechtsstellung erlangen solle, die der Altgesellschafter innehatte, für denkbar,

> ***„dass eine etwa entstandene unbeschränkte Haftung ebenfalls auf den Erwerber übergeht****. Das Recht, sich auf die beschränkte Haftung berufen zu können, kann – so ließe sich argumentieren – in der Hand des Erwerbers nicht weitergehen, als in der Hand des Veräußerers.“*[350]

In die gleiche Richtung geht *Scholz*, der im Hinblick auf die Haftung des Erwerbers eines Kommanditanteils bei nicht voll geleisteter oder (teilweise) zurückgewährter Einlage Folgendes annimmt:

> *„Besteht im Zeitpunkt der Übertragung der Kommanditbeteiligung eine* ***persönliche Haftung des Veräußerers, geht diese auf den Erwerber über****. Dadurch tritt aber keine vollständige Enthaftung des Veräußerers ein. Vielmehr haftet der Veräußerer gegenüber den Altgläubigern (…) nach Maßgabe der Nachhaftungsregelungen des § 160 HGB, während den Erwerber gem. §§ 173, 171 f. HGB eine persönliche Haftung sowohl gegenüber den Alt- als auch den Neugläubigern trifft.“*[351]

Ausdrücklich für die Annahme eines Eintritts des Erwerbers in eine Nachhaftung des Veräußerers spricht sich auch *Masuch* aus, der wie folgt Stellung bezieht:

---

348 BGHZ 81, 82 = NJW 1981, 2747; Hervorhebung durch die Verfasserin.

349 Vgl. bereits die Darstellung in § 1 I (S. 5 f.).

350 So Frenz, Rechtsnachfolge in Kommanditanteile, MittRhNotK 1988, 1, 7 m.w.N.

351 *Scholz*, in: Westermann, Handbuch der Personengesellschaften II, § 51 Rn. 3051 (S. 1301).

„Ob der Erwerber in eine Nachhaftung des übertragenden Kommanditisten gemäß §§ 174, 160 HGB oder § 160 Abs. 3 HGB eintritt, ist ungeklärt, ***entsprechend dem Grundsatz vollständigen Eintritts in die Rechtsstellung des Veräußerers aber anzunehmen.****“*[352]

Die von *Masuch* getroffene Annahme, wonach ein Eintritt des Erwerbers in die Nachhaftung des übertragenden Kommanditisten anzunehmen ist, könnte für sich gesehen sowohl für eine Verpflichtung des Erwerbers durch Schuldbeitritt als auch für eine Rechtsnachfolge sprechen. Der Umstand, dass er hierfür den *„Grundsatz vollständigen Eintritts in die Rechtsstellung des Veräußerers“* heranzieht, wie ihn der Bundesgerichthof und die herrschende Meinung in der Literatur im Zusammenhang mit der Rechtsnachfolge des Erwerbers annehmen, macht aber deutlich, dass tatsächlich eine Rechtsnachfolge des Erwerbers gemeint ist.

Gänzlich unzweideutig beschreibt dagegen der von *Scholz* und *Frenz* benutzte Begriff „Übergang“ (der persönlichen bzw. der unbeschränkten Haftung) eine Auswechslung der Haftungssubjekte und damit eine Rechtsnachfolge des Erwerbers in die Haftung des Veräußerers.

Weniger eindeutig ist die Formulierung von *K. Schmidt*, der zu den haftungsrechtlichen Konsequenzen der Nachfolge in einen nicht eingetragenen Kommanditistenanteil Folgendes ausführt:

„Die Nachfolge in einen nicht eingetragenen Kommanditistenanteil, dessen Veräußerer bereits nach Abs. 2 haftete, begründet allerdings auch für den Erwerber die Haftung aus Abs. 2 (…). Das beruht indessen nicht darauf, dass die Nachfolge ein Eintrittstatbestand wäre, sondern der Erwerber erwirbt die Mitgliedschaft so, wie sie ist, hier also als Kommanditanteil mit unbeschränkter Haftung.“[353]

Frenz scheint diesem Zitat zu entnehmen, *K. Schmidt* leite die unbeschränkte Haftung des Erwerbers aus der Rechtsnachfolge ab, denn *Frenz* erklärt, dass die zitierte Passage (soweit ersichtlich) die einzige in der Literatur sei, die sich mit dem von *Frenz* aufgeworfenen Problem der Rechtsnachfolge im Hinblick auf die unbeschränkte Haftung beschäftige.[354] Zutreffend ist, dass *K. Schmidt* die Annahme einer Rechtsnachfolge des Erwerbers in die Haftungsverbindlichkeiten des Veräußerers nicht ausschließt. Allerdings verwendet *K. Schmidt* – anders als *Frenz*, *Scholz* und *Masuch* – aber auch nicht die für die Kennzeichnung einer Rechtsnachfolge gebräuchlichen Begriffe „Übergang“ und „Eintritt“. Ob *K. Schmidt* im Zusammenhang mit der Haftung des Erwerbers eines nicht

352 *Masuch*, in: Sudhoff, Personengesellschaften, § 18 III 3 c aa, Rn. 50 (S. 324).

353 *K. Schmidt*, in: Schlegelberger, HGB, § 176 Rn. 26.

354 *Frenz*, in: Rechtsnachfolge in Kommanditanteile, MittRhNotK 1988 S. 7.

eingetragenen Kommanditistenanteils tatsächlich von einer Rechtsnachfolge ausgeht, ist daher nicht zwingend und wird im Folgenden auf Seite 126 f. näher untersucht.

II. Stellungnahme

Grund für den Eintritt des Erwerbers der Mitgliedschaft in einer Personenhandelsgesellschaft in die Rechte und Pflichten des Veräußerers ist die mit der Anteilsübertragung nach allgemeiner Meinung verbundene Rechtsnachfolge in die Stellung, die der Veräußerer bis zur Übertragung der Mitgliedschaft innehatte. Zur Bildung der Meinung, dass diese Rechtsnachfolge auch die Haftung des Veräußerers erfasst und der Erwerber deshalb in die Haftung des Rechtsvorgängers eintritt bzw. diese übernimmt, dürfte maßgeblich die höchstrichterliche Rechtsprechung zur Haftung des Erwerbers eines Kommanditanteils beigetragen haben.

Scheinbar lesen sowohl *Frenz* als auch *Scholz*, die sich ausdrücklich oder in den Fußnoten der zitierten Passagen auf die Rechtsprechung des Reichsgerichts bzw. des Bundesgerichtshofs beziehen, aus diesen Entscheidungen ein Votum für eine Rechtsnachfolge des Erwerbers in die (damit letztlich auch unbeschränkte) Haftung des Veräußerers heraus. Der Wortlaut der Entscheidung des Bundesgerichtshofs, der neue Kommanditist trete „*ohne weiteres in die Rechtsstellung ein, die bis dahin der Veräußerer innehatte*" und übernehme auch „*hinsichtlich der Haftung gegenüber den Gesellschaftsgläubigern diejenige Rechtsposition, die bis zur Übertragung der frühere Kommanditist innegehabt hatte*", legt – ebenso wie die zitierte Passage aus der Entscheidung des Reichsgerichts, wonach der „*Kommanditist in die (…) Haftung seines Rechtsvorgängers ein(tritt)*" – eine solche Deutung zwar nahe. Tatsächlich dürfte den Entscheidungen eine derartige Aussage aber nicht zu entnehmen sein. Sowohl in der zitierten Entscheidung des Reichsgerichts als auch bei der des Bundesgerichtshofs geht es vielmehr – und wohl ausschließlich – um die Frage, ob sich derjenige, der einen Kommanditanteil durch Abtretung erworben hat, auf die Leistung der Einlage berufen kann.[355]

355 Siehe hierzu bereits Darstellung unter § 3 IV 1 b) cc) (S. 110 ff.); Der große Senat des Reichsgerichts hatte sich in der auf Seite 120 zitierten Entscheidung im Zusammenhang mit der Frage, ob bei einem Kommanditistenwechsel die Gesamt- oder Sonderrechtsnachfolge im Handelsregister zu verlautbaren ist, im einzelnen damit befasst, wie es sich sachrechtlich mit dem Ausscheiden des alten und Eintritt eines neuen Kommanditisten verhält und welche Rechtsfolgen sich ergeben, wenn es sich

Der Zweite Zivilsenat des Bundesgerichtshofs hatte sich in erster Linie mit der besonderen Struktur der betragsmäßig beschränkten Kommanditistenhaftung auseinanderzusetzen. Bei der Kommanditistenhaftung handelt es sich – ebenso wie bei der Haftung von Gesellschaftern offener Handelsgesellschaften und Komplementären – um eine gesetzlich angeordnete Haftung. Wegen der besonderen Struktur der Kommanditistenhaftung wird dieses gesetzlich begründete Rechtsverhältnis zwischen Gesellschafter und Gläubiger aber unmittelbar durch Rechtsakte beeinflusst, die im Verhältnis zwischen Gesellschafter und Gesellschaft, und damit im mitgliedschaftlichen Rechtsverhältnis stattfinden. Infolge der gesetzlichen Anordnung in den §§ 171 und 172 Abs. 4 HGB wird die Haftung durch Akte innerhalb des mitgliedschaftlichen Rechtsverhältnisses beeinflusst: Mit der Leistung der Einlage in Höhe der Haftsumme verwirklicht sich der Tatbestand des § 171 Abs. 1, Hs. 2 HGB und der Kommanditist wird von seiner persönlichen Haftung gegenüber den Gesellschaftsgläubigern (im Außenverhältnis) befreit. Umgekehrt führen Rückzahlungen gemäß § 172 Abs. 4 HGB zum Wiederaufleben der zuvor erloschenen persönlichen Haftung.[356]

Nach der Übertragung eines Kommanditanteils hängen sowohl das Erlöschen als auch das Wiederaufleben der persönlichen Haftung von Veräußerer und Erwerber von der Leistung der gesellschaftsvertraglich vereinbarten Einlage in Höhe der maßgeblichen Haftsumme ab.[357]

Mit der Übertragung des Kommanditanteils tritt der Erwerber im Innenverhältnis grundsätzlich in die Rechte und Pflichten ein, die den Veräußerer bis dato berechtigt bzw. verpflichtet haben.[358] Bei der Einlageleistung handelt es sich um eine Leistung des Rechtsvorgängers im Innenverhältnis, welche allein wegen der

---

dabei um einen Kommanditistenwechsel auf Grund einer Gesamt- oder Einzelrechtsnachfolge handelt.

356 Zwar geht § 171 Abs. 1 HGB davon aus, dass jeder Kommanditist, der persönlich haftet, auch noch eine Einlageschuld gegenüber der Gesellschaft zu erfüllen hat. Dies muss aber nicht so sein. Es sind Konstellationen denkbar, etwa bei der Haftung eines ausgeschiedenen Kommanditisten, in denen eine persönliche Haftung ohne Einlageschuld besteht. Um jedem Kommanditisten – also auch dem ausgeschiedenen – die Möglichkeit zu geben, seine Haftung durch Leistung in das Eigenkapital der Gesellschaft zu beseitigen, auch wenn er insoweit nicht oder nicht mehr die Einlage schuldet, ist § 171 Abs. 1 Satz 2 HGB insoweit fortzubilden, vgl. etwa BGHZ 58, 72, 76; *K. Schmidt*, in: Einlage und Haftung, S. 8 ff.; *Horn*, in: Heymann § 171 Rn. 25; a.A. für den ausgeschiedenen Kommanditisten: *Schilling*, in: Staub, Großkomm. zum HGB, § 171 Rn. 5, 16.

357 Siehe hierzu Darstellung unter § 3 IV 1 b) cc) (S. 110 ff.)

358 Siehe hierzu Darstellung unter § 3 III 3 (S. 77 ff.).

gesetzlich angeordneten Wirkung des § 171 Abs. 1 HGB zum Ausschluss der Haftung – zunächst des Rechtsvorgängers selbst und später – des neuen Kommanditisten als dessen Rechtsnachfolger führt. Auf diese haftungsbefreiende Einlageleistung kann sich der Erwerber des Kommanditanteils berufen, weil er als Rechtsnachfolger des Veräußerers auch in die Rechtsstellung des Veräußerers gegenüber der Gesellschaft im Hinblick auf dessen Einlagepflicht eintritt. Hierin liegt der Kern der Entscheidung des Bundesgerichtshofes.

Mit Verwirklichung des Tatbestandes des § 171 Abs. 1, Hs. 2 HGB erlischt die persönliche Haftung für den Kommanditisten, der sich auf die Einlageleistung berufen kann. Der Eintritt in die Rechtsposition des Veräußerers im Innenverhältnis bewirkt also das Erlöschen der persönlichen Haftung des Erwerbers im Außenverhältnis. Streng genommen tritt der Erwerber daher nicht in die Haftung des Rechtsvorgängers ein, wie dies noch der zitierten Entscheidung des Reichsgerichts scheinbar entnommen werden kann.[359] Er übernimmt die Haftung auch nicht in dem Sinne, dass er in das im Außenverhältnis bestehende Schuldverhältnis zu den Gläubigern eintritt, wie dies die Differenzierung in der zitierten Entscheidung des Zweiten Zivilsenats, in der zum einen von der Übernahme der Rechtsposition hinsichtlich der Einlageschuld und zum anderen von der Übernahme der Rechtsposition im Hinblick auf die Haftung gegenüber den Gesellschaftsgläubigern gesprochen wird, vermeintlich nahelegt.[360] Die Haftung entsteht in der Person des Erwerbers aufgrund der gesetzlichen Anordnung in § 171 Abs. 1 HGB vielmehr originär. Vom Veräußerer übernommen wird allein die Rechtsposition des Veräußerers in Bezug auf die Einlageschuld. Je nachdem, ob die Einlageschuld im Zeitpunkt der Anteilsübertragung bereits erfüllt worden ist oder noch zu erfüllen ist, ist die den Erwerber gemäß § 171 Abs. 1 HGB treffende Haftung daher entweder ausgeschlossen oder betragsmäßig beschränkt.

Ein obiter dictum zur Frage der Rechtsnachfolge des Erwerbers einer Kommanditbeteiligung in die Haftungssituation seines Rechtsvorgängers, unabhängig davon, ob dessen Haftung beschränkt oder unbeschränkt besteht, dürfte – obgleich der Wortlaut der Entscheidung „*sowie hinsichtlich der Haftung gegenüber den Gesellschaftsgläubigern*“ dies suggerieren mag – der Entscheidung deshalb nicht zu entnehmen sein.

359 RG DNotZ 1944, 195 ff.

360 BGHZ 81, 82 = NJW 1981, 2747: „*(…), daß mit der Abtretung eines Kommanditanteils der neue Kommanditist auch hinsichtlich der Einlageschuld gegenüber der Gesellschaft sowie hinsichtlich der Haftung gegenüber den Gesellschaftsgläubigern diejenige Rechtsposition übernimmt, die bis zur Abtretung der frühere Kommanditist innegehabt hatte.*“

Auch *K. Schmidt* dürfte letztlich nicht von einer Übernahme der Haftungsverbindlichkeit des Veräußerers oder von einem Beitritt zur Schuld des Veräußerers durch den Erwerber des Kommanditanteils ausgehen. Zwar können die in der Einleitung und auf Seite 123 dargestellten Zitate zu der Frage der unbeschränkten Haftung des Erwerbers eines nicht eingetragenen Kommanditanteils nach § 176 Abs. 2 HGB, in denen *K. Schmidt* unter anderem ausgeführt hat, dass die Rechtnachfolge in einen solchen Kommanditanteil auch den Rechtsnachfolger der strengen Haftung nach § 176 Abs. 2 HGB unterwerfe, was aber nicht darauf beruhe, dass die Rechtsnachfolge als „Eintritt" im Sinne des § 176 Abs. 2 HGB anzusehen sei, sondern darauf, dass „der Haftungstatbestand des § 176 II HGB *bereits verwirklicht war und nun* auch den Rechtsnachfolger trifft."[361] auch auf Anderes schließen lassen.

Gegen eine solche Interpretation spricht aber, dass *K. Schmidt* die eine Rechtsnachfolge üblicherweise kennzeichnenden Begriffe „Übernahme" und „Eintritt" nicht verwendet. Hinzu kommt, dass den Erwerber eines noch nicht eingetragenen Kommanditanteils die unbeschränkte Haftung in Folge der Verwirklichung der Tatbestandsvoraussetzungen des § 176 HGB bereits originär trifft:

Für den Inhaber eines nicht eingetragenen Kommanditanteils ist eine betragsmäßige Beschränkung der persönlichen Haftung ausgeschlossen, es sei denn, die Beteiligung als Kommanditist war dem Gläubiger bekannt. Der Inhaber eines solchen Anteils haftet nach § 176 Abs. 1 Satz 1 HGB für die bis zur Eintragung begründeten Verbindlichkeiten der Gesellschaft „*gleich einem persönlich haftenden Gesellschafter*". Der Tatbestand des gesetzlichen Schuldverhältnisses aus § 176 HGB zwischen Gesellschafter und Gläubiger der Gesellschaft verwirklicht sich mit Wirksamwerden der Übertragung eines nicht eingetragenen Kommanditanteils in der Person des Erwerbers. Es bedarf daher keiner Rechtsnachfolge des Erwerbers in die haftungsrechtliche Stellung des Veräußerers um die unbeschränkte Haftung des Erwerbers aus §§ 176 Abs. 2, 176 Abs. 1 Satz 1 HGB zu begründen.

III. Untersuchung des Übergangs der Gesellschafterhaftung durch Anteilsübertragung

Wie bei allen Verpflichtungen des Veräußerers, die diesen aufgrund seiner Beteiligung an der Gesellschaft treffen, ist auch für die Frage des automatischen Eintritts des Erwerbers in eine bestehende (ggf. unbeschränkte) Haftung des

361 *K. Schmidt*, Anmerkungen zum Urteil des Bundesgerichtshofes vom 21. März 1983 (II ZR 113/82) zu § 176 HGB in: NJW 1983, 2260.

Veräußerers infolge der Anteilsübertragung darauf abzustellen, ob die Haftung mit der Mitgliedschaft bzw. mit dem mitgliedschaftlichen Rechtsverhältnis so eng verbunden ist, dass sie ohne weiteres mit der Übertragung des Kommanditanteils auf den Erwerber übergeht. Scheidet eine derartige Verbindung aus, bedarf es zu einer Verpflichtung des neuen Kommanditisten in Bezug auf die Haftungsschuld seines Rechtsvorgängers eines besonderen Verpflichtungsgrundes, etwa einer Schuldübernahme oder eines Schuldbeitritts.

Ein Übergang der Haftung des Veräußerers auf den Erwerber wäre dagegen von vornherein ausgeschlossen, wenn der Veräußerer die durch seine Haftung begründete Leistungspflicht „in Person" zu erbringen hätte. Die Bezeichnung der Gesellschafterhaftung in § 128 HGB als *„persönlich"* legt die Annahme einer derartigen höchstpersönlichen Verpflichtung des Gesellschafters zumindest nahe.

1. Haftung als höchstpersönliche Leistungspflicht

Der höchstpersönliche Charakter einer Leistungspflicht kann sich aus dem Gesetz, aus einer Vereinbarung oder aus dem Sinn und Zweck eines Schuldverhältnisses ergeben. Im Regelfall ist Grundlage einer höchstpersönlichen Leistungspflicht ein besonders ausgeprägtes Vertrauensverhältnis zwischen dem Schuldner und dem Gläubiger, welches eine Leistung durch Dritte ausschließt.[362]

Personenhandelsgesellschaften werden in besonderem Maße durch ihre Gesellschafter geprägt. Wegen des Grundsatzes der Selbstorganschaft, der bei den Personenhandelsgesellschaften die Geschäftsführung und Vertretung in die Hände der persönlich haftenden Gesellschafter legt, sind es in der Regel diese persönlich haftenden Gesellschafter, die die Gesellschaft nach außen vertreten und damit das Vertrauen des Rechtsverkehrs auf eine aus eigenem Interesse verantwortlich handelnde und keine unvertretbaren Risiken eingehende Unternehmensführung begründen.[363]

---

362 *Krüger*, in: Münchener Kommentar zum BGB, § 267 Rn. 4. Gesetzliche Bestimmungen der Leistungspflicht in Person enthalten etwa 613 Satz 1 BGB für den Dienstverpflichteten, § 664 Abs. 1 BGB für den Beauftragten und § 713 BGB für den geschäftsführenden Gesellschafter.

363 *Schäfer*, in: Staub, Großkomm. zum HGB, § 114 Rn. 9. *Wiedemann* (Zur Geschäftsführungs- und Vertretungsbefugnis des einzigen persönlich haftenden Kommanditgesellschafters, in: JZ 1969, 471) führt hierzu plastisch aus: *„Die Koppelung der Unternehmensleitung mit persönlicher Haftung stellt einen Kontrollmechanismus dar, der anderweitige Überwachung durch Abberufung und Haftung überflüssig macht. Der mitfliegende Pilot im Cockpit flößt uns die Zuversicht einer gefahrlosen Reise ein"*.

Zwar können einzelne Gesellschafter von der Geschäftsführungs- und Vertretungsbefugnis ausgeschlossen werden. Der Grundsatz der Selbstorganschaft schließt es auch nicht aus, Dritten oder auch kraft Gesetzes oder Gesellschaftsvertrag von der organschaftlichen Vertretungsbefugnis ausgeschlossenen Gesellschaftern, insbesondere Kommanditisten, Vertretungsmacht einzuräumen. Gleiches gilt für die Möglichkeit, Dritten im Rahmen eines Anstellungs- oder Auftragsverhältnisses Geschäftsführungsaufgaben zu übertragen, was im Sinne einer „Generalvollmacht" auch in weitgehendem Umfang mit der Folge geschieht, dass sämtliche anfallenden Aufgaben erfasst werden. Eine Übertragung der organschaftlichen Befugnisse auf ein Nichtmitglied kommt jedoch nicht in Betracht.[364] Die Vollmacht zur Vertretung der Gesellschaft und die eingeräumten Befugnisse zur Geschäftsführung bleiben abgeleiteter Natur.[365]

Obgleich die persönliche Haftung der Gesellschafter damit in vielen Fällen ein besonderes Vertrauen der Geschäftspartner in die Leistungsfähigkeit und Sachkunde der Gesellschaft begründen mag, werden nicht die Gesellschafter, sondern wird die Gesellschaft selbst aus Verträgen, die die Gesellschafter als Organe der Gesellschaft schließen, berechtigt und verpflichtet. Die Gesellschaft – nicht ihre Gesellschafter – ist den Gläubigern gegenüber zur Erbringung der vereinbarten Leistung verpflichtet. Hieran ändert es nichts, dass die persönlich haftenden Gesellschafter, wenn es sich bei der geschuldeten Leistung um eine vertretbare Handlung handelt, von den Gläubigern der Gesellschaft auf Erfüllung in Anspruch genommen werden können und damit zu derselben Leistung verpflichtet sind, die die Gesellschaft ihren Gläubigern schuldet.[366]

Dagegen kommt eine Verurteilung der Gesellschafter zur Erfüllung der von der Gesellschaft geschuldeten Leistung nicht in Betracht, wenn eine unvertretbare Handlung geschuldet wird, weil die Leistungserbringung durch die Gesellschaft in diesem Fall nicht inhaltsgleich mit der Leistung des Gesellschafters

---

364 *Habersack*, in: Münchener Kommentar zum HGB, § 125 Rn. 8.

365 Einh. Meinung, siehe etwa BGHZ 36, 292, 295 = NJW 1962, 738; BGHZ 41, 367, 369 = NJW 1964, 1624; BGHZ 51, 198, 200 = NJW 1969, 507; BGH NJW 1982, 1817; *K. Schmidt*, in Münchener Kommentar zum HGB, § 125 Rn. 5 f.; *Hillmann*, in: Ebenroth/Boujong/Joost/Strohn, Handelsgesetzbuch, § 125 Rn. 3; *Beuthien*, Gibt es eine organschaftliche Stellvertretung?, in: NJW 1999, 1142; *Habersack*, in: Staub, Großkomm. zum HGB, § 125 Rn. 7; *Schäfer*, in: Staub, Großkomm. zum HGB, § 109 Rn. 33.

366 Vgl. BGHZ 73, 217 = NJW 1979, 1361; siehe zum Inhalt der Gesellschafterhaftung im Einzelnen Darstellung unter § 2 II 3 b aa) (S. 34 ff.).

ist.[367] Nimmt der geschäftsführende Gesellschafter eine von der Gesellschaft geschuldete, unvertretbare Handlung dennoch vor, so handelt er nicht als persönlich haftender Gesellschafter, sondern für die Gesellschaft in seiner Funktion als deren Organ.

Eine höchstpersönliche Leistungspflicht des Gesellschafters besteht also auch in diesen Fällen nicht. Was für die Gesellschafter offener Handelsgesellschaft und die Komplementäre gilt, gilt für Kommanditisten umso mehr. Selbst wenn man der Erfüllungstheorie folgt, die von einer grundsätzlichen Inhaltsgleichheit der Gesellschafterhaftung mit der Gesellschaftsschuld ausgeht, lässt sich eine höchstpersönliche Leistungspflicht der Gesellschafter daher nicht begründen.[368]

Nach alledem handelt es sich bei den die Gesellschafter treffenden Haftungsverbindlichkeiten nicht um Verbindlichkeiten, welche „in Person" zu erbringen sind. Der Begriff der persönlichen Haftung bringt vielmehr nur zum Ausdruck, dass den Gläubigern der Gesellschaft nicht nur das Gesellschaftsvermögen als Zugriffsobjekt zur Befriedigung ihrer Ansprüche gegen die Gesellschaft zur Verfügung steht, sondern dass sie darüber hinaus auch auf das Privatvermögen der Gesellschafter zugreifen können. Die Bezeichnung der Haftung als persönlich unterstreicht in diesem Zusammenhang die Einbeziehung des privaten Vermögens der Gesellschafter in den den Gläubigern zur Verfügung stehenden Haftungspool, jedoch ohne dass daraus für den betroffenen Gesellschafter eine Leistungspflicht „in Person" begründet würde. Eine Übertragung der Haftung ist also nicht von vornherein ausgeschlossen.

---

367 Vgl. *K. Schmidt*, in: Münchener Kommentar zum HGB, § 128 Rn. 28; *Hopt*, in: Baumbach/Hopt, HGB, § 128 Rn. 15; *Habersack*, in: Staub, Großkomm. zum HGB, § 128 Rn. 28, 36. Der Bundesgerichtshof hat in seiner Entscheidung BGHZ 23, 302, 306 = NJW 1957, 871 ungeachtet dessen einen geschäftsführenden Gesellschafter zu einer von der Gesellschaft geschuldeten Rechnungslegung verurteilt. Diese Entscheidung wird von der wohl herrschenden Meinung in der Literatur (vgl. etwa *K. Schmidt*, in: Gesellschaftsrecht, 49 III 1 (S. 1423 ff.); *ders.*, in: Münchener Kommentar zum HGB, § 128 Rn. 28 m.w.N.) mit der Begründung abgelehnt, dass die Tatsache, dass der geschäftsführende Gesellschafter als Organ der Gesellschaft die unvertretbare Handlung vornehme, nichts daran ändere, dass nur die Gesellschaft diese Haftung schulde.

368 Zum Inhalt der Kommanditistenhaftung vgl. auch Darstellung unter § 2 II 3 b aa) (S. 36 f.).

2. Haftung als mitgliedschaftliche Pflicht

Ob der Erwerber eines Kommanditanteils mit Wirksamwerden der Übertragung automatisch in die jeweilige Haftungsschuld – einschließlich einer etwaigen unbeschränkten Haftung – des Rechtsvorgängers für Verbindlichkeiten der Gesellschaft eintritt, hängt damit letztlich davon ab, ob die Gesellschafterhaftung ein nicht abtrennbarer Bestandteil des mitgliedschaftlichen Rechtsverhältnisses ist (über das mit der Übertragung der Mitgliedschaft – je nach Auffassung zur Rechtsnatur der Mitgliedschaft – mittelbar oder unmittelbar verfügt wird) und mangels Trennbarkeit damit ohne weiteres mit der Mitgliedschaft auf den Erwerber übergeht.

Wäre dies der Fall, träte der Erwerber zwingend in die bestehende Haftungsschuld des Rechtsvorgängers in ihrem jeweiligen Bestand, und damit unabhängig davon ein, ob die Haftung im Einzelfall betragsmäßig beschränkt oder unbeschränkt ist.

Wäre die Gesellschafterhaftung hingegen kein oder nur ein abtrennbarer Bestandteil des mitgliedschaftlichen Rechtsverhältnisses, käme eine unbeschränkte Haftung des Erwerbers für Haftungsverbindlichkeiten des Veräußerers ausschließlich auf der Grundlage einer vertraglichen Vereinbarung, etwa einer Schuldübernahme oder eines Schuldbeitritts, in Betracht. Die Haftung des Erwerbers auf der Grundlage derartiger Vereinbarungen wird nachfolgend auf den Seiten 142 ff. behandelt. Bei Nichtvorliegen einer derartigen Vereinbarung würde sich die Haftung des Erwerbers auch für solche Verbindlichkeiten, für die der Veräußerer unbeschränkt haftet, lediglich nach den gesetzlichen Bestimmungen des § 173 HGB und damit nach Maßgabe der §§ 171 und 172 HGB bestimmen. Völlig unabhängig von dem Status der Haftung des Rechtsvorgängers für Verbindlichkeiten, die bis zur Übertragung der Mitgliedschaft begründet wurden, würde der Erwerber dann für Verbindlichkeiten der Gesellschaft entweder gar nicht oder lediglich beschränkt haften.

a. Meinungsstand

Schon die Frage, ob die persönliche Gesellschafterhaftung überhaupt zum mitgliedschaftlichen Rechtsverhältnis gehört, ist in der Rechtsliteratur umstritten.

Gegen eine Zugehörigkeit der Haftung von Gesellschaftern einer Personenhandelsgesellschaft zum mitgliedschaftlichen Rechtsverhältnis spricht sich beispielsweise *Habersack* aus. Er begründet dies (in Bezug auf die Haftung des Gesellschafters einer Gesellschaft bürgerlichen Rechts) mit der Doppelverpflichtungslehre, wonach es für die Haftung des Gesellschafters des Abschlusses eines eigenen Verpflichtungsvertrages im Namen des Gesellschafters oder aber der

Verwirklichung eines gesetzlichen Haftungstatbestandes durch diesen selbst bedürfe.[369] Nach der Ansicht von *Habersack* ist die in den §§ 128, 171 HGB angeordnete Haftung nicht als unmittelbarer Bestandteil der Mitgliedschaft anzusehen, weil die Haftung der Begründung eines eigenständigen, von dem mitgliedschaftlichen Rechtsverhältnis deutlich zu trennenden Rechtsverhältnisses zwischen Gesellschafter und Gläubiger bedürfe. Zwar setze das Eingreifen der Haftung die Stellung als Gesellschafter voraus. Dabei handele es sich aber allein um ein einzelnes Tatbestandsmerkmal des infolge der Begründung einer Gesellschaftsverbindlichkeit entstehenden gesetzlichen Rechtsverhältnisses zwischen Gesellschafter und Gläubiger. Hieran vermöge auch die in §§ 130, 161 Abs. 2, 171 HGB angeordnete Haftung des neuen Gesellschafters nichts zu ändern. Auch sie habe nicht zur Folge, dass die im Verhältnis zu den Gesellschaftsgläubigern begründeten Rechtsverhältnisse Bestandteil des mitgliedschaftlichen Rechtsverhältnis würden.[370]

Auch *Schäfer* geht offenbar nicht von einer Zugehörigkeit der Haftung zum mitgliedschaftlichen Rechtsverhältnis aus. *Schäfer* betont, die akzessorische Haftung gegenüber Gesellschaftsgläubigern nach den §§ 128, 171 HGB gehöre jedenfalls nicht zu den mitgliedschaftlichen Vermögenspflichten der Gesellschafter. Bei der Haftung der Gesellschafter handele es sich vielmehr um eine, allein das Außenverhältnis der Gesellschaft betreffende, zwingende Folge der Mitgliedschaft in einer offenen Handelsgesellschaft bzw. Kommanditgesellschaft. Der Haftung entspreche ein Ersatzanspruch der daraus in Anspruch genommenen Gesellschafter gegen die Gesellschaft und – in engen Grenzen – ein Ausgleichsanspruch gegen die mithaftenden Mitgesellschafter.[371]

Ähnlich äußert sich *K. Schmidt*, der die Haftung des Gesellschafters nach § 128 HGB als eine gesetzliche Haftung bezeichnet und ausführt, dass die Haftung zwar auf dem durch Vertrag eingegangenen Gesellschaftsverhältnis beruhe, dass dieses aber nur Tatbestandsmerkmal des gesetzlichen Haftungstatbestands sei.[372]

---

369 *Habersack*, in: Die Mitgliedschaft, S. 94. *Habersack* bezeichnet abweichend von der mittlerweile wohl herrschenden Meinung, die Doppelverpflichtungslehre darin als „ganz herrschend". Mit der Rechtsprechung des Bundesgerichtshofes zur Rechtsfähigkeit der GbR (BGHZ NJW 2001, 156) sowie zur Akzessorietät der Gesellschafterhaftung (BGH NJW 2003, 1445) muss diese Theorie als überholt gelten.

370 *Habersack*, in: Die Mitgliedschaft, S. 94.

371 *Schäfer*, in: Staub, Großkomm. zum HGB, § 105 Rn. 223.

372 *K. Schmidt*, in: Schlegelberger, HGB, § 128 Rn. 2.

Dass die Haftung Bestandteil des mitgliedschaftlichen Rechtsverhältnisses ist, wird dagegen von *Flume* vertreten. *Flume* meint, der Umstand, dass mit der Mitgliedschaft auch Verpflichtungen verbunden sind, sei keine Besonderheit der Mitgliedschaft in einer Personengesellschaft. Dass bei der Übertragung der Mitgliedschaft die Verpflichtungen grundsätzlich den Erwerber der Mitgliedschaft treffen, ergebe sich mit Selbstverständlichkeit daraus, dass die Verpflichtungen zur Mitgliedschaft gehören. Auch die Mitgliedschaft in einer juristischen Person sei mit einem Rechtsverhältnis zwischen dem Mitglied und der juristischen Person verbunden, das nicht nur Rechte, sondern auch Verpflichtungen des Mitglieds zum Inhalt haben könne. In der Regel sei nur das Rechtsverhältnis des Gesellschafters zu der Personengesellschaft von größerer Intensität als das zwischen einer juristischen Person und ihren Mitgliedern. Vor allem gehöre zu dem Rechtsverhältnis des Gesellschafters zu der Personengesellschaft die Haftung des Personengesellschafters für die Verpflichtungen der Personengesellschaft.[373]

Die Auffassung, dass die Haftung als solche Bestandteil des mitgliedschaftlichen Rechtsverhältnisses ist, vertritt wohl auch *Huber*, der zu den Folgen der Rechtsnachfolge des Erwerbers im Hinblick auf die Haftung erklärt, die Kommanditbeteiligung gehe „*auf den Rechtsnachfolger mit genau demselben Inhalt, mit den gleichen Vorteilen und den gleichen Lasten hinsichtlich der Haftung über, den sie in der Hand des Rechtsvorgängers besaß; das macht das Wesen der Rechtsnachfolge aus*".[374]

Weitere Vertreter der Rechtsliteratur wie *Masuch*[375], *Scholz*[376] und *Frenz*[377] bejahen einen Eintritt des Erwerbers in die Haftung des Veräußerers bzw. die Übernahme der persönlichen Haftung des Veräußerers durch den Erwerber entweder ausdrücklich oder halten ihn jedenfalls für möglich. Auch wenn sie sich einer ausdrücklichen Stellungnahme zur Frage der Zugehörigkeit der Haftung zum mitgliedschaftlichen Rechtsverhältnis enthalten, ist letztlich davon auszugehen, dass auch sie (eher) von einer solchen Zugehörigkeit der Haftung zur Mitgliedschaft ausgehen. Denn letztlich setzt die von ihnen vertretene Annahme der automatischen Übernahme der Haftung bzw. des Eintritts des Erwerbers in die Haftung seines Rechtsvorgängers durch Erwerb der Mitgliedschaft – solange es an einem anderen Verpflichtungsgrund fehlt – gerade voraus, dass die

---

373 *Flume*, in: Die Personengesellschaft, § 9, S. 127.

374 *Huber*, Vermögensanteil, S. 400.

375 *Masuch*, in: Sudhoff, Personengesellschaften, § 18 III 3 c aa, Rn. 50 (S. 324).

376 *Scholz*, in: Westermann, Handbuch der Personengesellschaften II, § 51 Rn. 3051 (S. 1301).

377 So *Frenz*, Rechtsnachfolge in Kommanditanteile, in: MittRhNotK 1988, 1, 7 m.w.N.

Haftung ein Bestandteil des auf den Erwerber übergehenden mitgliedschaftlichen Rechtsverhältnisses ist.

b. Stellungnahme

Die persönliche Gesellschafterhaftung ist ein wesentliches Merkmal der Personenhandelsgesellschaften. Wie der Zweite Zivilsenat des Bundesgerichtshofes zutreffend ausführt, ist sie *„nicht nur die alleinige Grundlage für die Wertschätzung und Kreditwürdigkeit der Gesellschaft; sie ist vielmehr das notwendige Gegenstück zum Fehlen jeglicher Kapitalerhaltungsregeln“*.[378] Damit prägt die Gesellschafterhaftung entscheidend das Bild dieser Gesellschaftsformen.

aa) Verbindung zwischen Haftung und Mitgliedschaft

Ob es sich bei der persönlichen Gesellschafterhaftung aber um eine Pflicht handelt, die ohne weiteres mit einer Übertragung der Mitgliedschaft auf den Erwerber übergeht, hängt nach den vorherigen Feststellungen auf den Seiten 84 ff. richtigerweise davon ab, ob sie ihre Grundlage in dem mitgliedschaftlichen Rechtsverhältnis hat und mit diesem untrennbar zu einer Einheit verbunden ist.

Die mitgliedschaftlichen Rechte und Pflichten beruhen wegen der für das Personengesellschaftsrecht charakteristischen Privatautonomie, die für das gesamte Verhältnis der Gesellschafter untereinander und zur Gesellschaft gilt, in erster Linie auf dem Gesellschaftsvertrag. Sie können sich aber auch aus gesetzlichen Bestimmungen ergeben.

Wie bereits dargelegt, sind solche Pflichten von der Mitgliedschaft trennbar, die zwar (ggf. mittelbar) aus der Gesellschafterstellung folgen, jedoch nicht ausschließlich auf dem Rechtsverhältnis zwischen den Gesellschaftern untereinander sowie zwischen der Gesellschaft und dem einzelnen Gesellschafter beruhen, sondern an zusätzliche individuelle Merkmale des Gesellschafters anknüpfen, wie etwa Ansprüche der Gesellschaft infolge von Treuepflichtverletzungen des Gesellschafters oder Verletzungen eines Wettbewerbsverbots nach §§ 112, 113 HGB.[379] Wie sich bei der Betrachtung der selbständigen Übertragbarkeit von Verbindlichkeiten des Veräußerers gegenüber der Gesellschaft gezeigt hat, wird eine untrennbare Verbindung zwischen Verbindlichkeit und mitgliedschaftlichem Rechtsverhältnis in aller Regel auch dann nicht anzunehmen sein, wenn

378 BGH NJW 2003, 1803, 1804.

379 Vgl. *Ulmer*, in: Gesellschaft bürgerlichen Rechts, § 719 Rn. 45; *Reiff/Nannt*, Die Anteilsübertragung in der Personengesellschaft – Dogmatische Grundlagen, Voraussetzungen und Rechtsfolgen, in: DStR 2009, 2376 ff.

sich die Verbindlichkeit durch Konkretisierung verselbständigt und damit von der Mitgliedschaft losgelöst hat.[380]

Wie weiterhin bereits dargelegt wurde, beeinflussen sich die Gesellschafterhaftung und das mitgliedschaftliche Rechtsverhältnis wechselseitig. Besonders deutlich wird der Einfluss des mitgliedschaftlichen Rechtsverhältnisses auf die Gesellschafterhaftung bei der Kommanditistenhaftung: Die Außenhaftung der Kommanditisten wird in ihrem Bestand und in ihrer Höhe in erster Linie durch Vereinbarungen und Leistungen beeinflusst, die dem mitgliedschaftlichen Rechtsverhältnis zuzuordnen sind. So steht zunächst die Festlegung der Höhe der Summe, auf die die persönliche Haftung des Kommanditisten beschränkt werden soll, zur Disposition der Gesellschafter. Darüber hinaus kann die persönliche (Außen-)Haftung der Kommanditisten durch die Leistung der Einlage in das Vermögen der Gesellschaft, also durch einen gesellschaftsinternen Vorgang, von dem der Gläubiger in der Regel keine Kenntnis erlangt, sogar gänzlich ausgeschlossen werden.

Wie die Kommanditistenhaftung mittelbar durch die Festlegung der Haftsumme und unmittelbar durch Einlageleistung bzw. deren Rückgewähr beeinflusst wird, beeinflusst umgekehrt aber auch die Haftung den Bestand und die Höhe von Ausgleichs- bzw. Freistellungsansprüchen des haftenden Gesellschafters gegenüber der Gesellschaft und den Mitgesellschaftern, welche sich aus den §§ 110 HGB und 426 BGB ergeben und als Bestandteil des mitgliedschaftlichen Rechtsverhältnisses betrachtet werden.[381]

Obgleich die Gesellschafter von Personenhandelsgesellschaften den Gesellschaftsgläubigern kraft gesetzlicher Anordnung haften, hat im Verhältnis zwischen Gesellschaftern und Gesellschaft die Gesellschaft für die Befriedigung der Gläubiger einzustehen.[382] Diese gesetzgeberische Wertung verdeutlicht der Ausgleichsanspruch des Gesellschafters. Nach § 110 HGB hat der Gesellschafter einen Anspruch gegen die Gesellschaft, wenn er in den Gesellschaftsangelegenheiten Aufwendungen macht, die er den Umständen nach für erforderlich halten darf, oder wenn er unmittelbar durch seine Geschäftsführung oder aus Gefahren, die mit ihr untrennbar verbunden sind, Verluste macht. Zu den Aufwendungen in diesem Sinne zählt unter anderem die Erfüllung von Gesellschaftsschulden auf der Grundlage des § 128 HGB.[383] Da es im Rahmen des § 110 HGB nicht auf

---

380 Vgl. Darstellung unter § 3 III 3 b) bb) (3) (S. 92 ff.).

381 *Schäfer*, in: Staub, Großkomm. zum HGB, § 105 Rn. 221.

382 *Habersack*, in: Staub, Großkomm. zum HGB, § 128 Rn. 41.

383 *K. Schmidt*, in: Gesellschaftsrecht, § 49 V 1 (S. 1435); BGHZ 37, 299, 301 = NJW 1962, 1863; BGHZ 39, 319, 324 = NJW 1963, 1873; BGH NJW-RR 2002, 455.

die Geschäftsführung im Sinne der §§ 114, 164 HGB ankommt, sondern allgemein um die Ausführung von „*Gesellschaftsangelegenheiten*", gilt die Bestimmung auch für den Kommanditisten.[384] Bei drohender Inanspruchnahme des Gesellschafters durch Gesellschaftsgläubiger hat dieser nach § 257 Satz 1 BGB einen Freistellungsanspruch gegen die Gesellschaft. Nach erfolgter Inanspruchnahme kann er von der Gesellschaft die Erstattung der von ihm erbrachten Leistung fordern.[385] Darüber hinaus steht dem in Anspruch genommenen Gesellschafter subsidiär ein Ausgleichsanspruch gegenüber seinen Mitgesellschaftern, mit denen er gesamtschuldnerisch für die Verbindlichkeiten der Gesellschaft haftet, aus § 426 BGB zu.[386]

Haftung und mitgliedschaftliches Rechtsverhältnis sind in ihrem Bestand und in ihrem Umfang somit voneinander abhängig. Diese Verbindung zwischen Gesellschafterhaftung und dem mitgliedschaftlichen Rechtsverhältnis spricht zwar für eine Zugehörigkeit der Gesellschafterhaftung zu dem mitgliedschaftlichen Rechtsverhältnis. Die Gesellschafterhaftung ist aber gleichwohl keine mitgliedschaftliche Pflicht, weil sie weder ihre Grundlage in dem Verhältnis der Gesellschafter zueinander bzw. zur Gesellschaft hat (hierzu nachfolgend unter bb)), noch in einer untrennbaren Verbindung zur Mitgliedschaft steht (hierzu nachfolgend unter cc)).

bb) Grundlage der Gesellschafterhaftung

Die Rechte und Pflichten, die sich aus dem mitgliedschaftlichen Rechtsverhältnis als dem Verhältnis der Gesellschafter untereinander und zur Gesellschaft ergeben, verpflichten und berechtigen in der Regel allein die Gesellschafter und die Gesellschaft. Nur ausnahmsweise entfaltet das mitgliedschaftliche Rechtsverhältnis (mittelbare) Wirkung gegenüber Dritten, wie etwa bei der haftungsbefreienden Leistung von Einlagen im Fall der Kommanditistenhaftung. Diese Wirkung von Rechtsakten innerhalb des mitgliedschaftlichen Rechtsverhältnisses auf das Außenverhältnis der Gesellschafter zu den Gläubigern der Gesellschaft folgt aber allein aus der gesetzlichen Anordnung in den §§ 171, 172 HGB.

---

384 BGHZ 37, 299, 302 = NJW 1962, 1863; BGHZ 39, 319, 324 = NJW 1963, 1873; BGH DStR 2005, 1197.

385 Allerdings können sich nach umstrittener Auffassung ausgeschiedene Gesellschafter für Aufwendungen, die sie nach ihrem Ausscheiden aus der Gesellschaft getätigt haben, nicht auf § 110 HGB stützen, vgl. etwa *Langhein*, in: Münchener Kommentar zum HGB, § 110 Rn. 7 m.w.N.

386 Vgl. hierzu bereits Darstellung unter § 2 II 1 b) (S. 16 ff.).

Ebenso hat die Gesellschafterhaftung selbst ihre Grundlage nicht in dem mitgliedschaftlichen Rechtsverhältnis, sondern in den §§ 128 und 171, 172 HGB. Bei diesen Bestimmungen handelt es sich um gesetzliche Schuldverhältnisse, die mit Verwirklichung ihres Tatbestandes Rechtsverhältnisse zwischen den Gesellschaftern und den Gesellschaftsgläubigern zur Entstehung bringen und unmittelbar zur Entstehung von Haftungsverbindlichkeiten der Gesellschafter gegenüber den Gesellschaftsgläubigern führen.[387] Bei der Haftung von Gesellschaftern einer offenen Handelsgesellschaft und persönlich haftender Gesellschafter von Kommanditgesellschaften ist diese gesetzliche Grundlage offensichtlicher als bei der Kommanditistenhaftung, welche sich durch die beschriebene enge Verbindung zwischen Innen- und Außenverhältnis auszeichnet. Für die Haftung von Kommanditisten ergibt sich aber nichts anderes. Zwar werden die Höhe, das Erlöschen und das Wiederaufleben der persönlichen Haftung von Kommanditisten durch Vereinbarungen und Leistungen im Innenverhältnis der Gesellschafter untereinander und zur Gesellschaft beeinflusst. Die Haftung unbeschränkt persönlich haftender Gesellschafter von Kommanditgesellschaften und offenen Handelsgesellschaften unterscheidet sich strukturell aber nicht von der Kommanditistenhaftung.[388] Abgesehen von der Möglichkeit des Haftungsausschlusses und der betragsmäßigen Haftungsbeschränkung handelt es sich auch bei der Haftung von Kommanditisten gegenüber den Gläubigern der Gesellschaft um eine unmittelbare und persönliche Haftung. Grundlage der Haftung sämtlicher Personenhandelsgesellschafter gegenüber den Gesellschaftsgläubigern ist daher das gesetzliche Schuldverhältnis, der gesetzliche Haftungstatbestand aus § 128 HGB bzw. § 171 HGB und nicht das mitgliedschaftliche Rechtsverhältnis.

cc) Selbständige Übertragbarkeit der Haftung

Selbst wenn man mit *Flume* annimmt, dass die Haftung des Gesellschafters für die Verbindlichkeiten der Personenhandelsgesellschaft zu dem Rechtsverhältnis des Gesellschafters zu der Personenhandelsgesellschaft gehört,[389] zählt sie jedenfalls nicht zu den Rechten und Pflichten, die mit einer Verfügung über die Mitgliedschaft automatisch auf den Erwerber übergehen. Wie *K. Schmidt*[390] betont und sich deutlich an der Diskussion über den Übergang von Sozialansprüchen

387 Vgl. hierzu bereits § 2 II 3 (S. 30 ff.)

388 Vgl. hierzu bereits Darstellung unter § 2 II 2 b (S. 25 ff.).

389 *Flume*, in: Die Personengesellschaft, § 9 S. 127, siehe bereits Darstellung unter § 4 III 2a (S. 133 f.).

390 *K. Schmidt*, in: Gesellschaftsrecht, § 19 III 3 (S. 557).

zeigt,[391] werden von einer Verfügung über das mitgliedschaftliche Rechtsverhältnis zwingend und automatisch nur diejenigen Pflichten erfasst, die mit diesem Rechtsverhältnis untrennbar verbunden sind. Angenommen wird eine untrennbare Verbindung zwischen Pflicht und Mitgliedschaft etwa bei der Treuepflicht oder der Pflicht zur Geschäftsführung, bei elementaren Pflichten also, deren Trennung von der Mitgliedschaft das Funktionieren der Gesellschaft an sich beeinträchtigen oder unmöglich machen würde.[392]

Mit der Begründung einer Gesellschaftsverbindlichkeit konkretisiert sich die – von *K. Schmidt* als *„Zustand, der ständig neue Haftungsverbindlichkeiten für ständig neue Gesellschaftsverbindlichkeiten auslösen kann“*,[393] beschriebene – Haftung nach § 128 HGB und bringt eine neben die Gesellschaftsschuld tretende Schuld des Gesellschafters zur Entstehung.

Laut *Habersack* ist diese Gesellschafterschuld als solche keinen Verfügungen zugänglich.[394] Allerdings zeigt die weitere Argumentation *Habersacks*, dass nicht die Gesellschafterschuld, sondern deren Gegenstück, der Anspruch des Gesellschaftsgläubigers gegen den Gesellschafter keiner gesonderten Verfügung zugänglich sein soll, dass letztlich also der Anspruch des Gläubigers gegen den Gesellschafter, nicht aber die Haftungsverbindlichkeit selbst, unübertragbar ist.

Habersack erklärt nämlich, dass die Forderung aus § 128 HGB als akzessorisches Recht kein selbständiger Verfügungsgegenstand sei und daher nach §§ 398, 412 BGB i.V.m. § 401 grundsätzlich der Gesellschaftsschuld folge.[395] Folglich sei auch eine isolierte Abtretung oder Belastung der Forderung aus § 128 Satz 1 HGB unwirksam. Er begründet dies mit der Rechtsprechung des Bundesgerichtshofes zur Gläubigeridentität bei der Bürgschaft, wonach Gläubiger der Hauptforderung und der Bürgschaftsgläubiger ein und dieselbe Person sein müssen.[396] Eine Abtretung der Rechte aus der Bürgschaft ohne die Hauptforderung sei infolge

391 Siehe Darstellung unter § 3 III 3 b bb) (3) (S. 92 ff.).

392 *A. Teichmann*, Übergang von Sozialansprüchen u. Sozialverbindlichkeiten in der Personalgesellschaft, NJW 1966, 2336, 2338.

393 *K. Schmidt*, in: Münchener Kommentar zum HGB, § 128 Rn. 3.

394 *Habersack*, in: Staub, Großkomm. zum HGB; § 128 Rn. 17.

395 *Habersack*, in: Staub, Großkomm. zum HGB, § 128 Rn. 22.

396 BGHZ 115, 177, 180 = NJW 1991, 3025; a.A. *Tiedtke*, Die Rechtsprechung des Bundesgerichtshofes zum Bürgschaftsrecht seit 1990, in: ZIP 1995, 521, 527 unter Bezugnahme auf *P. Bydlinski*, Verjährung und Abtretung von Bürgschaftsansprüchen, in: ZIP 1989, 953, 961, der sich gegen die Unübertragbarkeit vor allem mit dem Argument wendet, dass durch die isolierte Abtretung von Bürgschaftsansprüchen keine Schlechterstellung des Bürgen drohe.

dessen unwirksam und die Abtretung der Hauptforderung ohne die Rechte aus der Bürgschaft führe zum Erlöschen der Bürgschaft.

Über die Möglichkeit der Verfügung über eine Verbindlichkeit des Gesellschafters aus § 128 HGB sagt dies jedoch noch nichts aus. Zwar ist diese Verbindlichkeit – ebenso wie die Forderung aus § 128 HGB – akzessorisch zur Gesellschaftsschuld. Wie die Bürgschaftsschuld aber nach allgemeinen Grundsätzen (mit Zustimmung des Gläubigers) nach den §§ 414, 415 BGB durch einen Dritten übernommen werden kann, ist auch eine sich aus § 128 HGB ergebende Haftungsverbindlichkeit grundsätzlich übertragbar.[397] Gründe, die gegen eine selbständige Sukzessionsfähigkeit entstandener Haftungsverbindlichkeiten sprechen, sind nicht erkennbar. Insbesondere verkörpern die den Gesellschafter treffenden Haftungsverbindlichkeiten keine Schutz-, Warn- und Aufklärungspflichten, für die angenommen wird, sie seien dann untrennbar mit einem Schuldverhältnis zu einer Einheit verbunden und könnten nur gemeinsam mit diesem übertragen werden, wenn die Trennung derartiger Schulden den Zweck ihrer Verbindung mit dem Schuldverhältnis zerstöre.[398]

Nachdem eine Übertragung der Haftungsschuld also nicht grundsätzlich ausgeschlossen ist, kommt die Annahme einer untrennbaren Verbindung von Haftung und mitgliedschaftlichem Rechtsverhältnis schon deshalb nicht in Betracht, weil die Haftungsverbindlichkeit mit ihrer Konkretisierung eine selbständige Bedeutung gewinnt. Infolge dessen stellt eine Haftungsverbindlichkeit des Veräußerers auch keinen Bestandteil der Mitgliedschaft dar, der automatisch mit dieser auf deren Erwerber übergeht.

Dass sich die Haftungsverbindlichkeiten von Gesellschaftern nach ihrer Entstehung so weit von der Mitgliedschaft loslösen und verselbständigen, dass sie von der Mitgliedschaft trennbar sind, zeigt sich auch an der Nachhaftung von aus der Personengesellschaft ausgeschiedenen Gesellschaftern. Ein Auseinanderfallen von Gesellschafterhaftung und Mitgliedschaft ist hier selbstverständlich.

Haftungsverbindlichkeiten des Gesellschafters sind daher zwar grundsätzlich auf einen Dritten übertragbar. Allerdings bedarf eine solche Verfügung als befreiende Schuldübernahme der Zustimmung des Gesellschaftsgläubigers.

397 Zur Möglichkeit eines Erlasses im Wege eines Erlassvertrages zwischen Gläubiger und Bürgen vgl. *Habersack*, in: Münchener Kommentar zum BGB, § 774 Rn. 4.

398 *Rieble*, in: Staudinger, Kommentar zum BGB, § 414 Rn. 38.

3. Ergebnis der Untersuchung

Die Gesellschafterhaftung ist keine mitgliedschaftliche Pflicht. Mit der Übertragung der Mitgliedschaft findet daher auch grundsätzlich keine automatische Verfügung über bereits konkretisierte Haftungsverbindlichkeiten des Veräußerers statt. Dies gilt sowohl für die Verbindlichkeiten, die den Veräußerer im Rahmen seiner betragsmäßig beschränkten Kommanditistenhaftung treffen, als auch für solche Verbindlichkeiten, für die der Veräußerer trotz seiner Stellung als Kommanditist unbeschränkt (nach)haftet, etwa weil sich diese Haftung aus § 176 HGB ergibt oder der Veräußerer als ehemaliger Gesellschafter einer offenen Handelsgesellschaft oder persönlich haftender Gesellschafter einer Kommanditgesellschaft für diese Verbindlichkeiten trotz späterer Umwandlung seiner Mitgliedschaft bis zum Eintritt des Enthaftungstatbestandes des § 160 HGB unbeschränkt von Gesellschaftsgläubigern in Anspruch genommen werden kann.

Der Erwerber eines Anteils an einer Personengesellschaft wird also nicht Rechtsnachfolger des Veräußerers im Hinblick auf dessen Haftungsverbindlichkeiten gegenüber den Gesellschaftsgläubigern. Die Haftungsverbindlichkeiten entstehen, und zwar unabhängig davon, ob sie in ihrer Höhe beschränkt oder unbeschränkt sind, vielmehr in den Personen des Veräußerers und des Erwerbers des Anteils originär aufgrund der jeweiligen gesetzlichen Haftungsanordnung.

Folglich können bereits existente betragsmäßig nicht beschränkte Haftungsverbindlichkeiten den Erwerber der Mitgliedschaft eines Kommanditisten, der für diese Gesellschaftsverbindlichkeiten unbeschränkt persönlich haftet, nur treffen, wenn über die Übertragung hinaus ein besonderer Verpflichtungsgrund in Form einer Schuldübernahme oder eines Schuldbeitritts gegeben ist.

IV. Unbeschränkte Haftung des Erwerbers aus besonderen Verpflichtungsgründen

Ein „*Übergang*" der unbeschränkten[399] oder der beschränkt persönlichen[400] Haftung oder ein „*Eintritt*" in die Nachhaftung[401] des Veräußerers, wie von *Frenz*, *Masuch* und *Scholz* angenommen, bedarf danach entweder einer Schuldübernahme oder eines Schuldbeitritts des Erwerbers.

399 *Frenz*, Rechtsnachfolge in Kommanditanteile, in: MittRhNotK 1988 S. 8.

400 *Scholz*, in: Westermann, Handbuch der Personengesellschaften II, § 51 Rn. 3051 (S. 1301).

401 *Masuch*, in: Sudhoff, Personengesellschaften, § 18 III 3 c aa, Rn. 50 (S. 324).

1. Schuldübernahme und Schuldbeitritt

Sowohl die Übernahme der Haftung des Veräußerers durch den Erwerber durch Schuldübernahme als auch die Verpflichtung des Erwerbers durch Schuldbeitritt setzten eine entsprechende Vereinbarung zwischen dem Veräußerer und dem Erwerber oder zwischen dem Erwerber und dem Gesellschaftsgläubiger voraus. Beide Rechtsgeschäfte unterscheiden sich aber insoweit voneinander, als eine Schuldübernahme die Befreiung des ehemaligen Schuldners von der übernommenen Schuld zur Folge hat, während der Schuldner bei einem Schuldbeitritt weiterhin gegenüber seinem Gläubiger verpflichtet bleibt. Bei der Übernahme einer Haftungsverbindlichkeit des Veräußerers durch den Erwerber wird letzterer also derivativ verpflichtet, während ein Beitritt zur Haftungsschuld des Veräußerers eine originäre Verpflichtung des Erwerbers darstellt.

a. Schuldübernahme

In der Praxis ist nicht immer klar, ob die an der Übertragung einer Mitgliedschaft beteiligten Personen tatsächlich eine Schuldübernahme vereinbaren wollen.[402] Da der hieran zwingend zu beteiligende Gläubiger durch die Schuldübernahme seinen bisherigen Schuldner verliert, muss die Entscheidung des Gläubigers, ob er sich auf die Schuldsukzession einlassen möchte, eindeutig feststellbar sein.[403] Dies gilt in gleichem Maße für die Vereinbarung nach § 414 BGB wie für die Zustimmung des Gläubigers nach § 415 BGB. Ebenso muss der Wille des Erwerbers zur Übernahme der Schuld eindeutig feststellbar sein. Die Erklärung des Erwerbers muss insbesondere deutlich machen, dass er nicht nur neben den Schuldner treten oder an Stelle des Schuldners leisten möchte, sondern statt seiner schulden will.[404]

Die Übertragung der Mitgliedschaft in einer Personengesellschaft bedarf – anders als die Übernahme persönlicher und gegebenenfalls betragsmäßig unbeschränkter Haftung – zu ihrer Wirksamkeit grundsätzlich nicht der Zustimmung der Gläubiger der Gesellschaft. In aller Regel werden die Gesellschaftsgläubiger daher nicht in den Veräußerungsprozess eingebunden, so dass die Übernahme einer bereits bestehenden Gesellschafterschuld aus § 128 bzw. § 171 HGB regelmäßig von vornherein ausgeschlossen ist. Auch der Erwerber dürfte in aller Regel kein Interesse an der Übernahme persönlicher und gegebenenfalls betragsmäßig

402 Vgl. zum Wesen der Schuldübernahme die Darstellung unter § 3 II 3. b bb) (3) (S. 93 ff.).

403 Vgl. etwa BGH NJW 1998, 1645.

404 *Rieble*, in: Staudinger, Kommentar zum BGB § 414 Rn. 52, 53.

unbeschränkter Haftungsverbindlichkeiten des Veräußerers haben. Sollte ein dahingehender Parteiwille ausnahmeweise doch vorliegen – bzw. sich im Rahmen der Verhandlungen über die Übertragung der Mitgliedschaft beidseitig gebildet haben – haben Veräußerer und Erwerber die Möglichkeit, die bereits bestehenden Haftungsverbindlichkeiten des Veräußerers auf den Erwerber zu übertragen, sofern auch die Gesellschaftsgläubiger als Gläubiger dieser Verbindlichkeiten einer solchen Übernahme zustimmen.

b. *Schuldbeitritt*

Für einen Schuldbeitritt des Erwerbers bedarf es dagegen der Zustimmung der Gläubiger nicht. Als Vertrag zugunsten Dritter brauchen die Gläubiger diesen Vertrag nicht zu genehmigen, sondern dürfen, damit der Schulbeitritt gelingt, lediglich keinen Gebrauch von seinem Zurückweisungsrecht nach § 333 BGB machen.[405] Wie die Bürgschaft ist der Schuldbeitritt als reines Verpflichtungsgeschäft ausgestaltet, und zwar mit dem Ziel, eine eigene Schuld des Beitretenden neben der Schuld des Schuldners zu etablieren.[406] Anders als die Schuldübernahme führt der Schuldbeitritt nicht zu einer Nachfolge in die Schuld, sondern begründet – ungeachtet der im juristischen Sprachgebrauch auch anzutreffenden, insoweit irreführenden Begriffe „*Schuldmitübernahme*" und „*kumulative Schuldübernahme*" – eine eigene Schuld. Bei der Vereinbarung zur Übertragung eines Kommanditanteils wird es in der Regel an einer Vereinbarung zum Beitritt des Erwerbers zu den Haftungsverbindlichkeiten des Veräußerers fehlen, weil die an der Übertragung beteiligten Personen, insbesondere der Erwerber, kaum Interesse an einer derartigen Verpflichtung haben werden. Als Sicherungsinstrument zugunsten des Gläubigers dürfte ein Schuldbeitritt daher von vornherein nur ausnahmsweise auf dessen Veranlassung hin vereinbart werden.

c. *Zwischenergebnis*

Schuldübernahme und Schuldbeitritt sind grundlegend verschiedene Rechtsakte. Wenn der Gesellschaftsgläubiger seine Zustimmung zu einer zwischen Veräußerer und Erwerber vereinbarten Übernahme der Haftungsverbindlichkeiten des Veräußerers verweigert hat, kann aus der gescheiterten Schuldübernahme daher nicht auf die Vereinbarung eines Schuldbeitritts geschlossen werden. Nach der Auslegungsregel der §§ 329, 415 Abs. 3 BGB *„soll nicht etwa der Gläubiger als Rosine nur*

---

405 *Rieble*, in: Staudinger, Kommentar zum BGB, § 415 Rn. 3.

406 Vgl. hierzu *Kohte*, Die Stellung des Schuldbeitritts zwischen Bürgschaft und Schuldübernahme, in: JZ 1990, 997, 998 f.

die Mithaftung des Dritten picken können.“[407] Fehlt es an der für die Schuldübernahme erforderlichen Zustimmung, liegt allenfalls eine Erfüllungsübernahme vor, die ein Verpflichtungsgeschäft zwischen dem Schuldner und dem Dritten, mit dem Inhalt der Verpflichtung des Dritten gegenüber dem Schuldner darstellt, an dessen Stelle den Leistungserfolg zu bewirken.[408] Aus einer solchen Erfüllungsübernahme erlangt der Gläubiger aber selbst kein Forderungsrecht.

2. Unbeschränkte Haftung infolge des Erwerbs der Gesellschafterstellung

Fehlt es sowohl an einer vertraglichen Übernahme der Haftungsschuld des Veräußerers durch den Erwerber als auch an einer Vereinbarung des Beitritts des Erwerbers zur Haftungsschuld des Veräußerers, scheidet eine unbeschränkte Haftung des Erwerbers grundsätzlich aus. Anders als bei gesellschaftsvertraglich vorgesehenen Pflichten, aus denen der Erwerber eines Kommanditanteils mit Erlangung der Gesellschafterstellung originär verpflichtet wird[409] (mit der Folge, dass auch eine unbeschränkte Verpflichtung im Innenverhältnis infolge der Erlangung der Gesellschafterstellung durchaus möglich ist)[410], ist eine originäre Verpflichtung des Erwerber im Hinblick auf die unbeschränkte Kommanditistenhaftung – abgesehen von dem Fall des Erwerbs eines nicht eingetragenen Kommanditanteils – nicht möglich.

Dies liegt daran, dass die Haftung des neuen Kommanditisten, eine ordnungsgemäße Eintragung im Handelsregister vorausgesetzt, aufgrund gesetzlicher Anordnung durch die Haftsumme begrenzt ist (§ 173 i.V.m. § 171 Abs. 1, 1. Hs. HGB) und nur in dem Umfang besteht, in dem eine die Haftsumme abdeckende Einlageleistung nicht erfolgt (vgl. § 173 i.V.m. § 171 Abs. 1, 2. Hs. HGB) oder diese Deckung durch Rückgewähr wieder aufgehoben worden ist (§ 173 i.V.m. § 172 Abs. 4 HGB). Mit Erwerb der Gesellschafterstellung wird der Erwerber nur aufgrund dieser gesetzlichen Haftungstatbestände verpflichtet. Eine unbeschränkte Haftung scheidet dagegen mangels einer Verwirklichung der Tatbestandsmerkmale von § 128 Satz 1 HGB und mangels einer gesetzlichen Anordnung der unbeschränkten Haftung, wie dies in § 130 (i.V.m. § 161 Abs. 2) HGB für die Gesellschafter offener Handelsgesellschaften und für Komplementäre vorgesehen ist, in der Person des Erwerbers eines Kommanditanteils aus.

---

407 *Rieble*, in: Staudinger, Kommentar zum BGB, § 414 Rn. 26.
408 BGH NJW-RR 1993, 307.
409 Vgl. hierzu Stellungnahme zu § 3 III 3 b bb) (3) (S. 92 ff.).
410 Siehe hierzu nachfolgend unter § 4 IV 3 (S. 147).

Anders verhält es sich im Ergebnis nur, wenn der Erwerber einen noch nicht eingetragenen Kommanditanteil erwirbt. Die Übertragung eines nicht eingetragenen Kommanditanteils begründet auch für den Erwerber die unbeschränkte persönliche Haftung. Grundlage der unbeschränkten persönlichen Haftung des Erwerbers ist dann jedoch nicht die Rechtsnachfolge des Erwerbers in die Haftungsverbindlichkeiten des Veräußerers, sondern der Umstand, dass sich infolge der Übertragung des Kommanditanteils der Tatbestand des § 176 Abs. 1 HGB verwirklicht hat, wonach jeder Kommanditist, der dem Geschäftsbeginn einer noch nicht im Handelsregister eingetragenen Kommanditgesellschaft zugestimmt hat, grundsätzlich für die bis zur Eintragung begründeten Verbindlichkeiten der Gesellschaft gleich einem persönlich haftenden Gesellschafter, und damit unbeschränkt haftet.

3. Unbeschränkte „Innenhaftung" infolge des Erwerbs der Gesellschafterstellung

Während eine unbeschränkte Haftung des Erwerbers eines Kommanditanteils gegenüber den Gesellschaftsgläubigern grundsätzlich ausscheidet, wenn keine Übernahme der Haftungsschulden des Veräußerers durch den Erwerber und auch kein Beitritt des Erwerbers zu den Haftungsschulden des Veräußerers vereinbart ist, kommt eine unbeschränkte „Innenhaftung" gegenüber den Mitgesellschaftern infolge des Erwerbs der Gesellschafterstellung gleichwohl in Betracht.[411]

Zwar handelt es sich bei bereits bestehenden Verbindlichkeiten des Veräußerers im Innenverhältnis nicht um untrennbare Bestandteile des mitgliedschaftlichen Rechtsverhältnisses, weil sich die Verbindlichkeiten mit ihrer Entstehung verselbständigt haben und damit gesondert übertragbar sind. Eine automatische Verpflichtung des Erwerbers als Rechtsnachfolger des Veräußerers infolge des Erwerbs der Mitgliedschaft ist somit auch bei der Innenhaftung ausgeschlossen, so dass eine vom Veräußerer abgeleitete Verpflichtung des Erwerbers auch im Fall der Innenhaftung nur in Betracht kommt, wenn die Innenhaftung durch den Erwerber übernommen wird. Eine originäre Verpflichtung des Erwerbers kann sich in dieser Konstellation auch aus einem Schuldbeitritt ergeben. Wie schon im Zusammenhang mit der Außenhaftung ausgeführt, dürfte es an derartigen Vereinbarungen aber regelmäßig fehlen.

---

411 Zu den Möglichkeiten der Entstehung einer solchen „Innenhaftung" vgl. § 2 II 2. d (S. 30 f.).

Anders als bei der unbeschränkten Kommanditistenhaftung können den Erwerber im Innnenverhältnis begründete unbeschränkte Verbindlichkeiten über die genannten Fallgruppen der Schuldübernahme und des Schuldbeitritts hinaus aber auch infolge der Übernahme der gesellschaftsvertraglichen Stellung des Veräußerers treffen. Mit Erwerb der Mitgliedschaft tritt der Erwerber in sämtliche in Ansehung des erworbenen Gesellschaftsanteils vereinbarten gesellschaftsvertraglichen Rechte und Pflichten ein. Auch der Erwerber kann daher auf diese Weise durch einen im Gesellschaftsvertrag festgelegten, ggf. betragsmäßig unbeschränkten Freistellungsanspruch des persönlich haftenden Gesellschafters verpflichtet werden. Grundlage der Freistellungsverpflichtung ist in diesem Fall jedoch nicht die Rechtsnachfolge des Erwerbers in eine bestimmte Verbindlichkeit des Veräußerers, sondern die gesellschaftsvertraglich normierte Verpflichtung zur Freistellung des Komplementärs, die den Erwerber als neuen Gesellschafter originär trifft.

§ 5 Zusammenfassung und Schlussbetrachtung

Die Kommanditistenhaftung zeichnet sich – im deutschen Gesellschaftsrecht einzigartig – dadurch aus, dass die Haftung der Kommanditisten gegenüber den Gesellschaftsgläubigern durch gesellschaftsinterne Rechtsakte im Verhältnis zwischen den Kommanditisten und der Gesellschaft bestimmt wird. Durch die Leistung der Einlage in Höhe der Haftsumme erlischt die persönliche Kommanditistenhaftung. Eine Rückgewähr der Einlage lässt sie wieder aufleben.

Bei der Übertragung von Kommanditanteilen bedarf es wegen dieser besonderen Abhängigkeit von Außen- und Innenverhältnis zur Bestimmung des Schicksals der persönlichen Haftung der an der Anteilsübertragung beteiligten Gesellschafter der Heranziehung von Grundsätzen der Rechtsnachfolge. Der Zweite Zivilsenat des Bundesgerichtshofes hatte sich im Jahre 1981 mit der Frage zu befassen, welchem der an der Übertragung von Kommanditanteilen Beteiligten bei Fehlen eines Rechtsnachfolgevermerks die haftungsbefreiende Wirkung einer bereits erfolgten Einlageleistung zu gute kommt. In seiner damaligen Entscheidung hat der Senat zunächst zu den Rechtsfolgen der Übertragung eines Gesellschaftsanteils an einer Personengesellschaft ausgeführt, dass „*der Erwerber, wenn nichts anderes geregelt ist, ohne weiteres in die Rechtsstellung eintritt, die bis dahin der Veräußerer innehatte*", und dann konkretisierend für die Übertragung eines Kommanditanteils festgestellt, dass der neue Kommanditist „*auch hinsichtlich der Einlageschuld gegenüber der Gesellschaft sowie hinsichtlich der Haftung gegenüber den Gesellschaftsgläubigern diejenige Rechtsposition übernimmt, die bis zur Abtretung der frühere Kommanditist innegehabt hatte (…).*"[412]

In der Literatur wurden diese, den spezifischen Fall einer betragsmäßig beschränkten Kommanditistenhaftung betreffenden Passagen offenbar zum Anlass genommen, generell eine Rechtsnachfolge des Erwerbers eines Kommanditanteils in die konkrete haftungsrechtliche Stellung des Veräußerers anzunehmen, also auch dann, wenn der Veräußerer persönlich und gegebenenfalls unbeschränkt (nach-)haftet.

Eine Rechtsnachfolge des Erwerbers in bereits bestehende Haftungsverbindlichkeiten findet jedoch weder bei der betragsmäßig beschränkten Kommanditistenhaftung noch bei der unbeschränkten persönlichen Haftung von Kommanditisten statt. Gleiches gilt für die Haftungsverbindlichkeiten der generell unbeschränkt haftenden Gesellschafter offener Handelsgesellschaften.

412 BGHZ 81, 82 = BGH NJW 1981, 2747.

Ungeachtet der weiterhin umstrittenen Rechtsnatur der Mitgliedschaft in einer Personenhandelsgesellschaft und – daraus folgend – der voneinander abweichenden Auffassungen zur rechtlichen Konstruktion der Übertragung dieser Mitgliedschaften wird übereinstimmend davon ausgegangen, dass von einer Rechtsnachfolge des Erwerbers zwingend jeweils nur die Pflichten des Veräußerers erfasst werden, die ihre unmittelbare Grundlage in dem mitgliedschaftlichen Rechtsverhältnis als dem Rechtsverhältnis zwischen der Gesellschaft und ihren Gesellschaftern sowie zwischen den Gesellschaftern untereinander haben und mit diesem untrennbar verbunden sind.

Dies ist bei der Gesellschafterhaftung nicht der Fall. Obgleich die persönliche Gesellschafterhaftung das Bild der Personenhandelsgesellschaften in besonderer Weise prägt und als entscheidendes Kriterium für die Wertschätzung und Kreditwürdigkeit der Personenhandelsgesellschaften wahrgenommen wird, sind weder die Haftung von Gesellschaftern einer offenen Handelsgesellschaft noch die von Komplementären und Kommanditisten Bestandteile des mitgliedschaftlichen Rechtsverhältnisses.

Die Gesellschafterhaftung ist vielmehr eine gesetzlich angeordnete Schuld der Gesellschafter gegenüber den Gläubigern der Gesellschaft. Als solche gründet sie nicht in dem mitgliedschaftlichen Rechtsverhältnis. Sie entsteht vielmehr automatisch, wenn sich der Tatbestand des gesetzlichen Schuldverhältnisses von § 128 HGB (ggf. i.V.m. §§ 171, 172 HGB) verwirklicht. Mit dem Erwerb der Mitgliedschaft in einer Personenhandelsgesellschaft treten in der Person des Erwerbers sämtliche Tatbestandsvoraussetzungen dieses gesetzlichen Schuldverhältnisses ein mit der Folge, dass der Erwerber aus ihm verpflichtet wird. Der latente Haftungszustand, der mit der Entstehung einer bestimmten Gesellschaftsverbindlichkeit eine konkrete Haftungsverbindlichkeit des Gesellschafters zur Entstehung bringt, trifft den Erwerber der Mitgliedschaft in einer Personengesellschaft daher nicht wegen der mit dem Erwerb einhergehenden Rechtsnachfolge in die mitgliedschaftlichen Rechte und Pflichten des Veräußerers, also nicht derivativ, sondern vielmehr originär.

Für den Erwerber der Mitgliedschaft in einer offenen Handelsgesellschaft führt dieses gesetzliche Schuldverhältnis nach § 130 Abs. 1 i.V.m. § 128 Abs. 1 HGB zu einer unbeschränkten persönlichen Haftung für sämtliche vor dem Wirksamwerden der Anteilsübertragung begründeten Verbindlichkeiten und für solche Verbindlichkeiten, die während der Zugehörigkeit des Erwerbers zum Gesellschafterkreis begründet werden. Entsprechendes gilt für den persönlich haftenden Gesellschafter einer Kommanditgesellschaft. Dagegen ist das Außenhaftungsrisiko des in eine bestehende Kommanditgesellschaft eintretenden Kommanditisten, ebenso wie das des Erwerbers eines Kommanditistenanteils, – eine ordnungsgemäße Eintragung vorausgesetzt – durch die Haftsumme begrenzt und besteht nur in dem Umfang, in dem eine die Haftsumme abdeckende Einlageleistung nicht erfolgt oder diese Deckung durch Rückgewähr wieder aufgehoben worden ist.

Haftet der Veräußerer eines eingetragenen Kommanditanteils ausnahmsweise unbeschränkt persönlich für bereits bestehende oder neu begründete Verbindlichkeiten der Gesellschaft, trifft diese gesetzlich angeordnete Haftung grundsätzlich nur den Veräußerer. Nur in seiner Person ist aufgrund der gesetzlichen Anordnung mit Verwirklichung des Tatbestandes des gesetzlichen Schuldverhältnisses ein konkreter Anspruch des Gläubigers gegen den Gesellschafter entstanden. Sind die Umstände, die eine gesetzlich angeordnete unbeschränkte persönliche Haftung des Veräußerers zur Folge hatten, vor Wirksamwerden der Anteilsübertragung auf den Erwerber entfallen, etwa durch Umwandlung der Mitgliedschaft in eine Kommanditbeteiligung mit der Folge, dass der Veräußerer fortan nur noch betragsmäßig beschränkt haftet, scheidet eine Verwirklichung des Tatbestandes des § 128 Satz 1 HGB in der Person des Erwerbers aus.

Allein aus der Übertragung der Mitgliedschaft in einer Personenhandelsgesellschaft ergibt sich daher in keinem Fall eine Rechtsnachfolge des Erwerbers in bereits bestehende Haftungsverbindlichkeiten des Veräußerers nach § 128 HGB. Eine Rechtsnachfolge des Erwerbers kann sich allenfalls aus einer vertraglich vereinbarten Schuldübernahme ergeben. Diese bedarf zu ihrer Wirksamkeit aber entweder der Beteiligung des Gesellschaftsgläubigers als Vertragspartei oder, sofern sie zwischen Veräußerer und Erwerber vereinbart wird, der Zustimmung des Gesellschaftsgläubigers.

Dieses Ergebnis entspricht dem vorhandenen Haftungssystem des Personengesellschaftsrechts. Nach § 173 HGB soll der Erwerber eines Kommanditanteils lediglich nach Maßgabe der §§ 171, 172 HGB für Verbindlichkeiten der Kommanditgesellschaft haften. Diese für den kombinierten Ein- und Austritt von Kommanditisten konzipierten Bestimmungen finden nach ganz herrschender Meinung auch auf die Übertragung von Kommanditanteile Anwendung. Würde die Übertragung eines Kommanditanteils von einem aus § 128 Satz 1 HGB unbeschränkt persönlich für bestimmte Gesellschaftsverbindlichkeiten (nach-)haftenden Veräußerer zur Übernahme dieser Haftungsverbindlichkeiten durch den Erwerber führen, wäre der Erwerber eines Kommanditanteils Haftungsrisiken ausgesetzt, die das Gesetz nicht vorsieht und gegen die er sich wegen § 128 Satz 2 i.V.m. § 161 Abs. 2 HGB auch nicht durch vertragliche Vereinbarung mit dem Veräußerer schützen könnte. Zur Abmilderung der Haftungsrisiken bliebe dem Erwerber lediglich der Abschluss einer Freistellungs- und Ausgleichsvereinbarung mit dem Veräußerer.

Darüber hinaus steht das Ergebnis auch mit dem aus Sicht des deutschen Gesellschaftsrechts besonders bedeutsamen Gläubigerschutz in Einklang. Bei den Kapitalgesellschaften wird dieser Schutz durch ein gesetzlich vorgeschriebenes und durch strenge Kapitalerhaltungsvorschriften gesichertes Mindestkapital gewährleistet, welches den Gesellschaftsgläubigern als Haftungsfonds zur Verfügung steht. Bei den Personenhandelsgesellschaften wird der Gläubigerschutz durch die persönliche Haftung der Gesellschafter gewährleistet, die lediglich für die Kommanditisten betragsmäßig beschränkt ist. Mit den Bestimmungen der §§ 130, 173 HGB hat der Gesetzgeber für den gesetzlich geregelten Fall des Mitgliederwechsels durch kombinierten Ein- und Austritt Vorsorge dafür getroffen, dass die Interessen der Gesellschaftsgläubiger auch bei einem Gesellschafterwechsel gewahrt bleiben. Die §§ 130, 173 HGB gewährleisten, dass der neu aufgenommene Gesellschafter auch für sämtliche vor seinem Eintritt begründeten Verbindlichkeiten haftet. Der Gesetzgeber entlässt aber auch den ausscheidenden Gesellschafter nicht aus seiner Haftung für die Gesellschaftsverbindlichkeiten, die vor und während seiner Gesellschaftszugehörigkeit begründet worden sind. Bis zum Eintritt der Enthaftung nach § 160 HGB bleibt der ausgeschiedene Gesellschafter für Gesellschaftsschulden, die bis zu seinem Austritt entstanden sind, den Gläubigern verhaftet.

Diesem gesetzgeberischen Willen entspricht es, dass die Haftung des Veräußerers bei der Übertragung von Gesellschaftsanteilen an Personenhandelsgesellschaften nicht mit der Mitgliedschaft auf den Erwerber übergeht. Wäre dies der Fall, entfiele mit Übertragung der Mitgliedschaft die Haftungsverpflichtung des Veräußerers. Dem Gesellschaftsgläubiger würde dadurch, ohne dass er dies verhindern könnte, systemwidrig und abweichend von den gesetzlichen Bestimmungen ein Schuldner entzogen. Die Haftung geht bei der Übertragung von Gesellschaftsanteilen an Personenhandelsgesellschaften daher – im Einklang mit dem im Haftungssystem der Personengesellschaften zum Ausdruck kommenden gesetzgeberischen Willen – nicht mit der Mitgliedschaft auf den Erwerber über.

Literaturverzeichnis

Adel, Michael: Kommanditistenwechsel und Haftung, DStR 1994, 1580 ff.

Barz, Carl Hans: Die vertragliche Entnahmeregelung bei oHG und KG, Festschrift für Alexander Knur, München 1972, S. 25 ff.

Bärwaldt, Roman / Schabacker, Joachim: Das Ausscheiden des Kommanditisten ohne Nachhaftung, NJW 1998, 1909 ff.

Baumbach, Adolf / Hopt, Klaus J.: Handelsgesetzbuch, 34. Auflage, München 2010 (zitiert: *Verfasser*, in: Baumbach/Hopt, HGB); 32. Auflage, München 2006 (zitiert: *Verfasser*, in: Baumbach/Hopt, HGB, 32. Auflage).

Beck'sches Handbuch der Personengesellschaften: Gesellschaftsrecht Steuerrecht, 3. Auflage, 2009 (zitiert: *Bearbeiter*, in: Beck'sches Handbuch der Personengesellschaften).

Beuthien, Volker: Gibt es eine organschaftliche Stellvertretung?, NJW 1999, S. 1142 ff.

–: Zur Grundlagenungewissheit des deutschen Gesellschaftsrechts, NJW 2005, S. 855 ff.

–: Zur Mitgliedschaft als Grundbegriff des Gesellschaftsrechts – subjektives Recht oder Stellung im pflichthaltigen Rechtsverhältnis (zitiert: Zur Mitgliedschaft als Grundbegriff des Gesellschaftsrechts), Festschrift für Herbert Wiedemann, München 2002, S. 754 ff.

Bydlinski, Peter: Verjährung und Abtretung von Bürgschaftsansprüchen, ZIP 1989, S. 953 ff.

Crezelius, Georg: Zur Stellung des § 176 im Handelsrecht und Gesellschaftsrecht, BB 1983, S. 5 ff.

Donner, Günther: Kommanditistenhaftung bei Neueintritt oder Wechsel von Kommanditisten, DNotZ 1943, S. 288 ff.

Düringer-Hachenburg: Das Handelsgesetzbuch vom 10. Mai 1897 (unter Ausschluss des Seerechts) auf der Grundlage des Bürgerlichen Gesetzbuchs, II. Band, 3. Auflage, Mannheim / Berlin / Leipzig 1932.

Ebenroth, Karlheinz / Boujong, Carsten Thomas / Joost, Detlev / Strohn, Lutz: Handelsgesetzbuch (zitiert: *Bearbeiter*, in: Ebenroth/Boujong/Joost/Strohn, Handelsgesetzbuch), 1. Band (§§ 1–342e), 2. Auflage, München 2008.

Eckert, Michael: Rechtsfolgen des Kommanditistenwechsels, ZHR 147 (1983), S. 565 ff.

Enneccerus / Lehmann: Recht der Schuldverhältnisse (zitiert: Enneccerus/Lehmann), 15. Auflage, Tübingen 1958.

Josef Esser / Eike Schmidt (Herausgeber): Schuldrecht Band I: Allgemeiner Teil, Teilband 1 (zitiert: Esser/Schmidt I/1), 8. Auflage 1995; Teilband 2 (zitiert: Esser/Schmidt I/2), 8. Auflage 2000.

Flume, Werner: Die Juristische Person, Berlin/Heidelberg 1983.

–: Allgemeiner Teil des Bürgerlichen Rechts, Band I/1, Die Personengesellschaft (zitiert: *Flume*, in: Personengesellschaft), Berlin/Heidelberg 1977.

–, Die Rechtsnachfolge in die Mitgliedschaft in einer Personengesellschaft durch Übertragung der Mitgliedschaft, Festschrift für Karl Larenz zum 70. Geburtstag, München 1973, S. 769 ff.

–: Der Inhalt der Haftungsverbindlichkeit des Gesellschafters nach § 128, Festschrift für Rudolf Reinhardt, Köln-Marienburg 1972, S. 223 ff.

Frenz, Norbert: Rechtsnachfolge in Kommanditanteile, MittRhNotK 1988 Heft 1–2 S.1 ff.

Gerlach, Johann W.: Die Haftungsordnung der §§ 25, 28, 130 HGB, Stuttgart 1976.

Gernhuber, Joachim: Das Schuldverhältnis, Tübingen 1989.

Gesellschaft bürgerlichen Rechts und Partnerschaftsgesellschaft, herausgegeben von Peter Ulmer, Sonderausgabe aus Band 5 (Schuldrecht – Besonderer Teil II) des Münchner Kommentars zum Bürgerlichen Gesetzbuch, (zitiert: *Bearbeiter*, in: Gesellschaft bürgerlichen Rechts), 4. Auflage, München 2004.

Grunewald, Barbara: Die unbeschränkte Haftung beschränkt haftender Gesellschafter für die Verletzung von Aufklärungspflichten im vorvertraglichen Bereich, ZGR 1986, S. 580 ff.

–: Gesellschaftsrecht, 7. Auflage, Tübingen 2008.

Gursky, Karl-Heinz: Risikokumulation für den Kommanditisten mit Sacheinlagepflicht?, DB 1978, S. 1261.

Habersack, Mathias: Der Regreß bei akzessorischer Haftung – Gemeinsamkeiten zwischen Bürgschafts- und Gesellschaftsrecht -, AcP 198 (1998), S. 152 ff.

–: Die Mitgliedschaft: subjektives und „sonstiges“ Recht (zitiert: *Habersack*, in: Die Mitgliedschaft), Tübingen 1996.

Hadding, Walther / Häuser, Franz: Zum Rückgriff des haftenden Gesellschafters einer Gesellschaft des bürgerlichen Rechts, WM 1988, S. 1585 ff.

Hadding, Walther: Zur Haftung des ausgeschiedenen OHG-Gesellschafters, ZGR 2/1973, S. 137 ff.

–: Die Mitgliedschaft in handelsrechtlichen Personalgesellschaften – Ein subjektives Recht?, Festschrift für Rudolf Reinhardt, Köln-Marienburg 1972, S. 262 ff.

–: Verfügung über Mitgliedschaftsrechte, Festschrift für Ernst Steindorff zum 70. Geburtstag am 13. März 1990, Berlin 1990, S. 31 ff.

–: Inhalt und Verjährung der Haftung des Gesellschafters einer OHG oder KG, Besprechung der Entscheidung BGHZ 73, 217, ZGR 1981, S. 577 ff.

Handbuch der Personengesellschaften, herausgegeben von Harm Peter Westermann und Johannes Wertenbruch, Band I (Gesellschaftsrecht) (zitiert: *Bearbeiter*, in: Westermann, Handbuch der Personengesellschaften I), Stand: 46. Lieferung, Köln 2010; Band II (Gesellschaftsrecht, Steuerrecht, Arbeitsrecht, Sozialversicherungsrecht) (zitiert: *Bearbeiter*, in: Westermann, Handbuch der Personengesellschaften II), Stand: 46. Lieferung, Köln 2010.

Häuser, Franz / Hadding, Walther: Zum Rückgriff des haftenden Gesellschafters einer Gesellschaft des bürgerlichen Rechts, WM 1988, S. 1585 ff.

Hasenkamp, Annabel: Die akzessorische Haftung ausscheidender und eintretender Gesellschafter bürgerlichen Rechts, DB 2002, S. 2636 ff.

Heinsheimer, Rudolf: Über die Teilhaberschaft, Heidelberg 1930.

Heymann: Handelsgesetzbuch Kommentar, Band 2 (§§ 105–237) (zitiert: *Bearbeiter*, in: Heymann), 2. Auflage, Berlin/New York 1996.

Hofmeister, Jörg: Zur Auswirkung des neuen Verjährungsrechts auf die Nachhaftung der Gesellschafter, NZG 2002, S. 854 ff.

Honsell, Heinrich / Harrer, Friedrich: Die Haftung für Altschulden nach §§ 28 und 30 HGB bei arglistiger Täuschung, ZIP 1983, S. 259 ff.

Huber, Ulrich: Besprechung der Entscheidungen BGHZ 81, 82 und BGH WM 1983, S. 651 zu Eintragungsfehler bei Abtretung von Kommanditanteilen, ZGR 1984, S. 146 ff.

–: Vermögensanteil, Kapitalanteil und Gesellschaftsanteil an Personengesellschaften des Handelsrechts (zitiert: *Bearbeiter*, in: Vermögensanteil), Heidelberg 1970.

Hueck, Alfred: Das Recht der Offenen Handelsgesellschaft, 4. Auflage, Berlin 1971.

Hueck, Götz: Drei Fragen zur Gesamthandsgesellschaft, Festschrift für Wolfgang Zöllner, Band I, Köln 1998, S. 275 ff.

Jauernig, Othmar (Herausgeber): Kommentar zum BGB (zitiert: *Bearbeiter*, in: Jauernig, Kommentar zum BGB), 10. Auflage, München 2003.

Joost, Detlef: Eigenkapitalersetzende Kommanditleistungen – zugleich ein Beitrag zur Außenhaftung des Kommanditisten -, ZGR 1987, S. 370 ff.

Keuk, Brigitte: Die Haftung des Kommanditisten für die Schuld der Gesellschaft, ZHR 135 (1971), S. 410 ff.

Kießling, Erik: Der Rechtsformwechsel zwischen Personalgesellschaften, WM 1999, S. 2391 ff.

Kohte, Wolfgang: Die Stellung des Schuldbeitritts zwischen Bürgschaft und Schuldübernahme, JZ 1990, S. 997 ff.

Koller, Ingo / Roth, Wulf-Henning / Morck, Winfried: Handelsgesetzbuch, Kommentar (zitiert: *Bearbeiter*, in: Koller/Roth/Morck), 6. Auflage, München 2007.

Kornblum, Udo: Die Haftung der Gesellschafter für Unterlassungspflichten der OHG und KG, BB 1971, S. 1434.

Kübler, Friedrich: Gesellschaftsrecht, 5. Auflage, Heidelberg 1999.

Kübler, Friedrich / Assmann, Heinz-Dieter: Gesellschaftsrecht, 6. Auflage Heidelberg 2006.

Kühne, Gunther: Gläubigersicherung und Gesellschafterschutz im Rahmen der §§ 128, 129 HGB, ZHR 133 (1979), S. 149 ff.

Larenz, Karl / Wolf, Manfred (Herausgeber): Allgemeiner Teil des Bürgerlichen Rechts, 8. Auflage, München 1997 (zitiert: *Larenz/Wolf*, Allgemeiner Teil des Bürgerlichen Rechts, 8. Auflage); 9. Auflage, München 2004 (zitiert: *Larenz/Wolf*, Allgemeiner Teil des Bürgerlichen Rechts)

Larenz, Karl: Lehrbuch des Schuldrechts, Band I, Allgemeiner Teil (zitiert: *Larenz*, in: Lehrbuch des Schuldrechts, Allgemeiner Teil), 14. Auflage, München 1987.

Lindacher, Walter F.: Grundfälle zur Haftung bei Personengesellschaften, JUS 1982, S. 352 ff.

Lutter, Marcus: Theorie der Mitgliedschaft – Prolegomena zu einem Allgemeinen Teil des Korporationsrechts, AcP 180 (1980), S. 83 ff.

–, Umwandlungsgesetz (zitiert: Bearbeiter, in: Lutter, UmwG), 3. Auflage Köln 2004.

Medicus, Dieter: Schuldrecht Allgemeiner Teil I (zitiert: *Medicus*, in: Schuldrecht Allgemeiner Teil), 17. Auflage, München 2006.

Michel, Frank: Die Kommanditanteilsübertragung auf einen Dritten, 1990.

Michel, Frank P.: Die Rechtsfolgen von Vermögensverschiebungen nach einer Kommanditanteilsübertragung, ZGR 1993, 118 ff.

Müller-Erzbach, Rudolf: Das private Recht der Mitgliedschaft als Prüfstein eines kausalen Rechtsdenkens, Weimar 1948.

Münchener Kommentar zum Bürgerlichen Gesetzbuch (zitiert: *Bearbeiter*, in: Münchener Kommentar zum BGB), Band 2 (§§ 241–432), 5. Auflage, München 2009; Band 4 (§§ 611–704) 5. Auflage, München 2009; Band 5 (§§ 705–853), 5. Auflage, München 2009.

Münchener Kommentar zum Handelsgesetzbuch: Band 2 (§§ 105–160), 2. Auflage, München 2006; Band 3 (§§ 161–237), 2. Auflage, München 2007(zitiert: *Bearbeiter*, in: Münchener Kommentar zum HGB).

Münchener Handbuch des Gesellschaftsrechts: Band 2: Kommanditgesellschaft, GmbH & Co. KG, Publikums-KG, Stille Gesellschaft (zitiert: *Bearbeiter*, in: Münchener Handbuch des Gesellschaftsrechts, Band 2), 3. neubearbeitete Auflage, München 2009.

Musielak, Hans-Joachim: Zivilprozessordnung (zitiert: *Bearbeiter*, in: Musielak, Zivilprozessordnung), 7. Auflage, München 2009.

Müther, Peter-Hendrik: Das Handelsregister in der Praxis, 2. Auflage, Berlin 2007.

Nannt, Sarah / Reiff, Peter: Die Anteilsübertragung in der Personengesellschaft – Dogmatische Grundlagen, Voraussetzungen und Rechtsfolgen (zitiert: *Reiff/Nannt*, Die Anteilsübertragung in der Personengesellschaft) DStR 2009, 2376 ff.

Nitschke, Manfred: Die körperschaftlich strukturierte Personengesellschaft, 1970.

Olshausen, Eberhard von: Haftungsprobleme beim Kommanditistenwechsel unter Lebenden – eine wechselvolle unendliche Geschichte – (zitiert: *von Olshausen,* Haftung beim Kommanditistenwechsel unter Lebenden), Festschrift Knobbe-Keuk, 1997, S. 247 ff.

Palandt, Otto: Bürgerliches Gesetzbuch (zitiert: *Bearbeiter*, in: Palandt, BGB), 69. Aufl., München 2010.

Pieper, Helmut: Vertragsübernahme und Vertragsbeitritt, Köln 1963.

Preuß, Nicola: Regressansprüche des ausgeschiedenen Gesellschafters einer Personenhandelsgesellschaft, ZHR 160 (1996), S. 163 ff.

Reichhold, Hermann: Das neue Nachhaftungsbegrenzungsgesetz, NJW 1994, S. 1617 ff.

Reiff, Peter / Nannt, Sarah: Die Anteilsübertragung in der Personengesellschaft – Dogmatische Grundlagen, Voraussetzungen und Rechtsfolgen, DStR 2009, S. 2376 ff.

Reinhard: Die Fortentwicklung des Rechts der offenen Handelsgesellschaft und Kommanditgesellschaft in der neueren deutschen Lehre und Rechtsprechung, ZBernJV Bd. 103 (1967), S. 329 ff.

Reuter, Dieter: Neuere Rechtsprechung zum Personengesellschaftsrecht – Teil 2, JZ 1986, S. 72 ff.

Richert: Der Kommanditistenwechsel und seine Erscheinungsform im Handelsregister, NJW 1958, S. 1472 ff.

Röhricht, Volker / Graf von Westphalen, Friedrich, (Herausgeber)*:* Kommentar zu Handelsstand, Handelsgesellschaften, Handelsgeschäften und besonderen Handelsverträgen, 1. Auflage 1998 (zitiert: *Bearbeiter*, in: Röhricht / Graf von Westphalen, 1. Auflage 1998); 3. Auflage 2008 (zitiert: *Bearbeiter*, in: Röhricht / Graf von Westphalen, 3. Auflage 2008).

Römer, Hans: Zur Haftungsbegründung ausgeschiedener Personenhandelsgesellschafter (Teil I), DStR 1993, S. 1069 ff.

Schlegelberger, Franz: Handelsgesetzbuch (zitiert: *Bearbeiter*, in: Schlegelberger, HGB), Band 3, 2. Halbband (§§ 161–177a), 5. Auflage, München 1986.

Schmidt, Karsten: Die Gesellschafterhaftung bei der GbR als gesetzliches Schuldverhältnis, NJW 2003, S. 1897 ff.

–: Einlage und Haftung des Kommanditisten (zitiert: Einlage und Haftung), Köln 1977.

–: Gesellschaftsrecht, 4. neubearbeitete Auflage, Hamburg 2002.

–: Entscheidungsbesprechung von BGH, 1994-11-28, II ZR 240/93, NJW-RR 1995, S. 226 zur Freistellung der Komplementär-GmbH durch Kommanditisten, JUS 1995, S. 460 f.

–: Kommanditisteneinlage – Kapitalaufbringung und Kapitalerhaltung in der KG, ZGR 1976, S. 307 ff.

–: Anmerkungen zum Urteil des Bundesgerichtshofes vom 21. März 1983 (II ZR 113/82) zu § 176 HGB, NJW 1983, S. 2260.

–: Akzessorietät der Bürgschaft – Besprechung von BGH IX ZR 296/90 = NJW 1991, 3025, JUS 1992, S. 155 ff.

–: Grenzen und Risiken der Binnenhaftung von Kommanditisten – zwei neue Urteile zu einem alten Problem (zitiert: Grenzen und Risiken der Binnenhaftung von Kommanditisten), DB 1995, S. 1381 ff.

–: Die Vereinsmitgliedschaft als Grundlage von Schadensersatzansprüchen – Positive Vertragsverletzung und sonstiges Recht im Innenrecht des Vereins, JZ 1991, S. 157 ff.

–: Haftungsregress bei Personengesellschaften, Anmerkungen zu BGH, NJW-RR 2002, S. 455.

–: Freistellung der Komplementär-GmbH durch Kommanditisten (Anmerkung zum Urteil des BGH II ZR 740/93 = NJW-RR 1995, 226), JUS 1995, S. 460 f.

–: Kommanditistenwechsel und Nachfolgevermerk – Bemerkungen zum Urteil des Bundesgerichtshofes vom 29.6.1981, GmbHR.1981, S. 253 ff.

–: Was wird aus der unbeschränkten Kommanditistenhaftung nach § 176 HGB, GmbHR 2002, S. 341 ff.

–: Anwendungsgrenzen des § 176 II HGB, ZHR 144 (1980), 192.

Schulze-Osterloh, Joachim: Das Prinzip der gesamthänderischen Bindung, München 1972.

Sieber, Wolfgang: Gesellschaftsvertrag und Erbrecht bei der Offenen Handelsgesellschaft, Karlsruhe 1958.

Soergel: Bürgerliches Gesetzbuch mit Einführungsgesetzen und Nebengesetzen, Band 5/1 Schuldrecht IV/1 (§§ 705–822) (zitiert: *Bearbeiter,* in: Soergel, Bürgerliches Gesetzbuch), 12. Auflage, Stand Frühjahr 2007.

Staub, Hermann: Großkommentar zum Handelsgesetzbuch, 5. Aufl. Band 3 (§§ 105–160), Berlin/New York 2009; 4. Aufl. Band 2, Berlin 2004 (Lieferung zu §§ 105–113 HGB: November 1988; Lieferung zu §§ 114–122 HGB: Dezember 1999; Lieferung zu §§ 123–130b HGB: August 1997; Lieferung zu §§ 131–144 HGB: Dezember 2004; Lieferung zu §§ 145–160 HGB: Oktober 1998; Lieferung zu §§ 161 bis 177 a HGB: Oktober 1987) (zitiert: *Bearbeiter*, in: Staub, Großkomm. zum HGB); 3. Auflage Band 2 (§§ 145–177, §§ 335–342) Berlin 1970 (zitiert: *Bearbeiter*, in: Staub, Großkomm. zum HGB, 3. Auflage 1970).

Staudinger, Julius von: Kommentar zum Bürgerlichen Gesetzbuch mit Einführungsgesetz und Nebengesetzen (zitiert: *Bearbeiter*, in: Staudinger, Kommentar zum BGB), Buch 2 · Recht der Schuldverhältnisse, Einleitung zum Schuldrecht, §§ 241–243 (Treu und Glauben), Neubearbeitung Berlin 2009; Buch 2 · Recht der Schuldverhältnisse, §§ 397–432 (Erlass, Abtretung, Schuldübernahme, Mehrheit von Schuldnern und Gläubigern), Neubearbeitung Berlin 2005.

Sudhoff, Heinrich / Buß, Thomas: Personengesellschaften (zitiert: *Bearbeiter* in: Sudhoff, Personengesellschaften), 8. Auflage, München 2005.

Sukzessionen: Forderungszessionen, Vertragsübernahme, Schuldübernahme, herausgegeben von Knut Nörr, Robert Scheyhing und Wolfgang Pöggeler (zitiert: *Bearbeiter,* in: Sukzessionen), 2. Auflage, Tübingen 1999.

Teichmann, Arndt: Übergang von Sozialansprüchen und Sozialverbindlichkeiten in der Personengesellschaft, NJW 1966, 2336 ff.

Teichmann, Christoph: Reform des Gläubigerschutzes im Kapitalgesellschaftsrecht, NJW 2006, 2444.

Tiedtke, Klaus: Die Rechtsprechung des Bundesgerichtshofes zum Bürgschaftsrecht seit 1990, ZIP 1995, S. 521 ff.

Ulmer, Peter: Die Gesamthandsgesellschaft – ein noch immer unbekanntes Wesen?, AcP 198 (98), S. 113.

–: *Gesellschaft bürgerlichen Rechts und Partnerschaftsgesellschaft*, Sonderausgabe aus Band 5 (Schuldrecht – Besonderer Teil III) des Münchener Kommentars zum Bürgerlichen Gesetzbuch) (zitiert: *Ulmer,* in: Gesellschaft bürgerlichen Rechts), 4. Aufl., München 2004.

Wagner, Jens: Neue Haftungsrisiken für Kommanditisten einer kleingewerblichen KG vor Eintragung, NJW 2001, S. 1110 ff.

Westermann, Harry: Ausgleichsansprüche des Kommanditisten, dessen Haftsumme die Pflichteinlage übersteigt, bei Inanspruchnahme von Gläubigern der KG, Wirtschaftsfragen der Gegenwart – Festschrift für Carl Hans Barz S. 81 ff.

Westermann, Harm Peter: Vertragsfreiheit und Typengesetzlichkeit im Recht der Personengesellschaften, Berlin 1970.

Wiedemann, Herbert: Zur Geschäftsführungs- und Vertretungsbefugnis des einzigen persönlich haftenden Kommanditgesellschafters, JZ 1969, S. 471 ff.

–: Zur Verrechnung der Einlageschuld des Kommanditisten mit einer Forderung gegen die KG – zu den rechtsgeschäftlichen Voraussetzungen einer Haftungsbefreiung oder Haftungswiederbegründung nach HGB §§ 171, 172 und zum Gläubigerschutz in der GmbH & Co KG, JZ 1986, S. 855 ff.

–: Gesellschaftsrecht, Band I, Grundlagen, München 1980.

–: Gesellschaftsrecht, Band II, Recht der Personengesellschaft, München 2004.

–: Die Übertragung und Vererbung von Mitgliedschaftsrechten bei Handelsgesellschaften, (zitiert: *Wiedemann*, in: Übertragung), München 1965.

–: Rechte und Pflichten des Personengesellschafters, WM 1992, Sonderbeilage 7, S. 1–54.

Zöllner, Wolfgang: Rechtssubjektivität von Personengesellschaften?, Festschrift für Joachim Gernhuber zum 70. Geburtstag, Tübingen 1993, S. 563 ff.

Schriftenreihe zum deutschen und europäischen Gesellschafts- und Wirtschaftsrecht

Herausgegeben von Christoph Teichmann
Begründet von Günter Christian Schwarz †

Band 1 Matthias Scheifele: Die Gründung der Europäischen Aktiengesellschaft (SE). 2004.

Band 2 Julia Zwiener: Die Auswirkungen der Verordnung Nr. 1/2003 auf das europäische und deutsche Kartellverfahren. 2005.

Band 3 Cornelius Koke: Die Finanzverfassung der Europäischen Aktiengesellschaft (SE) mit Sitz in Deutschland. 2005.

Band 4 Martin Weger: Haftungsgrundlagen bei kompetenzwidriger Geschäftsführung im Personen- und Kapitalgesellschaftsrecht. Ein Beitrag zur Transformation des bürgerlich-rechtlichen Rechtsinstituts der Geschäftsführung ohne Auftrag in das Gesellschaftsrecht. 2005.

Band 5 Axel Zang: Sitz und Verlegung des Sitzes einer Europäischen Aktiengesellschaft mit Sitz in Deutschland. 2005.

Band 6 Björn Holland: Das amerikanische „board of directors" und die Führungsorganisation einer monistischen SE in Deutschland. Amerikanische Erfahrungen in Fragen der Corporate Governance als Beitrag zur Ausgestaltung der Unternehmensführung und Unternehmenskontrolle in einer Deutschen SE. 2006.

Band 7 Nils K. Roitsch: Auflösung, Liquidation und Insolvenz der Europäischen Aktiengesellschaft (SE) mit Sitz in Deutschland. Art. 63–65 SE-VO. 2006.

Band 8 Timo Wanner: Die GmbH in der Krise. Geschäftsführerverantwortlichkeit im Vorfeld der Insolvenz. 2015.

Band 9 Wolf-Amelung Böhm: Die Sicherung der Abfindung beim Ausscheiden aus der GmbH. Haftung der Mitgesellschafter beim Eingreifen der Kapitalerhaltungsschranke. 2016.

Band 10 Christina Eschenfelder: Rechtsnachfolge in die Kommanditistenhaftung. Zur Rechtsnachfolge in die unbeschränkte Kommanditistenhaftung aufgrund rechtsgeschäftlicher Übertragung von Kommanditanteilen. 2016.

www.peterlang.com

www.ingramcontent.com/pod-product-compliance
Ingram Content Group UK Ltd.
Pitfield, Milton Keynes, MK11 3LW, UK
UKHW022059051026
15623UKWH00003B/576

9 783631 671894